雅舍忆旧

八十载岁月沉淀后的深情回望

梁实秋 著

江苏人民出版社

图书在版编目（CIP）数据

雅舍忆旧 / 梁实秋著 . -- 南京：江苏人民出版社，
2015.12

（含章文库·雅舍全集）

ISBN 978-7-214-16303-5

Ⅰ .①雅… Ⅱ .①梁… Ⅲ .①梁实秋（1902 ~ 1987）
- 回忆录 Ⅳ .① K825.6

中国版本图书馆 CIP 数据核字（2015）第 201619 号

书　　　名	雅舍忆旧
著　　　者	梁实秋
责 任 编 辑	张晓薇
装 帧 设 计	凤凰含章
出 版 发 行	江苏人民出版社
出版社地址	南京市湖南路 1 号 A 楼，邮编：210009
出版社网址	http://www.jspph.com
印　　　刷	北京旭丰源印刷技术有限公司
开　　　本	718mm×1000mm　1/16
印　　　张	18
字　　　数	295 000
版　　　次	2015 年 12 月第 1 版　2017 年 12 月第 2 次印刷
标 准 书 号	ISBN 978-7-214-16303-5
定　　　价	29.80 元

（江苏人民出版社图书凡印装错误可向承印厂调换）

目　录

第二辑
怀念故人 | 091 |

第三辑
槐园梦忆 | 217 |

雅　　　舍　　　忆　　　旧

第一辑
回首往事

忆《新月》

《新月》杂志是民国十六年出版的，距今已有三十多年，我对它的记忆已有些模糊不清。前些时在友人处居然看到了十几本《新月》，虽然纸张有些焦黄，脊背有些虫蚀，却好像是旧友重逢，觉得非常亲切，不知这几本杂志看到了我如今这老丑的样子是否也有一点伤感。

办杂志是稀松平常的事。哪个喜欢摇摇笔杆的人不想办个杂志？起初是人办杂志，后来是杂志办人，其中甘苦谁都晓得。《新月》不过是近数十年来无数刊物中之一，在三四年的销行之后便停刊了，并没有什么特别值得称述的。不过办这杂志的一伙人，常被人称作"新月派"，好像是一个有组织的团体，好像是有什么共同的主张，其实这不是事实。我有时候也被人称为"新月派"之一员，我觉得啼笑皆非。如果我永久地缄默，不加以辩白，恐怕这一段事实将不会被人知道。这是我写这一段回忆的主要动机。胡适之先生曾不止一次地述说："狮子老虎永远是独来独往的，只有狐狸和狗才成群结队！"办《新月》杂志的一伙人，不属于变狐变狗。"新月派"这一顶帽子是自命为左派的人所制造的，后来也就常被其他的人所使用。当然，在使用这顶帽子的时候，恶意的时候比较多，以为一顶帽子即可以把人压个半死。其实一个人，如果他真是一个人，帽子是压不倒他的。

民国十六年春，国民革命军北伐到了南京近郊，当时局势很乱。我和余上沅都在东南大学教书，同住在学校对门薛巷四号，我们听到炮声隆隆，看到街上兵荒马乱，成群的散兵游勇在到处拉夫抓车，我们便商量应变的方策，决定携眷到上海再说。于是把衣物书籍装箱存在学校图书馆里，我们闯到下关搭船到了上海。学校一时无法开学，后来开学之后我们也不在被续聘之列，我们只好留在上海。我们到上海，是受了内战之赐。

这时节北方还在所谓"军阀"的统治之下，北平的国立八校经常在闹"索薪"风潮，教员的薪俸积欠经年，在请愿、坐索呼吁之下每个月也只能领到三几成薪水，一般人生活非常狼狈，学校情形亦不正常，有些人开始逃荒，其中一部分逃到上海。徐志摩、丁西林、叶公超、闻一多、饶子离等都在这时候先后到了上海。胡适之先生也是这时候到了上海居住。

同时有一批批的留学生自海外归来。那时候留学生在海外受几年洋罪之后很少有不回来的，很少人在外国久长居留做学术研究，也很少人耽于物质享受而流连忘返。潘光旦、刘英士、张禹九等都在这时候卜居沪滨。

上海是热闹的地方，究竟是个弹丸之地，我和上沅到了上海之后立刻就找到了我们所熟识的朋友们。我起先住旅馆，随后住到潘光旦家里，终于在爱文义路租到了房子。有一天遇到余上沅，他告诉我他也有了住处，可是地点尚未确定，这话说得有些蹊跷，原来是徐志摩、胡适之几位想要在上海办一个杂志并且开一爿书店，约他去代为经营，想物色一幢小小的房屋，楼下作为办事处，楼上由他居住。后来选中了法租界环龙路环龙别墅四号。

两个人办不了一个杂志，于是徐志摩四处访友，约集了潘光旦、闻一多、饶子离、刘英士和我。那时候杂志还没有名称。热心奔走此事的是志摩和上沅，一个负责编辑，一个负责经理。此外我们几个人对于此事并无成见，以潘光旦寓所为中心，我们经常聚首，与其群居终日言不及义，倒不如大家拼拼凑凑来办一个刊物，所以我们同意了参加这个刊物的编辑。上沅传出了消息，杂志定名为"新月"，显然这是志摩的意思，因为在北平原有一个"新月社"，"新月"二字是套自印度泰戈尔的一部诗《新月集》，泰戈尔访华时梁启超出面招待，由志摩任翻译，所以他对"新月"二字特感兴趣，后来就在北平成立了一个"新月社"，像是俱乐部的性质，其中分子包括了一些文人和开明的政客与银行家。我没有参加过北平的新月社，那时候我尚在海外；一多是参加过的，但是他的印象不大好，因为一多是比较的富于"拉丁区"趣味的文人，而新月社的绅士趣味重些。不过我们还是接受了这个名称，因为这名称，至少在上海还是新鲜的，并不带有任何色彩。后来上沅又传出了消息，说是刊物决定由胡适之任社长、徐志摩任编辑，我们在光旦家里集议提出了异议，觉得事情不应该这样由一二人独断独行，应该更民主化，由大家商定，我们把这意见告诉了上沅。志摩是何等明达的人，他立刻接受了我们的意见。《新月》创刊时，编辑工作是由五个人共同负责，胡先生不列名。志摩是一团热心，不大讲究什么办事手续，可是他一团和气，没有人能对他发脾气。胡先生事实上是领袖人物，但是他从不以领袖自居。

《新月》出版了，它给人的印象是很清新。从外貌上看就特别，版型是方方的，蓝面贴黄签，签上横书古宋体"新月"二字。面上浮贴一张白纸条，上面印着要目。方的版型大概是袭取英国十九世纪末的著名文艺杂志Yellow Book的形式。这所谓的"黄皮书"是一种季刊，刊于一八九四至一八九七年，内有诗、小说、散文，作者包括Henry James，Edmund Gosse，Max Beerbohm，Earnest Dawson，W.H.Davis等，最引人注意的是多幅的Aubrey Beardsley的画，古怪夸张而又极富颓废的意味，志摩、一多都很喜欢它。《新月》模仿了黄皮书的形式，却很少人注意到，因为国内很少人看到过这黄皮书。假使左派仁兄们也知道有所谓黄皮书者，恐怕他们绝不会放过这一个可以大肆抨击的题目。

《新月》一伙人，除了共同愿意办一个刊物之外，并没有多少相同的地方；相反的，各有各的思想路数，各有各的研究范围，各有各的生活方式，各有各的职业技能。彼此不需标榜，更没有依赖，办刊物不为谋利，更没有别的用心，只是一时兴之所至。《我们的态度》一文，是志摩的手笔，好像是包括了我们的共同信仰，但是也很笼统，只举出了"健康与尊严"二义。以我个人而论，我当时的文艺思想是趋向于传统稳健的一派，我接受五四运动的革新主张，但是我也颇受哈佛大学教授白璧德的影响，并不同情过度浪漫的倾向。同时我对于当时上海叫嚣最力的"普罗文学运动"也不以为然。我自己觉得我是处于左右两面之间。我批评普罗文学运动，我也批评了鲁迅，这些文字发表在《新月》上，但是这只是我个人的意见，我并不代表《新月》。我是独力作战，《新月》的朋友并没有一个人挺身出来支持我，《新月》杂志上除了我写的文字之外没有一篇文字接触到普罗文学。

提起普罗文学运动，需略加解释。一切的文学运动都是对于原来的文学传统加以修正的，总是针对当时文学之弊而加以改进。就是介绍外国的文艺思潮，也无非是供作借镜，以为参考之用。而且文学运动总是以文学为主体，文学范围之内的运动。唯普罗文学则异于是，它突如其来，把传统文学的价值观念一笔抹杀，生吞活剥地把一些似是而非的哲学、政治、经济的理论硬塞进去，好像文学除了当作某些人的武器使用之外便无价值可言。这一运动还不是本国土生土长的，更不是自发自止的，乃是奉命开锣奉命收台的，而且是奉的苏俄共产党之命！Max Eastman有一本书，名《穿制服的艺术家》（*Artists in Uniform*）记述苏俄共党中央如何发号施令、如何策动操纵各地的这一普罗文学运动甚为详尽，可惜此书出版在稍后几年，否则真可以令当时在上海搞普罗文学运动的人们当场出彩。普罗文学运动不出几年的工夫便奉命收场，烟消火灭，这足以说明当初运动火炽的时候是多么言不由衷！我在《新月》上一连发表了几篇文字，如《文学与革命》《文学是有阶级性的吗》《所谓文艺政策者》……我的主旨在说明文学的性质在于普遍的永久的人性之描写，并无所谓"阶级性"（见我的《偏见集》，正中书局二十三年版）。这几篇文字触怒了左派的人士，于是对我发起围剿。最先挺身出马的不是别位，正是以写杂感著名的鲁迅。鲁迅的文章实在是写得好，所谓"辣手著文章"庶几近之，但是距"铁肩担道义"则甚远。讲道理他是不能服人的，他避免正面辩论，他采用迂回战术，绕着圈子旁敲侧击，做人身攻击。不过他文章写得好，遂赢得许多人欣赏，老实讲，在左派阵营中还很难再找出第二个像他这样的人才。左派先生们是不大择手段的，像鲁迅的文字还算是比较光明的，像"叶灵凤"其人者便给我捏造故事编为小说（见《现代小说》第二期），还有小报（自称为工人所办的小报）登些不堪入目的猥亵文字来污辱我，较比鲁迅当年的两颗黄色大门牙之被人奚落，其雅俗之分又不可以道理计。最可恼的是居然有人半夜三更打电话到我寓所，说有急事对我谈话，于问清我的身份之后便破口大骂一声而把电话挂断。像这一类的困扰，倒是颇有一点普罗滋味。

普罗文学运动，像其他的许多运动一样，只是空嚷嚷一阵，既未开花，亦未结果，因为根本没有生根。所以我提出"拿货色来"的要求之后，连鲁迅也无可奈何地承认这是无法抵拒的要求。没有货色，嚷嚷什么运动？而货色又绝不是嚷嚷就出得来的。老实讲，文人对于劳苦的大众总是同情的，中外古今并无二致。

"朱门酒肉臭，路有冻死骨"是杜甫的名句，好在里面有深厚的热情，对高官贵人豪商富贾的奢侈生活表示鄙夷讽刺，对饥饿的人民表示同情。但是杜甫上三大礼赋前前后后之卑躬屈节的希求仕进，就不能赢得后人的尊敬。过去的文学家，靠了阿谀当道而青云直上跻身庙堂者比比皆是，而他们的作品之流芳百世者大概都是人世酸辛的写照。我们中国的近代社会，尤其是自从所谓帝国主义势力侵入以后，大多数的人民确是水深火热，真是民不聊生，而在上者又确实肉食者鄙。文学家尽可口诛笔伐扶弱济贫一吐其胸中不平之气，又何必乞灵于苏俄的文艺政策，借助于唯物史观？我在《新月》上批评了普罗文学运动，但是也没有忘记抨击浪漫颓废的倾向。我的一篇《文人有行》便使得许多人觉得不好受，以为我是在指责他。郁达夫便是其中的一个。郁达夫原是属于浪漫颓废一类型，但是很奇怪的是他在《北新》半月刊里连载翻译辛克莱的《拜金艺术》为左派推波助澜！《拜金艺术》是一本肤浅而荒谬的东西，但是写得火辣辣的，颇有刺激性，所以很时髦，合于"左"倾分子的口味与程度。

　　《新月》杂志在文化思想以及争取民主自由方面也出了一点力。最初是胡适之先生写了一篇《知难行亦不易》、一篇《新文化运动与国民党》。这两篇文章，我们现在看来，大致是平实的，至少在态度方面是"善意的批评"，在文字方面也是温和的，可是那时候有一股凌厉的政风，不知什么人撰了"党外无党，党内无派"的口号，只许信仰，不许批评。胡先生说："上帝都可以批评，为什么不可以批评一个人？"所以虽然他的许多朋友如丁燮音、熊克武、但懋辛都力劝他不可发表这些文章，并且进一步要当时做编辑的我来临时把稿径行抽出，胡先生还是坚决要发表。发表之后果然有了反响。我们感到切肤之痛的《新月》被邮局扣留不得外寄，这一措施延长到相当久的时候才撤销。胡先生写信给胡展堂先生抗议，所得的回答是："奉胡委员谕：拟请台端于×月×日来京到……一谈。特此奉陈，即希查照，此致胡适之先生。胡委员秘书处谨启。"这一封信，我们都看到了，都觉得这封信气派很大，相当吓人。胡先生没有去，可是此后也没有再继续发表这一类的文字，这两篇文章也不见于现行远东版《胡适文存》中。我写了一篇《论思想统一》也是主张思想自由的。这时节罗隆基自海外归来，一连串写了好几篇论人权的文章，鼓吹自由思想与个人主义，使得《新月》有了更浓厚的政治色彩，引起了更大的风波。先是以胡先生为校长的中国公学，平静的校园里起了涟漪，由本校学生组成的党的区分部行文给本校校长指责他应在礼堂里悬挂总理遗像，应在纪念周宣读总理遗嘱。后来中央通令全国大专学校设党义研究室，大学教职员必须研究党义。各大学都遵命成立党义研究室，里面陈列着应该陈列的书刊，有多少人进去研究虽不可考，我们几个人确是受益不少，利用这难得的机会更进一步研读了一些不应该不读的书刊。胡先生对于人权的观念是很简单的，他的出发点只是法治精神与人道主义，并没有任何党派主张或政治意味。我记得最初触起他的有关人权问题的注意者乃是报载华北唐山某一老百姓被地方官吏殴辱的故事，他认为这不是偶发事件，这是全国到处皆然的，他认为这种"一朝权在手，便把令来行"的态度是要不得的。我又记得，胡先生编了一本《宋人话本八种》由亚东出版，里面有一篇《海陵王无道荒淫》，巡捕房认为有伤风化，径予没收，胡先生很不谓然，特去请教在英国学过法律的郑天锡先生，知道"没收"是附带处分，如果被告没有罪刑，便不应该发生附带处分的可能，可见胡先生是非常注意法律程序的。

有关人权问题的文字一共有十几篇，后来印成了一个小册子，名为《人权论集》，由新月书店出版，现已绝版。

说到新月书店，也是很有趣的。我们一伙人如何会经营商店？起初是余上沅负责，由他约请了一位谢先生主持店务，谢先生是书业内行，他包办一切，后来上沅离沪，仍然实际上由谢先生主管，名义上由张禹九当经理，只是遥领，盖盖图章而已。书店设在闹区之望平街，独开间，进去是黑黝黝的一间屋子，可是生意不恶。这书店的成本只有四千元，一百元一股，五十元半股，每人最多不能超过两股，固然收了"节制资本"之效，可是大家谁也不愿多负责了。我只认了半股。虽然我是书店的总编辑，我不清楚书店的盈亏情形，只是在股东会议听取报告。《新月》月刊每期实销多少我也从来不知道。不过我们出了不少书，有些书留下很清晰的印象。

胡先生的《白话文学史》是新月书店出的第一本书，也是最畅销的一本书。像他的《中国哲学史》一样，只有上卷。《白话文学史》写到唐朝为止。他的主要目的是在说明白话文学是古已有之的，是中国文学里的传统之一。后来他又出版了他的《四十自述》，其中一部分是《新月》月刊上发表过的，他现身说法提倡传记文学。我们遗憾的是他写到四十为止，以后没有续写下去。但是这个遗憾是可以弥补的。胡先生有一部伟大的日记。他的留学日记是大家所熟悉的，一个人在学生时代能有那样丰富的日记，是很不寻常的，他的头脑之成熟比一般人要早一二十年以上。胡先生于这部留学日记之后，一直从不间断地在记日记。有一天，我和徐志摩到他家里去（上海极司菲尔路），他不在家而楼下适有他客，胡太太吩咐我们到楼上书房里去坐，志摩是闲不住的，进屋便东看西看，一眼看到书架上有一大堆稿子，翻开一看，原来是日记，写在新月稿纸上（这种稿纸其实原是胡先生私人用的稿纸，每页二百五十字，空白特多，甚为合用）写得整整齐齐，记载着每日的活动感想等，还剪贴了不少的报纸资料，不仅是个人的日记，还是社会史料。我们偷看了一部分之后，实在佩服他的精力过人、毅力亦过人。胡先生说："这是我留给我的儿子们的唯一的遗产，要等我死后才能发表。"我们希望能在不太久的将来看见这一部伟大的日记出版。胡先生还有一本《庐山游记》，这小册子被常燕先生评为"玩物丧志"，胡先生很不服气，他说："我为了一个塔写八十字的考证是为了提供一个研究的方法。"是的，胡先生后来写了几百万字考证《水经注》，据说也是为了提供一个研究方法。

徐志摩的作品在新月出版的有《翡冷翠的一夜》《巴黎的鳞爪》《自剖》《卞昆冈》等。闻一多的《死水》也是新月出版的，这一本诗集曾发生很大的影响。志摩和一多的诗，有人称为新月派，也有人谥为"豆腐干式"，他们是比较注重"形式"，尤其是学绘画的闻一多，他不知道除了形式还有什么美。他们都有意模仿外国诗体，当时是新诗的一大进步。有人常把朱湘也列入新月派，事实上朱湘与新月毫无关系。年轻一辈的陈梦家、方玮德在《新月》月刊上初露头角，后来在《诗刊》里占比较重要的地位，《诗刊》是月刊，志摩主编，记得只出了三四期。

潘光旦在新月出了好几本书，如《小青之分析》《家庭问题论丛》《人文生物学论丛》（潘光旦所写的《小青之分析》后改名为《冯小青》，《家庭问题论丛》后来改名为《中国之家庭问题》。——编者注）。光旦是社会学的一位杰出人才，治优生学，头脑清楚，有独立的见解，国文根底好。

我在新月出版的书有：《浪漫的与古典的》《文学的纪律》《阿伯拉与哀绿绮思的情书》《潘彼德》《织工马南传》《白璧德与人文主义》等。

此外新月出版的书之我留有印象的，如陈西滢著《西滢闲话》，凌叔华著

《花之寺》，陈衡哲著《小雨点》，邢鹏举译《欧卡珊与尼珂莱》，徐志摩、沈性仁译《玛丽玛丽》，余上沅等著《国剧运动》，余上沅译《可敬的克莱登》，伍光建译《造谣学校》《诡姻缘》，顾仲彝译《威尼斯商人》，刘英士译《欧洲的向外发展》，费鉴照著《现代诗人》，陈西滢译《少年歌德之创造》，陈楚淮著《金丝雀》，赵少侯译《迷眼的沙子》等。沈从文常给新月写小说。我不记得有没有单行本。

到了民国十九年，新月的一伙人差不多都离开上海了。闻一多本来不在上海，十九年夏他到上海来，我们两个应杨今甫邀赴青岛参加正在筹备中的国立青岛大学。胡先生和志摩都到北大去了，上沅也早就到了北平。《新月》杂志在罗隆基编辑之下逐渐变了质，文艺学术的成分少了，政治讨论的成分多了，这是我们始料不及的事。书店在光旦的长兄潘孟翘先生强勉支撑中也不见起色。所以胡先生有一次途经青岛时便对我们说起结束新月的事，我们当然也赞成，后来便由胡先生出面与商务印书馆王云五先生商洽，由商务出一笔钱（是七八千元）给新月书店，有这一笔款弥补亏空新月才关得上门，新月所出的书籍一律转移到商务继续出版，所有存书一律送给商务，新月宣布解散。

这便是新月的原原本本。一伙人萍踪偶聚，合力办一个杂志开一个书店，过三四年劳燕分飞，顿成陈迹，只是回忆的资料而已。有多少成绩，有什么影响，自己也不知道。胡先生最喜欢引佛书上的一句话："功不唐捐。"意思是"努力必不白费"，有耕耘即有收获。这收获究竟在哪里呢？回忆之际，觉得惶惑不已。

新月一伙人现在台湾者，除我之外还有刘英士先生和叶公超先生。

纽约的旧书铺

我所看见的在中国号称"大"的图书馆，有的还不如纽约下城十四街的旧书铺。纽约的旧书铺是极引诱人的一种去处，假如我现在想再到纽约去，旧书铺是我所要首先去流连的地方。

有钱的人大半不买书，买书的人大半没有多少钱。旧书铺里可以用最低的价钱买到最好的书。我用三块五角钱买到一部Jewett译的《柏拉图全集》，用一块钱买到第三版的《亚里士多德之诗与艺术的学说》，就是最著名的那个Butcher的译本——这是我买便宜书之最高的纪录。

罗斯丹的戏剧全集，英文译本，有两大厚本，定价想来是不便宜。有一次我陪着一位朋友去逛旧书铺，在一家看到全集的第一册，在另一家又看到全集的第二册，我们便不动声色地用五角钱买了第一册，又用五角钱买了第二册。用同样的方法我们在三家书铺又拼凑起一部《品内罗戏剧全集》。后来我们又想如法炮制拼凑一部《易卜生全集》，无奈工作太伟大了，没有能成功。

别以为买旧书是容易事。第一，你这两条腿就受不了，串过十几家书铺以后，至少也要三四个钟头，则两腿谋革命矣。饿了的时候，十四街有的是卖"热狗"的，腊肠似的鲜红的一条肠子夹在两片面包里，再涂上一些芥末，颇有异味。再看看你两只手，可不得了，至少有一分多厚的灰尘。然后你左手挟着一包，右手提着一包，在地底电车里东冲西撞地踉跄而归。书铺老板比买书的人精明。什么样的书有什么样的行市，你不用想骗他。并且买书的时候还要仔细，有时候买到家来便可发见版次的不对，或竟脱落了几十页。遇到合意的书不能立刻就买，因为顶痛心的事无过于买妥之后走到别家价钱还要便宜；也不能不立刻就买，因为才一回头的工夫，手长的就许先抢去了。这里面颇有一番心机。

在中国买英文书，价钱太贵还在其次，简直就买不到。因此我时常地忆起纽约的旧书铺。

回忆抗战时期

一九三七年七月二十八日，日寇攻占北平。数日后北大同事张忠绂先生匆匆来告："有熟人在侦缉队里，据称你我二人均在黑名单中。走为上策。"遂约定翌日早班火车上见面，并通知了叶公超先生同行。公超提议在火车上不可交谈，佯为不识。在车上我和忠绂坐在一起，公超则远远地坐在一隅，真个的若不相识。在车上不期而遇的还有樊逵羽先生、胡适之太太和另外几位北大同事。火车早晨开行，平常三小时左右可到天津，这一天兵车拥挤，傍晚天黑才到天津老站。大家都又饿又累。杂在人群中步行到最近的帝国饭店，暂时安歇一夜，第二天大家各奔前程。我们是第一批从北平逃出来的学界中人。

我从帝国饭店搬到皇宫饭店，随后搬到友人罗努生、王右家的寓所。努生有一幅详细的大地图，他用大头针和纸片制作好多面小旗，白的代表日寇，红的代表我军，我们每天晚上一面听无线电广播，一面按照当时战况将红旗白旗插在地图上面。令人丧气的是津浦线上白旗咄咄逼人，红旗步步后退。我们紧张极了，干着急。

每天下午努生和我到意租界益世报馆，努生是《益世报》总编辑，每天要去照料，事实上报馆的一切都由总经理生宝堂先生负责。平津陷落以后报馆只是暂时维持出版，随时有被查禁之虞，因为我们过去一向主张抗日。到报馆去要经过一座桥，桥上有日寇哨检查行人，但不扣查私人汽车。有一天上午生宝堂先生坐车过桥去上班，被日兵拦截，押往日军司令部，司机逃回报馆报告，报馆当即以电话通知努生勿再冒险过桥，报馆业务暂时停顿。生宝堂夫人是法籍，由法人出面营救亦无下文。从此生宝堂先生即不知下落。不知下落便是被害的意思。抗战期间多少爱国志士惨遭敌手而默默无闻未得表彰，在我的朋友中生宝堂先生是第一个被害的。

情势日急，努生、右家和我当即决定，右家留津暂待，努生和我立即绕道青岛到济南遄赴南京向政府报到，我们愿意共赴国难。离开北平的时候我是写下遗嘱才走的，因为我不知道我此后命运如何。我将尽我一份力量为国家做一点事。

到了南京我很失望，因为经过几次轰炸，各方面的情形很乱。有人告诉我们到中研院的一个招待所去，可以会到我们想见的人。努生和我去到那里，屋里挤满了人，忽警报之声大作，大家面面相觑，要躲也无处躲，我记得傅孟真先生独自搬了一把椅子放在楼梯底下，面色凝重地坐在那里。在南京周旋了两天，教育部发给我二百元另岳阳丸头等船票一张，教我急速离开南京，在长沙待命。于是我和努生分手，到长沙待命去了。

说起岳阳丸，原是日本的商船之一，航行于长江一带。汉奸黄秋岳（行政院参事）走漏消息，日本船舰逃出了江阴要塞，岳阳丸是极少数没有逃出的商轮之一，被我扣留。下关难民拥挤万状，好不容易我挤上了船，船上居然还有熟人，杨今甫、俞珊、叶公超、张彭春等，而且船上居然每日开出三餐"大菜"。国难日殷，再看着船上满坑满谷的难民，如何能够下咽。

三天后，舟泊岳阳城下。想起杜工部的诗句："留滞才难尽，艰危气益增。图南未可料，变化有鲲鹏。"乱世羁旅，千古同嗟。抵长沙后，公超与我下榻青年会。我偷闲到湘潭访友，信宿而返。时樊逵羽先生也到了长沙，在韭菜园赁屋为北大办事处，我与公超遂迁入其中。长沙待命日久，无事可做，北大同仁亦渐多南下。我与樊先生先后相继北上，盖受同仁之托前去接眷。我不幸搭乘顺天轮，到威海卫附近船上发现霍乱，遂在大沽口外被禁二十一天之后方得上岸。

一

一九三八年七月，国民参政会在汉口成立。我被推选为参政员，于是搭船到香港飞到汉口。从此我加入参政会连续四届，直到胜利后参政会结束为止。参政会是战时全国团结一致对外的象征，并无实权。其成员包括各方面的人，毛泽东、周恩来、林祖涵、董必武、邓颖超、秦邦宪、陈绍禹等人也在内。我在参政会里只做了一件比较有意义的事，那便是一九四〇年一月我奉派参加华北慰劳视察团，由重庆出发，而成都，而凤翔，而西安，而洛阳，而郑州，而襄阳，而宜昌，遵水路返重庆，历时两个月，访问了七个集团军司令部。时值寒冬，交通不便，柴油破车随时抛锚。我们临时决定，团员六人分为两组，一组留在洛阳，一组渡黄河深入中条山。我自告奋勇渡河，上山下山骑马四天，亲身体验了最前线将士抗战之艰苦。

我对抗战没有贡献，抗战反倒增长了我的经验和见识。我看到了敌人的残酷、士兵的辛劳，同时也看到了平民尤其是华北乡下的平民的贫困与愚暗。至于将来抗战结束之后会发生什么样的局面，没有人不抱隐忧的。

二

我在汉口的时候，张道藩先生（时任教育部次长）对我说，政府不久就要迁到重庆，参政会除了开会没有多少事做，他要我参加教育部的"中小学教科用书编辑委员会"。委员会分四组：总务、中小学教科书、青年读物、民众读物，以中小学教科书为最繁重。道藩先生要我担任教科书组主任，其任务是编印一套教科书，包括国文、史、地、公民四科，供应战时后方急需。因为前后方交通梗塞，后方急需适合抗战情势的教科用书，非立即赶编不可。我以缺乏经验未敢应命，道藩亦颇体谅，他说已聘李清悚先生为副主任，李先生为南京中学校长，不但有行政经验，而且学识丰富，可资臂助。我以既到后方，理宜积极参加与抗战有关之工作，故亦未固辞。委员会设在重庆两路口附近山坡上，方在开办，李先生独任艰巨，我仅每周上班一天，后因疏散到北碚，我亦随同前去，就每天上班工作了。事实上，工作全赖清悚先生一人擘画，我在学习。中小学教科书的编辑很需要技巧，不是任何学者都可以率尔操觚的。因为编教科书，一方面需要学识，一方面也要通教育心理，在编排取舍之间才能合用。越是低级的教科书，越难编写。

教科书组前后罗致的人才，国文国语方面有朱锦江、徐文珊、崔纫秋，公民方面有夏贯中、徐悫、汪经宪，史地方面有蒋子奇、汪绍修、聂家裕、徐世璜、桑继芬等数十位。有专门绘图的人员配合工作。全套好几十本书分批克期完稿付印校对然后供应后方各地学校使用，工作人员紧张无比，幸而大致说来未辱使命。首功应属李清悚先生。时间匆促，间或偶有小疵，我记得某君在参政会小组会议中大放厥词，认为这套教科书误人子弟，举一个宋朝皇帝的名字有误为例。我当即挺身辩护，事后查明原稿不错，仅是手民之误，校对疏忽而已。抗战期间我有机会参加了这一项工作，私心窃慰，因为这是特为抗战时期需要而做的。在抗战之前数年，国防会议曾拨款由王世杰先生负责主编一套中学教科书，国文由杨振声、沈从文二先生主编，历史由吴晗先生主编，公民由陈之迈先生主编，仅完成一部分，交教育部酌量采用。国文历史部分稿件，我曾与清悚先生共同看过，佥以为非常高明，但不适于抗战时期，决定建议不予采用，而重新编写，对于此事甚感遗憾。清悚对于吴晗先生之历史尤为倾服，因为其中甚多创见，可供教师参考。陈之迈先生之公民则未曾拜读。

委员会后来与设在白沙之国立编译馆合并，我因事忙辞去教科书组主任。这时候抗战已渐近胜利。有一天王云五先生约我到重庆白象街商务印书馆晤谈，我应邀往。云五先生的办公室只是小屋一间，四壁萧然，一桌二椅两张帆布床。一张是他自己睡觉用的，另一张是他的儿子王学哲先生的。抗战时期办公处所差不多都是这样简陋，而云五先生尤其是书生本色，我甚为钦佩。他邀我为商务印书馆主编一套中小学教科书。他说他看了我主编的教科书，认为我有了必要的经验。据他揣想，胜利之后一定有新的局面展开，中小学教科书大概可以开放民营，所以他要事先准备一套稿件，随时付印应市。他很爽快，言明报酬若干，两年完成。我们没有任何手续，一言为定。我于是又开始约集友人编纂再一套教科书。这一套书与抗战无关，较少限制，进行十分顺利，如期完成。不料抗战胜利之后，大局陡变，教科书仍由政府办理。我主编的一大箱书稿只好束之高阁了。

抗战八年，我主编了两套中小学教科书，其中辛苦一言难尽。兹举一例。小学国语之国定本，是由崔纫秋女士执笔的，她比我年长，曾任山东模范国小教师数十年。国语第一册第一课是："来，来，来上学"。有人批评，这几个字笔画太多，不便初学。这批评也有理，我们只好虚心检讨。等我为商务印书馆主编教科书的时候，我就邀请一位批评我相当严厉的朋友来执笔，这位朋友是著名的文学家，没想到一个月后把预支稿酬退回，据说第一册第一课实在编不出来。于是我又请李长之先生编写，几经磋商，第一册第一课定为"去，去，去上学"，是否稍有进步，我也不知道。正说明编教科书实在不易，不亲自尝试不知其难。

三

国立编译馆迁到北碚与教科用书编委会合并，由教育部部长自兼馆长，原馆长陈可忠先生改为副馆长。合并后的组织是：总务组、人文组、自然祖、社会组、教科书组、教育组，另设大学用书编委会、翻译委员会，全部人员及眷属约三百人。我任社会组主任兼翻译委员会主任。这两部分的职务也不轻。

社会组主管的是编写民众读物及剧本的编作。所谓民众读物就是通俗的小册子，包括鼓词、歌谣、相声、小说之类，以宣扬中国文化及鼓励爱国打击日寇为主旨。在这方面，我们完成了二百多种，大量印发各地民众教育机构。不知道这算不算"抗战文艺"，大概宣传价值大于文艺价值，现在事过境迁，没有人再肯过问这种作品了。主持民众读物计划的是王向辰先生，笔名老向，河北保定人，在定县平教会做过事，深知民间疾苦，笔下也好。在一起编写民众读物的有萧柏青、席征庸、王愚、解方等几位先生。在戏剧方面，除了阎金锷写了一本中国戏剧史之外，我们的主要工作是修订平剧剧本，把不合理的情节及字句大加修订，而不害于原剧的趣味与结构，这工作看似容易，实则牵涉很多，大费手脚。参加此项工作的有姜作栋、林柏年、陈长年、匡直、吴伯威、张景苍等几位。共完成了七十余种，由正中出版者计四十四种，名为"修订平剧选"。我们也注意到场面，所以有"锣鼓经"之制作，请了专家师傅于大家下班之后敲敲打打起来，一面用较进步的方法做成记录。大家学习的兴致很高，事后也有了实验的机会。

编译馆为了劳军演了两次戏，一是话剧陈绵译的法国名剧《天网》，演出于露天的北碚民众会场，由国立剧专毕业的张石流先生导演，演员包括王向辰、萧柏青、沈蔚德、龚业雅和我。演出效果自觉不佳，可是观众踊跃。又一次是平剧，我们有现成的场面，只外约了一位打鼓佬。行头难得，在后方只有王泊生先生山东实验剧院有完整的衣箱，时王先生不在北碚，我出面向王夫人吴瑞燕女士商借，这衣箱是从不外借的，吴瑞燕女士竟一口答应，无条件地借给我们了。演戏两出，一是《九更天》，陈长年主演，他是剧校出身，功夫扎实。一是《刺虎》，由姜作栋演一只虎，他的脸谱得自钱金福亲授，气势非凡，特烦国立礼乐馆的张充和女士演费贞娥，唱做俱佳，两位表演大为成功。两剧之间由老舍和我表演了两段相声，也引起观众的欣赏。这些活动勉强算是与抗战有关。

翻译委员会虽然人手有限，也做了一点事。一项繁重的工作是英译《资治通鉴》。和人文组主任郑鹤声先生往复商酌，想译一部中国历史，不知译哪一部好，最后决定译这编年体的《资治通鉴》。由杨宪益、戴乃迭夫妇二人负责翻译，杨先生是牛津留学生，戴女士是著名汉学家之女，二人合作，相得益彰。戴不需上班，在家工作。这在编译馆是唯一例外的安排。《资治通鉴》难译的地方很多，例如，历代官职的名称就不易做恰当的翻译。工作缓缓进行，到抗战胜利时完成三分之一弱，以后是否继续，就不得而知了。此外如李味农先生译毛姆孙的《罗马史》，孙培良先生译亚里士多德的《诗学》，王思曾先生译萨克莱的《纽康氏家传》，都是有分量的工作，虽与抗战无关，却是古典名著。

讲到抗战时期的生活，除了贪官奸商之外，没有不贫苦的，尤以薪水阶级的公教人员为然。有人感慨地说："一个人在抗战时期不能发财，便一辈子不能发财了。"在物质缺乏通货膨胀之际，发财易如反掌。有人囤积螺丝钉，有人囤积颜料，都发了财。跑国际路线带些洋货也发了财。就是公教人员没有办法，中等阶级所受打击最大。

各公共机构都奉命设立消费合作社。编译馆同仁公推我为理事会主席，龚业雅为经理，舒傅俪、朱心泉、何万全为办事员。我们五个人通力合作，抱定涓滴归公的宗旨为三百左右社员谋取福利。我们的业务繁杂，主要工作之一是办理政府颁发的配给物资。米最重要，每口每月二斗。米由船运到北碚江边，要我们自己去领取运到馆址分发，其间颇有耗损。运到之后，一袋袋的米堆在场上成一小丘，由请来的一位师傅高高地蹲坐在丘巅之上，以他的特殊技巧为大家分米。尽管他的技术再高，分配下来总还差一点，后来者就要向隅。为避免这现象，我决定每人于应领之分取出一小碗，以备不足。有时因为分配完毕之后又多出一些，我便把剩余部分卖掉，以所得之钱分给大家。如此大家都没有异议。每次看到大家领米，有持洗脸盆的，有拿铁桶的，有用枕头套的，分别负米而去，景象非常热闹。为五斗米折腰，不得不尔。米多稗及碎石，也未便深责了。

油也是配给的。人只有在缺油的时候才知道油的重要。我小时候，听说乡下人吃"钱儿油"，以木签穿钱孔，伸入油钵中提取油，以为是笑话。现在才知道油是不容耗费的物资。领油的人自备容器，大小形状各异，挹注之间偶有出入势所难免，以致引起纷争，我们绝对容忍只求息事宁人。油不仅供食用，点灯也要用它。灯草油灯是我小时最普通的照明用具，如今乃又见之。两根灯草，一灯如豆，只有在读书写作或打麻将的时候才肯加上几根灯草。

重庆有物资局，供应平价物品，局长先是何浩若先生，后为熊祖同先生，都是我的同学。最重要的物品之一是布匹。公教人员入川，没有多少行装，几年下来最先磨破的是西装裤。臀部打的补丁到处可见。后方最普通的衣料是芝麻呢，乃粗糙的黑白点的布料。我们从物资局大量购入布匹，以及牙刷毛巾肥皂之类的日用品，运到之日我书写物品价单，门前若市。对我们中国人，糖不是必需品，何况四川也产糖，只是运输不便。我们派专人到内江大量采购，搭小船运来，大为人所艳羡。

合作社不以牟利为目的，可是年终还有红利可分。平素收支分明，但是月底盘货清账，有时常有亏空，账目难以平衡。算盘打到深夜，无法结账，我乃在账簿上大书"本月亏空若干元"，作为了结。这是不合法的，但是合作事业管理局派员前来查账，竟以此为"不做假账"之明证，特予褒扬，列为办理最优。我们办合作社，都没有任何报酬，唯一安慰是得到了社员的绝对信任。

"前方吃紧，后方紧吃"，事诚有之。但这是以某些特殊阶级为限，一般公教人员和老百姓在物资缺乏物价高涨的压力之下，糊口不易，遑言紧吃？后方的生活清苦是普遍的事实。

四

遇到敌机空袭采取避难措施，一般人称之为"跑警报"。

北碚不是重要的地方，但是经过好几次空袭。第一次空袭出于意外，机枪扫射伤了正在体育场上忙碌的郝更生先生。那时我正在新村的一小楼上瞭望，数着敌机编队共有几架，猛听得咝咝的几声划空而下，紧接着就是嘭嘭的几声响，原来是几颗燃烧弹落下了，没有造成什么损失，我在楼前还拾得几块炸弹残片。又有一次轰炸北碚对岸黄桷树的复旦大学，当时何浩若先生正和复旦文学院长孙寒冰先生在室内下象棋，一声爆炸，何浩若钻到桌下，孙寒冰往屋外跑，才出门就被一块飞起的巨石砸死！经过几次轰炸，大家渐有经验，同时防空洞的挖掘也到处进行。编译馆有两个防空洞，可容数百人。紧急警报一响，大家陆续入洞，有人带着小竹凳，有人携着水瓶，有人提着饭盒，有些人手里还少不得一把芭蕉叶。有人入洞前先要果腹，也有人入洞前必须如厕。如果敌机分批来袭，形成疲劳轰炸，情况便很严重。初，记不得是哪一年，是一九三九年或一九四〇年吧，五月三日重庆在轰炸中死伤了一些人，翌日我乘船去探望住在戴家巷二号的一位好友。到达重庆之后，我先在临江门夫子庙一带巡视，看见街上有一列盖着草席的死尸，每人两只光脚都露在外面。在戴家巷二号坐了不久，警报又呜呜响，我们没有躲避，在客厅里坐以待弹。果然一声巨响屋角塌了下来，尘埃弥漫，我们不约而同地钻在一张大硬木桌底下。随后看见火光四起，乃相偕逃出门外，只见街上人潮汹涌，宪兵大声吼叫："到江边去，到江边去！"我们不由自主地随着人潮前进，天已黑了下来，只有火光照耀，下陡坡看不见台阶，只好大家手牵着手摸索下坡，汗如雨下，狼狈至极。摸索到了海棠溪沙洲之上，时已午夜，山城高耸一片火海。竹筑的房屋烧得噼噼啪啪响，有如爆竹。希腊《荷马史诗》描写脱爱城破时的景象不知是不是这个样子。看着火势渐杀，才相率爬坡回去。戴家巷二号无恙，我在临江门中国旅行社招待所保留的一间房子则已门窗洞开全被消防水浸。这便是有名的五四大轰炸。

经此一炸，大家才认真空防。我既已疏散到北碚，没事便不再到重庆。重庆有一个大隧道，可容一两千人避难。有一次敌机肆虐，日夜不停，警宪为维持秩序在洞口大门上锁。里面人多，时间一久，氧气渐不敷用，起先是油灯一个个地熄灭，随后有人不支，最后大家鼓噪，群起外拥，自相践踏，出路壅塞，活活窒息而死者千人左右。警报解除后，有人在某部大楼上俯瞰，见有大车数十辆装运光溜溜的尸体像死鱼一样。这一惨案责任好像未加深究，市长记大过一次。

本来我在致力于莎士比亚的翻译，一年译两出，入川后没有任何参考书籍可得，仅完成《亨利四世·下篇》一种。从广告上看到《亨利四世·上篇》之新集注本出版，我千方百计地恳求有机会出国的至亲好友给我购买一册，他们各自带回不少洋货分赠给我，但是不及买书一事。抗战时期想要一本书，其难如此！在偶然的情形之下，我译了《呼啸山庄》小说一册，又译了乔治·艾略特的一个中篇《尘世情缘》。此外便是给刘英士先生主编的《星期评论》写了一些短文，以后辑成《雅舍小品》。抗战八年之中我究竟做了些什么事。就记忆所及，略如本文所述。惭愧惭愧。

《琵琶记》的演出

一九二四年秋，我到了麻省剑桥进哈佛大学研究院，先是和顾一樵先生赁居奥斯丁园五号，半年后我们约同时昭法、徐宗涑几位同学迁入汉考克街一五九号之五，那是一所公寓。这公寓房子相当寒碜，号称有家具设备，除了床铺和几具破烂桌椅之外别无长物，但是租价低廉，几个学生合住不但负担较轻，而且轮流负责炊事，或担任采购，或在灶前掌勺，或专管洗碗洗盘，吵吵闹闹，颇不寂寞。最妙的是地点适中，往东去是麻省理工学院，往西去是哈佛大学，所以大家都感到满意。在剑桥的中国学生，不是在哈佛，就是在麻省理工。中国学生在外国喜欢麇居在一起，一部分是由于生活习惯的关系，一部分是因为和有优越感的白种人攀交，通常不是容易事，也不是愉快事。中国人走到哪里都有强烈的团体精神，实在是形势使然。我们的公寓，事实上是剑桥中国学生活动的中心之一。来往过客也常在我们这里下榻，帆布床随时供应。有一天我正在厨房做炸酱面，锅里的酱正扑哧扑哧地冒泡，潘光旦带着另外三个人闯了进来，他一进门就闻到炸酱的香味，死乞白赖地要讨一顿面吃，我慨然允允，我在小碗炸酱里加进四勺盐，吃得大家拧眉皱眼，饭后拼命喝水。

平时大家读书都很忙，课外活动还是有的。剑桥中国学生会那一年主持人是沈宗濂，一九二五年春天不知怎的心血来潮，要演一出英语的中国戏，招待外国师友，筹划的责任落到一樵和我身上。讲到演戏我们是有兴趣的。我和一樵平素省吃俭用，时常舍得用钱去看戏，波士顿的Copley Theater是由一个剧团驻院经常演出的，我们是长期的座上客，细心观摩他们湛深的演技。我悟得一点诀窍，也就是哈姆雷特奉劝演员的那些意见，演出时要轻松自然，不要过于剑拔弩张，不要张牙舞爪，到了紧要关头方可用出全副力量，把真情灌注进去。我们有一次看了谢立敦的《情敌》，又有一次看了晶奈罗的《谭克雷续弦夫人》，看到表演精彩之处真如醍醐灌顶。我们对于戏剧如此热心，所以学生会筹划演戏之议我们就没有推辞。

一樵真是多才多艺，他学的是电机工程，念念不忘文学。诗词小说戏剧无一不插上一手。他负起编剧责任，选定了《琵琶记》。蔡伯喈的故事，流传已久，各地地方剧常常把它搬上舞台，把蔡伯喈形容成一个典型的不孝不义的人物。南宋诗人陆游的"斜阳古柳赵家庄，负鼓盲翁正作场。死后是非谁管得，满村听说蔡中郎"是大家都熟知的一首诗。明初高则诚写《琵琶记》，就是根据这个古老的民间故事编的，不过在高则诚的笔下蔡中郎好像是一个比较可以令人同情的读书人了。全剧共二十四出，辞藻丰赡。一樵只是撷取其故事骨干，就中郎一生，由高堂称庆到南浦嘱别，由奉旨招婿到再报佳期，由强就鸾凤到书馆悲逢，这三大段正好编成三幕，用语体写出，编成之后由我译成英文。《琵琶记》的原文，非常精彩，号称为南曲之祖，其中唱词尤为典丽，我怎能翻译？但是改成语体，编成话剧，便容易措手了。于是很快地译好，送到哈佛合作社代为复印多份，脚本告成。波士顿音乐院里一位先生（英籍）帮我们制作布景，看到剧本，问我："这是谁译的？"我佯为不知，他说译文中有些美国人惯用的俗语羼杂在内，例如，"Go ahead"一语就不宜由一位文士对一位淑女来讲。我觉得他说得对，就悄悄地改了。

演员问题，大费周章。女主角赵五娘，大家一致认为在波士顿附近的威尔斯莱女子学院的谢文秋女士最适宜于担任。谢小姐是上海人，风度好，活泼，而且口齿伶俐。她的性格未必适于这一角色，但是当时没有其他的选择。她慷慨地答应了。男主角蔡伯喈成了问题，不是找不到人，是跃跃欲试的大有人在。某一男生才高志大，又一位男士风流倜傥，都觉得扮演蔡伯喈胜任愉快。在争来争去的情形之下，一樵和我商量，要我出马。我提出一项要求，那就是先去征询谢小姐的意见，看她要不要这样的一个搭档。她没有异议。

我们的演员表大致是这样：

蔡中郎	梁实秋
赵五娘	谢文秋
丞相之女	谢冰心

牛丞相	顾一樵
丞相夫人	王国秀
邻人	徐宗涑
疯子	沈宗濂

此外还有曾昭抡、高长庚，波士顿大学的两位华侨女生，都记不得担任的是什么角色了。我们是一群乌合之众，谁也没有多少经验，也没有专人导演，就凭一股热心，课余之暇自动地排演起来。

服装布景怎么办？事有凑巧，此前不久纽约的中国同学会很成功地演出了一出古装话剧《杨贵妃》，事实上我们的《琵琶记》也是受了《杨贵妃》的影响。主持《杨贵妃》上演的都是我们的朋友，如余上沅、闻一多、赵太侔等，所以我们就驰函求助。杨剧服装大部分是缝制之后由闻一多用水彩画不透明颜料画上图案，在灯光照耀之下华丽无比，其中一部分借给我们了。杨贵妃是唐朝人，蔡伯喈是汉朝人，服装式样有无差别，我们也顾不了许多。关于布景，一多有信给一樵：

　　一樵：

　　　舞台用品……布景也许用不着我亲身来波城。只要把剧本同舞台的尺寸寄来，我便可以画出一套图案，注明用什么材料怎样的制造。反正舞台上不宜用平面的绘画，例如一个窗子最好用木头或厚纸制一个能开能合的窗子，不当在墙上画一个窗子的模样，因为这样会引起错误的幻觉。总之，我把图案制就了，看它的构造是简单或复杂。如果不能不复杂，一定要我来，我是乐于从命的。再者也请你告诉我你们在布景和服饰上能花多少钱。

　　　　　　　　　　　　　　　　　　　　　　一多问好

事实上一多在布景的绘图上尽了力，但是他没有到波士顿来。来的是余上沅和赵太侔。余上沅是熟人，他是我们同船到美国来的，他的身份是教务处职员奉派随船照料我们的,他来到美国进入匹兹堡戏院艺术学院,翌年到了纽约。赵太侔则闻其名而尚未谋面,一多特函介绍他给我们,特别强调一点,太侔这个人是真正的 a man of few words 一个不大讲话的人,千万别起误会,以为他心有所愠。果然,太侔一到,不声不响,揎袖攘臂,抓起一把短锯,就锯木头制造门窗。经过他们二位几天努力,灯光布景道具完全就绪。

我们为了慎重起见,上演之前做一次预演,特请波士顿音乐学院专任导演的一位教授前来指点。他很认真负责,遇到他认为不对的地方就大声喊停予以解说。对演员的部位尤其注意,改正我们很多的缺点。演到蔡伯喈和赵五娘团圆的时候,这位导演先生大叫:"走过去,和她亲吻,和她亲吻!"谢文秋站在那里微笑,我无论如何鼓不起这一点勇气,我告诉他我们中国自古以来没有这个规矩,他摇头不已。预演完毕,他把我拉到一边,正经地劝我说:"你下次演戏最好选一出喜剧,因为据我看你不适于演悲剧。"话是很委婉,意思是很明显的。我心里想,《琵琶记》不就是喜剧吗?我又在想,这一次真是逢场作戏,难道还有下次?

上演的那天早晨,麻省理工学院的一位丁绪宝先生红头涨脸地跑来说:"你们今晚要演出《琵琶记》,你们知道你们做的是什么事吗?蔡伯喈家有贤妻,而负义糟糠,停妻再娶,是一位道地的多妻主义者。你们把他的故事搬上舞台,岂不要遭外人耻笑,误以为我们中国人都是多妻主义者?此事有关国家名誉,我不能坐视,特来警告,赶快罢手,否则我今晚不能不有适当手段对付你们。"我们向他解释,我把剧本一份送给他请他过目,并且特别声明我们的剧本是根据高明(则诚)的名著改编的。相传"有王四者,明与之友善,劝之应试,果登第,王即弃其妻而赘于不花太师家,明恶之,因作《琵琶记》以寓讽刺"。这样说来,《琵琶记》是讽刺。而且历史上的蔡中郎是怎样一个人姑不具论,单自高明写的蔡伯喈有怎样的谈吐:

> 闲藤野蔓休缠也,俺自有正蒐丝,亲瓜葛。
>
> 纵有花容月貌,怎如我自家骨血?
>
> 谩说道姻缘事果谐凤卜,细思之,此事岂吾意欲?有人在高堂孤
> 独,可惜新人笑语喧,不知我旧人哭,兀的东床难教我坦腹!

几回梦里，忽闻鸡唱，忙惊觉，错呼旧妇，同问寝堂上。待蒙眬觉来，依然新人鸳帏凤衾和象床。怎不怨香愁玉无心绪？更思想，被他拦当，教我怎不悲伤？俺这里欢愉夜宿芙蓉帐，他那里寂寞偏嫌更漏长！

像这样的句子都可以证明高则诚没有把蔡伯喈形容成为负心人。我最后声明，我是国家主义者，我的爱国心绝不后人。丁先生将信将疑，悻悻然去，临走时说："我们走着瞧！晚上见！"这一整天我们心情很不安。

这一天是三月二十八日，晚间在波士顿考普莱剧院正式演出。观众大部分是美国人士，包括大学教授及文化界人士，我国的学生及侨胞来捧场的亦不少，黑压压一片，座无虚席，在千人左右。先由在波士顿音乐学院读书的王倩鸿女士致开会词，中国同学会主席沈宗濂致欢迎词，郭秉义先生演说，奏乐。都说了些什么，已不复记忆。上演之前还有这么多的繁文缛节，不愧为学生演戏。一声锣响，幕起，一幕，二幕，三幕，进行得很顺利，台上的人没有忘掉戏词，也没有添加戏词，台下的人也没有开闸，也没有往台上抛掷鸡蛋番茄。最后幕落，掌声雷动，几乎把屋顶震塌下来。千万不要误会，不要以为演出精彩，赢得观众的欣赏，要知道外国人看中国人演戏，不管是谁来演，不管演的是什么，他们大部都只是由于好奇。剧本如何，剧情如何，演技如何，舞台艺术如何，都不是最重要的，最重要的是那红红绿绿的服装，几根朱红色的大圆柱，正冠捋须甩袖迈步等奇怪的姿态……《琵琶记》有几个人懂得，包括我们自己在内？剧中原有插曲一阕，由赵五娘抱着琵琶自弹自唱，唱词阙，意思是由演员自己选择。结果是赵五娘用四季相思小调唱"少小离家老大回，乡音未改鬓毛衰。儿童相见不相识，笑问客从何处来"。诗是唐朝的贺知章作的，唱的人赵五娘是东汉时人，这是多么显著的时代错误！事后也没有人讲话。

曲终人散，我们轻松愉快地到杏花楼去消夜。楼梯咚咚响，跑上了一个人，又是丁绪宝先生，又是红头涨脸的，大家为之一怔。他走到我们面前，勉强地一笑，说："你们演得很好，没有伤害国家的名誉，是我误会了，我道歉！"随后就和我们握手而退。这一握手，使我觉得十分快慰，丁先生不但热爱国家，而且勇于认错。翌日《基督教箴言报》为文报道此一演出，并且刊出了我的照片，我当然也很快慰，但是快慰之情尚不及丁先生的那一握手。

闻一多事后写信给我，附诗一首：

实秋饰蔡中郎演《琵琶记》戏作柬之

一代风流薄幸哉！钟情何处不优俳？

琵琶要作诛心论，骂死他年蔡伯喈！

讲　演

生平听过无数次讲演，能高高兴兴地去听，听得入耳，中途不打哈欠不打瞌睡者，却没有几次。听完之后，回味无穷，印象长留，历久弥新者，就更难得一遇了。

小时候在学校里，每逢星期五下午四时，奉召齐集礼堂听演讲，大部分是请校外名人莅校演讲，名之曰："伦理演讲。"事前也不宣布讲题，因为，学校当局也不知道他要讲什么。也很可能他自己也不知要讲什么。总之，把学生们教训一顿就行。所谓名人，包括青年会总干事、外交部的职业外交家、从前做过国务总理的、做过督军什么的，还有孔教会会长等，不消说都是可敬的人物。他们说的话也许偶尔有些值得令人服膺弗失的，可是我一律"只作耳边风"。大概我从小就是不属于孺子可教的一类。每逢讲演，我把心一横，心想我卖给你一个钟头时间做你的听众之一便是。难道说我根本不想一瞻名人风采？那倒也不。人总是好奇，动物园里猴子吃花生，都有人围着观看。何况盛名之下世人所瞻的人物？闻名不如见面，不过也时常是见面不如闻名罢了。

给我印象最深的两次演讲，事隔数十年未能忘怀。一次是听梁启超先生讲"中国韵文里表现的情感"。时在民国十二年春，地点是清华学校高等科楼上一间大教室。主席是我班上的一位同学。一连讲了三四次，每次听者踊跃，座无虚席。听讲的人大半是想一瞻风采，可是听他讲得痛快淋漓，无不为之动容。我当时所得的印象是：中等身材，微露秃顶，风神潇洒，声如洪钟。一口的广东官话，铿锵有致。他的讲演是有底稿的，用毛笔写在宣纸稿纸上，整整齐齐一大沓，后来发表在《饮冰室文集》。不过他讲时不大看底稿，有时略翻一下，更时常顺口添加资料。他长篇大段地凭记忆引诵诗词，有时候记不起来，愣在台上良久良久，然后用手指敲头三两击，猛然记起，便笑容可掬地朗诵下去。讲起《桃花扇》，诵到"高皇帝，在九天，不管亡家破鼎，那知他圣子神孙，反不如飘蓬断梗……"竟涔涔泪下，听者愀然危坐，那景况感人极了。他讲得认真吃力，渴了便喝一口开水，掏出大块毛巾揩脸上的汗，不时地呼唤他坐在前排的儿子："思成，黑板擦擦！"梁思成便跳上台去把黑板擦干净。每次钟响，他讲不完，总要拖几分钟，然后他于掌声雷动中大摇大摆地徐徐步出教室。听众守在座位上，没有一个敢先离席。

又一次是民国二十年夏，胡适之先生由沪赴平，路过青岛，我们在青岛的几个朋友招待他小住数日，顺便请他在青岛大学讲演一次。他事前无准备，只得临时"抓哏"，讲题是"山东在中国文化上的地位"。他凭他平时的素养，旁征博引，由"齐一变至于鲁，鲁一变至于道"，讲到山东一般的对于学术思想文学的种种贡献，好像是中国文化的起源与发扬尽在于是。听者全校师生绝大部分是山东人，直听得如醍醐灌顶，乐不可支，掌声不绝，真是好像要把屋顶震塌下来。胡先生雅擅言辞，而且善于恭维人，国语虽不标准，而表情非常凝重，说到沉痛处，辄咬牙切齿地一个字一个字地吐出来，令听者不由得不信服他所说的话语。他曾对我说，他是得力的圣经传道的作风，无论是为文或言语，一定要出之于绝对的自信，然后才能使人信。他又有一次演讲，一九六〇年七月他在西雅图"中美文化关系讨论会"用英文发表的一篇演说，题为"中国传统的未来"。他面对一些所谓汉学家，于一个多小时之内，缕述中国文化变迁的大势，从而推断其辉煌的未来，旁征博引，气盛言宜，赢得全场起立鼓掌。有一位汉学家对我说："这是一篇丘吉尔式（Churchillian）的演讲！"其实一篇言中有物的演讲，岂止是丘吉尔式而已哉？

一般人常常有一种误会，以为有名的人，其言论必定高明；又以为官做得大者，其演讲必定动听。一个人能有多少学问上的心得，处理事务的真知灼见，或是独特的经验，值得兴师动众，令大家屏息静坐以听？爱因斯坦，在某大学餐宴之后被邀致辞，他站起来说："我今晚没有什么话好说，等我有话说的时候会再来领教。"说完他就坐下去了。过了些天他果然自动请求来校，发表了一篇精彩的演说。这个故事，知道的人很多，肯效法仿行的人太少。据说有一位名人搭飞机到远处演讲，言中无物，废话连篇，听者连连欠伸，冗长的演讲过后，他问所众有何问题提出，听众没有反应，只有一人缓缓起立问曰："你回家的飞机几时起飞？"

我们中国士大夫最忌讳谈金钱报酬，一谈到阿堵物，便显着俗。司马相如的一篇《长门赋》得到孝武皇帝、陈皇后的酬劳黄金百斤，那是文人异数。韩文公为人作墓碑铭文，其笔润也是数以斤计的黄金，招来谀墓的讥诮。郑板桥的书画润例自订，有话直说，一贯的玩世不恭。一般人的润单，常常不好意思自己开口，要请名流好友代为拟定。演讲其实也是吃开口饭的行当中的一种，即使是学富五车，事前总要准备，到时候面对黑压压的一片，即使能侃侃而谈，个把钟头下来，大概没有不口燥舌干的。凭这一份辛劳，也应该有一份报酬，但是邀请人来演讲的主人往往不做如是想。给你的邀请函不是已经极尽恭维奉承之能事，把你形容得真像是一个万流景仰而渴欲一瞻丰采的人物了吗？你还不觉得踌躇满志？没有观众，戏是唱不成的。我们为你纠合这么大一批听众来听你说话，并不收取你任何费用，你好意思反过来向我们索酬？在你眉飞色舞唾星四溅的时候，我们不是没有恭恭敬敬地给你送上一杯不冷不烫的白开水，喝不喝在你。讲完之后，我们不是没有给你猛敲肉梆子；你打道回府的时候，我们不是没有恭送如仪，鞠躬如也地一直送到你登车绝尘而去。我们仁至义尽，你尚何怨之有？

天下不公平之事，往往如是，越不能讲演的人，偏偏有人要他上台说话；越想登台致辞的人，偏偏很少机会过瘾。我就认识一个人，他略有小名，邀他讲演的人太多，使他不胜其烦。有一天（一九八零年三月十七日）他在报上看到一则新闻，《邱永汉先生访问记》，有这样的一段：

> 邱先生在日本各地演讲，每两小时报酬一百万元，折合台币十五万。想创业的年轻人向他请益需挂号排队，面授机宜的时间每分钟一万元。记者向他采访也照行情计算，每半小时两万元。借阅资料每件五千元。他太太教中国菜让电视台录影，也是照这行情。从三月初起，日本职业作家一齐印成采访价目一览表，寄往各报社，价格随石油物价的变动又有新的调整。

他看了灵机一动，何妨依样葫芦？于是敷陈楮墨，奋笔疾书，自订润格曰："老夫精神日损，讲演邀请频繁。深闭固拒，有伤和气。舌敝唇焦，无补稻粱。

爱订润例，稍事限制。各方友好，幸垂察焉。市区以内，每小时讲演五万元，市区以外倍之。约宜早订，款请先惠……"稿尚未成，友辈来访，见之大惊，咸以为不可。都说此举不合国情，而且后果堪虞。他一想这话也对，不可造次，其事遂寝。

演 戏 记

人生一出戏，世界一舞台，这是我们所熟知的，但是"戏中戏"还不曾扮演过，不无遗憾。有一天，机会来了，说是要筹什么款，数目很大，义不容辞，于是我和几个朋友便开始筹划。其实我们都没有舞台经验，平素我们几个人爱管闲事，有的是嗓门大，有的是爱指手画脚吹胡瞪眼的，竟被人误认为有表演天才。我们自己也有此种误会，所以毅然决定演戏。

演戏的目的是为筹款，所以我们最注意的是不要赔钱。因此我们做了几项重要决定：第一是借用不花钱的会场，场主说照章不能不收费，不过可以把照收之费如数地再捐出来，公私两便。第二是请求免税，也照上述公私两便的办法解决了。第三是借幕，借道具，借服装，借景片，借导演，凡能借的全借，说破了嘴跑断了腿，全借到了。第四是同人公议，结账赚钱之后才可以"打牙祭"，结账以前只有开水恭候。这样，我们的基本保障算是有了。

选择剧本也很费心思，结果选中了一部翻译的剧本，其优点是五幕只要一个布景，内中一幕稍稍挪动一下就行，省事，再一优点是角色不多，四男三女就行了。是一出悲剧，广告上写的是："恐怖，紧张……"其实并不，里面还有一点警世的意味，颇近于所谓"社会教育"。

分配角色更困难了，谁也不肯做主角，怕背戏词。一位山西朋友自告奋勇，他小时候上过台，后来一试，一大半声音都是从鼻子里面拐弯抹角而出，像是脑后音，招得大家哄堂。最后这差事落在我的头上。

排演足足有一个月的时间，每天公余大家便集合在小院里，怪声怪气地乱嚷嚷一阵，多半的时间消耗在笑里，有一个人扑哧一声，立刻传染给大家，全都前仰后合了，导演也忍俊不禁，勉强按着嘴，假装正经，小脸憋得通红。四邻的孩子们是热心的观众，爬上山头，翻过篱笆，来看这一群小疯子。一幕一幕地排，一景一景地抽，戏词部位姿势忘了一样也不行，排到大家头昏脑涨心烦意懒的时候，导演宣布可以上演了。先预演一次。

一辈子没演过戏，演一回戏总得请请客。有些帮忙的机关代表不能不请，有些地头蛇不能不请，有些私人的至亲好友七姑八姨也不能不请，全都趁这次预演的机会一总做个人情。我们借的剧场是露天的，不，有个大席棚。戏台是真正砖瓦砌盖的。剧场可容千把人。预演那一晚，请的客衮衮而来，一瞬间就坐满了。三声锣响，连拉带扯地把幕打开了。

我是近视眼，去了眼镜只见一片模糊。将近冬天，我借的一身单薄西装，冻出一身鸡皮疙瘩。我一上台，一点也不冷，只觉得热，因为我的对手把台词忘了，我接不上去，我的台词也忘了，有几秒的工夫两个人干瞪眼，虽然不久我们删去了几节对话仍旧能应付下去，但是我觉得我的汗攻到头上来，脸上全是油彩，汗不得出，一着急，毛孔眼一张，汗迸出来了：在光滑的油彩上一条条地往下流。不能揩，一揩变成花脸了。排演时没有大声吼过，到了露天剧场里不由自主地把喉咙提高了，一幕演下来，我的喉咙哑了。导演急忙到后台关照我："你的声音太大了，用不着那样使劲。"第二幕我根本嚷不出声了。更急，更出汗，更渴，更哑，更急。

天无绝人之路，这一场预演把我累得不可开交之际，天空隐隐起了雷声，越来越近，俄而大雨倾盆。观众一个都没走，并不是我们的戏吸引力太大，是因为雨太骤他们来不及走。席棚开始漏水，观众哄然而散，有一部分人照直跳上了舞台避雨，戏算是得了救。我蹚着一尺深的水回家，泡了一大碗的"胖大海"，据说可以润喉。我的精神已经总崩溃了，但是明天正式上演，还得精神总动员。

票房是由一位细心而可靠的朋友担任的。他把握着票就如同把握着现钞一样的紧。一包一包的票，一包一包的钱，上面标着姓名标着钱数，一小时结一回账。我们担心的是怕票销不出去，他担心的是怕票预先推销净尽而临时门口没票可卖。所以不敢放胆推票。

第二天正式上演了，门口添了一盏雪亮的水电灯，门口挤满了一圈子的人，可是很少人到窗口买票。时间快到了，我扒开幕缝偷偷一看，疏疏落落几十个人，我们都冷了半截。剧场里来回奔跑的，客少，招待员多。有些客疑心是来得太早，又出去买橘柑去了，又不好强留。顶着急的是那位票房先生。好容易拖了半点钟算是上满了六成座。原来订票的不一定来，真想看戏的大半都在预演时来领教过了。

　　我的喉咙更哑了，从来没有这样哑过。几幕的布景是一样的，我一着急，把第二幕误会成第三幕了，把对话的对手方吓得张口结舌，蹲在幕后提词的人急得直嚷："这是第二幕！这是第二幕！"我这才如梦初醒，镇定了一下，勉强找到了台词，一身大汗如水洗的。第三幕上场，导演在台口叮嘱我说："这是第三幕了。"我这一回倒是没有弄错，可是精神过于集中在这是第几幕，另外又出了差池。我应该在口袋里带几张钞票，作赏钱用，临时一换裤子，把钞票忘了，伸手掏钱的时候，左一摸没有，右一摸没有，情急而智并未生，心想台下也许看不清，握着拳头伸出去，做给钱状，偏偏第一排有个眼快口快的人大声说："他的手里是空的！"我好窘。

　　最窘的还不是这个。这是一出悲剧，我是这悲剧的主角，我表演的时候并没有忘记这一点，我动员了我所有精神上的力量，设身处地地想我即是这剧里的人物，我动了真的情感，我觉得我说话的时候，手都抖了，声音都颤了，我料想观众一定也要受感动的，但是，不。我演到最重要的关头，我觉得紧张得无以复加了，忽然听得第一排上一位小朋友指着我大声地说："你看！他像卓别林！"紧接着是到处扑哧扑哧的笑声，悲剧的氛围完全消逝了。我注意看，前几排观众大多数都张着口带着笑容地在欣赏这出可笑的悲剧。我好生惭愧。事后对镜照看，是有一点像卓别林，尤其是化装没借到胡子，现做嫌费事，只在上唇用墨笔抹了一下，衬上涂了白灰的脸，加上黑黑的两道眉，深深的眼眶，举止动作又是那样僵硬，不像卓别林像谁？我把这情形报告了导演，他笑了，但是他给了我一个很伤心的劝慰："你演得很好，我劝你下次演戏挑一出喜剧。"

　　还有一场呢。我又喝了一天"胖大海"。嗓音还是沙愣愣的。这一场上座更少了，离开场不到二十分钟，性急的演员扒着幕缝向外看，回来报告说："我数过了一、二、三，一共三个人。"等一下又回来报告，还是一、二、三，一共三个人。我急了，找前台主任，前台主任慌作一团，对着一排排的空椅发怔。旁边有人出主意，邻近的××学校的学生可以约来白看戏。好，就这么办。一声呼啸，不大的工夫，调来了二百多。开戏了。又有人出主意，把大门打开，欢迎来宾，不大的工夫座无隙地。我们打破了一切话剧上座的纪录。

　　戏演完了，我的喉咙也好了。遇到许多人，谁也不批评戏的好坏，见了面只是道辛苦。辛苦确实是辛苦了，此后我大概也不会再演戏。就是喜剧也不敢演，怕把喜剧又演成悲剧。事后结账，把原拟的照相一项取消，到"三六九"打了一次牙祭。净余二千一百二十八元，这是筹款的结果。

相 声 记

我要记的不是听相声，而是我自己说相声。

在抗战期间有一次为了筹什么款开游艺大会，有皮黄，有洋歌，有杂耍。少不了要一段相声。后台老板瞧中了老舍和我，因为我们两个平素就有点贫嘴贱舌，谈话就有一点像相声，而且焦德海草上飞也都瞻仰过。别的玩意儿不会，相声总还可以凑合。老舍的那一口北平话真是地道，又干脆又圆润又沉重，而且土音土语不折不扣，我的北平话稍差一点，真正的北平人以为我还行，外省人而自以为会说官话的人就认为我说得不大纯粹。老舍的那一张脸，不用开口就够引人发笑，老是绷着脸，如果龇牙一笑，能立刻把笑容敛起，像有开关似的。头顶上乱蓬蓬的一撮毛，没梳过，倒垂在又黑又瘦的脸庞上。衣领大约是太大了一点，扣上纽扣还是有点松，把那个又尖又高的"颏里嗦"（北平土话，谓喉结）露在外面。背又有点驼，迈着八字步。真是个相声的角色。我比较起来，就只好去（当）那个挨打的。我们以为这事关抗战，义不容辞，于是就把这份差事答应了下来。老舍挺客气，决定头一天他逗我捧，第二天我逗他捧。不管谁逗谁捧，事实上我总是那个挨打的。

本想编一套新词儿，要与抗战有关，那时候有这么一股风气，什么都讲究抗战，在艺坛上而不捎带上一点抗战，有被驱逐出境的危险。老舍说："不，这玩意儿可不是容易的，老词儿都是千锤百炼的，所谓雅俗共赏，您要是自己编，不够味儿。咱们还是挑两段旧的，只要说得好，陈旧也无妨。"于是我们选中了《新洪洋洞》《一家六口》。老舍的词儿背得烂熟，前面的帽子也一点不含糊，真像是在天桥长大的。他口授，我笔记。我回家练了好几天，醒来睁开眼就嚷："你是谁的儿子……我是我爸爸的儿子……"家里人听得真腻烦。我也觉得一点都不好笑。

练习熟了，我和老舍试着预演一次。我说爸爸儿子地乱扯，实在不大雅，并且我刚说"爸爸"二字，他就"啊"一声，也怪别扭的。他说："不，咱们中国群众就爱听这个，相声里面没有人叫爸爸就不是相声。这一节可千万删不得。"对，中国人是觉得当爸爸是便宜事。这就如同做人家的丈夫也是便宜事一样。我记得抬滑竿的前后二人喜欢一唱一答，如果他们看见迎面走来一位摩登女郎，前面的就喊："远看一朵花。"后面的接声说："教我的儿子喊她妈！"我们中国人喜欢在口头上讨这种阿Q式的便宜，所谓"夜壶掉了把儿"，就剩了一个嘴了。其实做了爸爸或丈夫，是否就是便宜，这笔账只有天知道。

照规矩说相声得有一把大折扇，到了紧要关头，敲在头上，"啪"的一声，响而不疼。我说："这可以免了。"老舍说："行，虚晃一下好了，别真打。可不能不有那么一手儿，否则煞不住。"

一切准备停当，游艺大会开幕了，我心里直扑通。我先坐在池子里听戏，身旁一位江苏模样的人说了："你说什么叫相声？"旁边另一位高明的人说："相声，就是昆曲。"我心想真糟。

锣鼓歇了，轮到相声登场。我们哥儿俩大摇大摆地踱到台前，深深地向观众鞠了一躬，然后一边一个，面部无表情，直挺挺地一站，两件破纺绸大褂，一人一把大扇子。台下已经笑不可抑。老舍开言道："刚才那个小姑娘的洋歌唱得不错。"我说："不错！"一阵笑。"现在咱们两个小小子儿伺候一段相声。"又是一阵笑。台下的注意力已经被抓住了。后台刚勾上半个脸的张飞也蹭到台上听来了。

老舍预先嘱咐我，说相声讲究"皮儿薄"，一戳就破。什么叫"皮儿薄"，就是说相声的一开口，底下就得立刻哗地一阵笑，一点不费事。这一回老舍可真是"皮儿薄"，他一句话，底下是一阵笑，我连捧的话都没法说了，有时候我们需要等半天笑的浪潮消下去之后才能继续说。台下越笑，老舍的脸越绷，冷冰冰的像是谁欠他二百两银子似的。

最令观众发笑的一点是我们所未曾预料到的。老舍一时兴起，忘了他的诺言，他抽冷子恶狠狠地拿扇子往我头上敲来，我看他来势不善往旁一躲，扇子不偏不倚地正好打中我的眼镜框，眼镜本来很松，平常就往往出溜到鼻尖上，这一击可不得了，哗啦一声，眼镜掉下来了，我本能地两手一捧，把眼镜接住了。台下鼓掌喝彩大笑，都说这一手儿有功夫。

我们的两场相声，给后方的几百个观众以不少的放肆大笑，可是我很惭愧，内容与抗战无关。人生难得开口笑。我们使许多愁眉苦脸的人开口笑了。事后我在街上行走，常有人指指点点地说："看，那就是那个说相声的！"

记梁任公先生的一次演讲

梁任公先生晚年不谈政治，专心学术。在民国十二年左右，清华学校请他做第一次演讲，题目是"中国韵文里表现的情感"。我很幸运地有机会听到这一篇动人的演讲。那时候的青年学子，对梁任公先生怀着无限的景仰，倒不是因为他是戊戌政变的主角，也不是因为他是云南起义的策划者，实在是因为他的学术文章对于青年确有启迪领导的作用。过去也有不少显宦，以及叱咤风云的人物，莅校讲话，但是他们没有能留下深刻的印象。

任公先生的这一篇讲演稿，后来收在《饮冰室文集》里。他的讲演是预先写好的，整整齐齐地写在宽大的宣纸制的稿纸上面，他的书法很是秀丽，用浓墨写在宣纸上，十分美观。但是读他这篇文章和听他这篇讲演，那趣味相差很多，犹之乎读剧本与看戏之迥乎不同。

我记得清清楚楚，在一个风和日丽的下午，高等科楼上大教室里坐满了听众，随后走进了一位短小精悍秃头顶宽下巴的人物，穿着肥大的长袍，步履稳健，风神潇洒，左右顾盼，光芒四射，这就是梁任公先生。

他走上讲台，打开他的讲稿，眼光向下面一扫，然后是他的极简短的开场白，一共只有两句，头一句是："启超没有什么学问——"眼睛向上一翻，轻轻点一下头，"可是也有一点喽！"这样谦逊同时又这样自负的话是很难得听到的。他的广东官话是很够标准的，距离国语甚远，但是他的声音沉着而有力，有时又是洪亮而激亢，所以我们还是能听懂他的每一字，我们甚至想如果他说标准国语其效果可能反要差一些。

我记得他开头讲一首古诗《箜篌引》：

公无渡河。公竟渡河！

渡河而死，当奈公何！

这四句十六字，经他一朗诵，再经他一解释，活画出一出悲剧，其中有起承转合，有情节，有背景，有人物，有情感。我在听先生这篇讲演后二十余年，偶然获得机缘在茅津渡候船渡河。但见黄沙弥漫，黄流滚滚，景象苍茫，不禁哀从中来，顿时忆起先生讲的这首古诗。

先生博闻强记，在笔写的讲稿之外，随时引证许多作品，大部分他都能背诵得出。有时候，他背诵到酣畅处，忽然记不起下文，他便用手指敲打他的秃头，敲几下之后，记忆力便又畅通，成本大套地背诵下去了。他敲头的时候，我们屏息以待，他记起来的时候，我们也跟着他欢喜。

先生的讲演，到紧张处，便成为表演。他真是手之舞之足之蹈之，有时掩面，有时顿足，有时狂笑，有时叹息。听他讲到他最喜爱的《桃花扇》，讲到"高皇帝，在九天，不管……"那一段，他悲从中来，竟痛哭流涕而不能自已。他掏出手巾拭泪，听讲的人不知有几多也泪下沾巾了！又听他讲杜氏讲到"剑外忽传收蓟北，初闻涕泪满衣裳……"先生又真是于涕泗交流之中张口大笑了。

这一篇讲演分三次讲完，每次讲过，先生大汗淋漓，状极愉快。听过这讲演的人，除了当时所受的感动之外，不少人从此对于中国文学发生了强烈的爱好。先生尝自谓"笔锋常带情感"，其实先生在言谈讲演之中所带的情感不知要更强烈多少倍！

有学问、有文采、有热心肠的学者，求之当世能有几人？于是我想起了从前的一段经历，笔而记之。

记得当时年纪小

我十岁的时候进高小，北京朝阳门内南小街新鲜胡同京师公立第三小学校。越是小时候的事情，越是记得清楚。前几年一位无名氏先生寄我一张第三小学的大门口的照片，完全是七十多年前的样子，一点也没变。我看了之后，不知是欢喜还是惆怅，总之是别有一番滋味在心头。我猜想到这位无名氏先生是谁，因为他是我的第三小学的同学，虽然先后差了好几十年。我曾写过一篇小文《我在小学》，收在《秋室杂忆》里，提到教我唱歌的时老师。现在再谈谈我小时候唱歌的情形。

我的启蒙的第一首歌是《春之花》。调子我还记得，还能哼得上来，歌词却记不得了。头两句好像是："春光明媚好花开，如诗如画如锦绣。"唱歌是每周一小时，总在下午，摇铃前两名工友抬进教室一架小小的风琴。当时觉得风琴是很奇妙的东西，老师用两脚踏着两块板子，鼓动风箱，两手按键盘，其声呜呜然，成为各种调子。《春之花》的调子很简单，记得只有六句，重叠反复，其实只有三句，但是很好听。老师扯着沙哑的嗓音，先唱一遍，然后他唱一句，全班跟着唱一句，然后再全首唱一遍，全班跟着全首唱一遍。唱过三五遍，摇铃下课了，校工忙着把风琴抬出去。这风琴是一宝，各班共用，学生们不准碰一下的。

唱歌这一堂课最轻松，课前不要准备，扯着喉咙吼就行。老师也不点名，也不打分数考试。唱歌和手工一课都是我们最欢迎的，而且老师都很和蔼。

有一首歌，调子我也记得，歌词记得几句，是这样开始的：

> 亚人应种亚洲田，
> 黄种应享黄海权，
> 青年，青年，
> 切莫同种自相残，

坐教欧美着先鞭！

不怕死，不爱钱，

丈夫决不受人怜。

这首歌声调比《春之花》雄壮，唱起来蛮有劲的，但是不大懂词的意义。是谁"同种相残"？这歌是日本人作的，还是中国人作的，用意何在？怎么又冒出"不怕死，不爱钱"的话？何谓"不受人怜"？老师不讲解，学生也不问，我一直糊涂至今。但是这首歌我忘不了。

还有所谓军歌，也是学生们喜欢学着唱的。当时有些军队驻扎在城里，东城根儿禄米仓就是一个兵营，一队队的兵常出来在大街小巷里快步慢步地走，一面走还一面唱。我是一放学就回家，不在街上打滚，所以很少遇到队伍唱歌，可是间接地也听熟了军歌的几个片段，如：

三国战将勇，

首推赵子龙，

长坂坡前逞英雄。

还有张翼德，

他奶奶的硬是凶，

哇啦哇啦吼两声，

吓退了百万兵。

歌词很粗浅，合于一般大兵的口味，也投小学生的喜爱，我常听同学们唱军歌，自己也不禁地有时哼两句。

我十四岁进清华中等科，一年级还有音乐，好像是一种课外活动。教师是一位美国人，Miss Seeley，丰姿绰约，是清华园里出色的人物。她教我们唱歌，首先是唱校歌，校歌是英文，也有中译，但是从来没有人用中文唱校歌。我不喜欢用英文唱校歌，所以至今我记不得怎样唱了。可是我小时嗓音好，调门高，经过测验就被选入幼年歌唱团，有一次还到城里青年会做过公开演唱会。同班的应尚能有音乐天才，唱低音，那天在青年会他涂黑了脸饰一黑人，载歌载舞，口里唱着——

It's nice to get up

Early in the morning,

But，it's nicer

To lie in bed.

满堂喝彩，掌声如雷，那盛况至今如在目前。我不久倒嗓喑哑不成声，遂对唱歌失去兴趣。有些同学喜欢星期日参加一些美国教师家里的查经班，于是 *Onward Christian Soldiers，Marching as to War*…之类的歌声洋洋乎盈耳。"一百零一首名歌"在清华园里也不时地荡漾起来。这皆非我之所好。我乃渐渐地成为兰姆所谓"没有耳朵的人"。

抗战时期，我已近中年，中年人还唱什么歌？寓处附近有小学，小学生的歌声不时地传送过来。像"起来，不愿做奴隶的人们"那首进行曲，听的回数太多了，没人教也会唱。还有一首歌我常听小学生们唱，我的印象很深：

张老三，我问你：

你的家乡在哪里？

我的家，在山西，

过河还有二十里。

张老三，我问你：

种田还是做生意？

这样的一问一答，张老三终于供出他是布商，而且囤积了不少布匹，赢得不少暴利，于是这首歌的最后几句是：

一大批，一大批，

囤积在家里。

你是坏东西，

你真该枪毙！

这首歌大概对于囤积居奇的奸商以及一般人士发生不小的影响。

抗战时期也有与抗战无关的歌大为流行。例如，《教我如何不想她》虽说是模仿旧曲《四季相思》的意思，格调却是新的，抑扬顿挫，风靡一时。使我最难忘的是《记得当时年纪小》一首小歌，作者黄自是清华同学。我学唱这首歌是在一个温暖的季秋时节，在重庆南岸海棠山坡上，经朋友指点，反复唱了好几遍，事隔数十年，仍然萦绕在耳边。

上文发表后，引起几位读者兴趣，或来书指正，或予补充。

平群先生和刘济华先生分别告诉我《黄族应享黄海权》那首歌的全本是这样写的：

黄种应享黄海权，

亚人应种亚洲田。

青年，青年，

切莫同种自相残，

坐教欧美着先鞭。

不怕死，不爱钱，

丈夫决不受人怜。

纵洪水滔天，

只手挽狂澜，

方不负石磐铁砚，

后哲先贤！

我还是不大懂，教儿童唱这样的歌是什么意思。有一位来信说此歌是

"九一八"以后日本人作的，我想恐怕不对，此歌流行甚早，"九一八"是二十多年后的事。不过我也疑心到此歌作者用心不善。

小民女士来信补充了《三国战将勇》那首军歌的好几句，但是全文她也记不得了。

我最大的错误是关于《张老三》那首歌。杨沄先生来信说，《张老三》是抗战名曲《河边对口唱》，全文如下：

〔对唱〕张老三，我问你，你的家乡在哪里？

我的家，在山西，过河还有三百里。

我问你，在家里，种田还是做生意？

拿锄头，耕田地，种的高粱和玉米。

为什么，到此地，河边流浪受孤凄？

痛心事，莫提起，家破人亡无消息。

张老三，莫伤悲，我的命运不如你。

为什么，王老七，你的家乡在何地？

在东北，做生意，家乡八年无消息。

这该说，我和你，都是有家不能回。

〔合唱〕仇和恨，在心里，奔腾如同黄河水！

黄河边，定主意，咱们一同打回去！

为国家，当兵去，太行山上打游击！

从今后，我和你，一同打回老家去！

据杨先生说这歌曲是《黄河大合唱》中的一段，乃光未然（张光年）作词，冼星海作曲，于民国二十八年在延安完成，此曲在台湾为禁歌。显然的不是我文中所谓打击囤积的奸商的歌，我之所以有此错误，乃因这不是我童年唱过的歌，而是后来听孩子们常唱的，其歌唱的调子又好像和那打击奸商的歌有些相近，所以我就把两个歌联在一起了。

我的女儿文蔷来信告诉我，打击奸商的歌她是唱过的，其歌词大概是这样的——

　　你、你、你、你这个坏东西，

　　市面上日常用品不够用，

　　你一大批，一大批，囤积在家里！

　　只为你，发财肥自己，

　　别人的痛苦你全不理，

　　你这坏东西，你这坏东西，

　　真是该枪毙！

　　嗨！你这坏东西！

　　嗨！你真该枪毙！

　　　　　　　　　　　　一九八六年十二月十八日补记

　　七六年四月四日《中华日报·副刊》王令娴女士一篇文章也提到《你这个坏东西》这首歌，记得更完全，如下：

　　你、你、你、

　　你这个坏东西！

　　市面上日常用品不够用哟，

　　你一大批，一大批，

　　囤积在家里。

　　只管你发财，肥了自己，

　　别人的痛苦，你是全不理。

　　坏东西，坏东西，

　　囤积居奇，捣乱金融，破坏抗战。

　　都是你！

　　你的罪名和汉奸一样的。

　　别人在抗战里，

出钱又出力唷!

只有你,整天地在钱上打主意。

想一想,你自己,

是要钱做什么呢!

到头来你一个钱也带不进棺材里。

你这个坏东西!

童 年 生 活

我的童年生活，只模糊地记得一些事。

北平有一童谣：

> 小小子儿，
>
> 坐门墩儿，
>
> 哭哭啼啼地想媳妇儿。
>
> 娶了媳妇儿干什么呀？
>
> 点灯，说话儿；
>
> 吹灯，做伴儿；
>
> 早晨起来梳小辫儿。

梳小辫儿是一天中第一件大事。我是在民国元年才把小辫儿剪了去的。那时候我的辫子已有一尺多长，睡一夜觉，辫子往往就松散了，辫子不梳好是不准出屋门的。所以早起急于梳辫子，而母亲忙，匆匆地给我梳，揪得头皮疼。我非常厌恶这根猪尾巴。父亲读《扬州十日记》《大义觉迷录》之类的书，常把满军入关之后"留头不留发，留发不留头"的事讲给我们听，我们对于辫子益发没有好感。革命后把辫子一刀两断，十分快意。那时候北平的新式理发馆只有东总布胡同西口路北一处，座椅两张。我第一次到那里剪发，连揪带剪，相当痛，而且头发楂顺着脖子掉下去。

民国以前，我的家是纯粹旧式的。孩子不是一家之主，是受气包儿。家规很严。门房、下房，根本不许孩子涉足其间。爷爷奶奶住的上房，无事也不准进去，父亲的书房也是禁地，佛堂更不用说。所以孩子们活动的空间有限。室内游戏以在炕上攀登被窝垛为主，再不就是用窗帘布挂在几张桌前做成小屋状，钻进去坐着，彼此做客互访为乐。玩具是有的，不外乎"打糖锣儿的"担子上买来的泥巴制的小蜡签儿之类，从隆福寺买来的小"空竹"算是上品了。

我记得儿时的服装，最简单不过。夏天似乎永远是一身竹布裤褂，白布是禁忌。冬天自然是大棉袄小棉袄，穿得滚圆臃肿。鞋子袜子都是自家做的，自古以来不就是以"青鞋布袜"作为高人雅士的标识吗？我们在童年时就有了那样的打扮。进了清华之后，才斗胆自主写信到天津邮购了一双白帆布鞋，才买了洋袜子穿。暑假把一双手工做的布袜子原样带回家，被母亲发现，才停止了布袜的供应。布鞋、毛窝，一直在脚上穿着，皮鞋是很久以后的事了。

小孩子哪有不馋的？早晨烧饼油条或是三角馒头，然后一顿面一顿饭，三餐无缺，要想吃零食不大容易。门口零食小贩是不许照顾的，有时候偷着吃"果子干"、"玻璃粉"或是买串糖葫芦，被发现便不免要挨骂。所以我出去到大鹁鸽市进陶氏学堂的时候，看见卖浆米藕的小贩，驻足而观，几乎馋死，豁出两天不吃烧饼油条积了两个铜板才得买了一小碟吃。我的一个弟弟想吃肉，有一天情不自已地问出一句使母亲心酸的话："妈，小炸丸子卖多少钱一碟？"

革命以后，情况不同了。我的家庭也起了革命。我们可以穿白布衫裤，可以随时在院子里拍皮球、放风筝、耍金箍棒，可以逛隆福寺吃"驴打滚儿""艾窝窝"。父亲也带我们挤厂甸。念字号儿，描红模子，读商务出版的"人手足刀尺，一人二手，开门见山，山高月小，水落石出……"，这一套启蒙教育，都是在炕桌上，在母亲的笤帚疙瘩的威吓下，顺利进行的。我们没受过体罚。我比较顽皮淘气，可是也没挨过打。我爱发问，我读过"一老人，入市中，买鱼两尾，步行回家"之后，曾经发问："为什么买鱼两尾就不许他回家？"

父亲给我们订了一份商务的《儿童画报》，卷末有一栏绘一空白轮廓，要小读者运用想象力在其中填画一件彩色的实物。寄了去如果中选则有奖。我得了好几次奖，大概我是属于"小时了了"那一类型。上房后炕的炕案上有一箱装订成册的《吴友如画宝》，虽然说明文字未必能看得懂，画中大意往往能体会到一大部分，帮助我了解社会人生不浅。性的知识，我便是在八九岁时从吴友如的几期画报中领悟到的。

这就是我童年生活的大概。

我 在 小 学

我在六七岁的时候开始描红模子，念字号儿。所谓"红模子"就是红色的单张字帖，小孩子用毛笔蘸墨把红字涂黑即可。帖上的字不外是"上大人孔乙己化三千……"、"一去二三里烟村四五家……"以及"王子去求仙丹成上九天……"之类。描红模子很容易描成墨猪，要练得一笔下去就横平竖直才算得功夫。所谓"字号儿"就是小方纸片，我父亲在每张纸片上写一个字，每天要我认几个字，逐日复习。后来书局印售成盒"看图识字"，一面是字，一面是画，就更有趣了，我们弟兄姊妹一大群，围坐在一张炕上的矮桌周边写字认字，有说有笑。有一次我一拱腿，把炕桌翻到地上去。母亲经常坐在炕沿上，一面做活计，一面看着我们，身边少不了一把炕笤帚，那笤帚若是倒握着在小小的脑袋上敲一记是很痛的。在那时体罚是最直截了当的教学法。

不久，我们住的内政部街西口内路北开了一个学堂，离我家只有四五个门。校门横楣有砖刻的五个福字，故称之为五福门。后院有一棵合欢树，俗称马缨花，落花满地，孩子们抢着拾起来玩，每天早晨谁先到校谁就可以捡到最好的花，我有早起的习惯，所以我总是拾得最多。有一天我一觉醒来，窗棂上有一格已经有了阳光，急得直哭，母亲匆忙给我梳小辫，打发我上学，不大工夫我就回转了，学堂尚未开门。在这学堂我学得了什么已不记得，只记得开学那一天，学生们都穿戴一色的缨帽呢靴站在院里，只见穿戴整齐的翎顶袍褂的提调学监们摇摇摆摆地走到前面，对着至圣先师孔子的牌位领导全体行三跪九叩礼。

在这个学堂里浑浑噩噩地过了一阵。不知怎么，这学校关门大吉。于是家里请了一位教师，贾文斌先生，字宪章，密云县人，口音有一点怯，是一名拔贡。我的二姐、大哥和我三个人在西院书房受教于这位老师。所用课本已经是新编的国文教科书，从"人、手、足、刀、尺"起，到"一人二手，开门见山"，以至于"司马光幼时……"，《三字经》《百家姓》《千字文》这一段就没有经历过。贾老师的教学法是传统的"念背打"三部曲，但是第三部"打"从未实行过。不过有一次我们惹得他生了大气，那是我背书时背不出来，二姐偷偷举起书本给我看，老师本来是背对着我们的，陡然回头撞见，气得满面通红，但是没有动用桌上放着的精工雕刻的一把戒尺。还有一次也是二姐惹出来的，书房有一座大钟，每天下午钟鸣四下就放学，我们时常暗自把时针向前拨快十来分钟。老师渐渐觉得座钟不大可靠，便利用太阳光照在窗纸上的阴影用朱笔画一道线，阴影没移到线上是不放学的。日久季节变换阴影的位置也跟着移动，朱笔线也就一条条地加多。二姐想到了一个方法，趁老师不在屋里替他加上一条线，果然我们提早放学了，试行几次之后又被老师发现，我们都受了一顿训斥。

辛亥革命前二年，我和大哥进了大鹁鸽市的陶氏学堂。陶是陶端方，在当时是满清政府里的一位比较有知识的人，对于金石颇有研究，而且收藏甚富，历任要职，声势煊赫，还知道开办洋学堂，很难为他了。学堂之设主要的是为教育他的家族子弟，因为他家人口众多，不过也附带着招收外面的学生，收费甚昂，故有贵族学堂之称。父亲要我们受新式教育，所以不惜学费负担投入当时公认最好的学校，事实上却大失所望。所谓新式的洋学堂，只是徒有其表。我在这学堂读了一年可以说什么也没有学到，除了让我认识了一些丑恶腐败的现象。

陶氏学堂是私立贵族学堂，陶氏子弟自成特殊阶级原无足异。但是有些现象却是令人难以置信的。陶氏子弟上课时随身携带老妈子，听讲之间可以唤老妈子外出买来一壶酸梅汤送到桌下慢慢饮用。听先生讲书，随时可以写个纸条，搓成一个纸团，丢到老师讲台上去，代替口头发问，老师不以为忤。陶氏子弟个个恣肆骄纵，横冲直撞，记得其中有一位名陶栻者，尤其飞扬跋扈。他们在课堂内外，成群地呼啸出入，动辄动手打人，大家为之侧目。

国文老师是一位南方人，已不记得他的姓名，教我们读《诗经》。他根据他的祖传秘方，教我们读，教我们背诵，就是不讲解，当然即使讲解也不是儿童所能领略的。他领头扯着嗓子喊"击鼓其镗"，我们全班跟着喊"击鼓其镗"，然后我们一句句地循声朗诵"踊跃用兵，土国城漕，我独南行"。他老先生喉咙哑了，便唤一位班长之类的学生代他吼叫。一首诗朗诵过几十遍，深深地记入在我们的脑子里，迄今有些首诗我仍记得清清楚楚。脑子里记若干首诗当然是好事，但是付了多大的代价！一部分童时宝贵的光阴是这样耗去的！

有趣的是体操一课。所谓体操，就是兵操。夏季制服是白帆布制的，草帽，白线袜，黑皂鞋。裤腿旁边各有一条红带，衣服上有黄铜纽扣。辫子则需盘起来扣在草帽底下。我的父母瞒着祖父母给我们做了制服，因为祖父母的见解是属于更老一代的，他们无法理解在家里没有丧事的时候孩子们可以穿白衣白裤。因此我们受到严重的警告，穿好操衣之后要罩上一件竹布大褂，白色裤脚管要高高地卷起来，才可以从屋里走到院里，下学回家时依然要偷偷摸摸溜到屋里赶快换装。在民元以前我平时没有穿过白布衣裤。

武昌起义，鼙鼓之声动地而来，随后端方遇害，陶氏学堂当然立即瓦解，陶氏子弟之在课堂内喝酸梅汤的那几位以后也不知下落如何了。这时节，祖父母相继逝世，父亲做了一件大事，全家剪小辫子。在剪辫子那一天，父亲对我们讲了一大套话，平素看的《大义觉迷录》《扬州十日记》供给他不少愤慨的资料，我们对于这污脏麻烦的辫子本来就十分厌恶，巴不得把它齐根剪去，但是在发动并州快剪之际，我们的二舅爹爹还忍不住泫然流涕。民国成立，薄海腾欢，第一任正式大总统项城袁世凯先生不愿到南京去就职，唆使第三镇曹锟驻禄米仓部队于阴历正月十二日夜晚兵变，大烧大抢，平津人民遭殃者不计其数。我亦躬逢其盛。兵变过后很久，家里情形逐渐稳定，我才有机会进入公立第三小学。

公立第三小学在东城根新鲜胡同，是当时办得比较良好的学校，离我家又近，所以父亲决定要我和大哥投入该校。校长赫杏村先生，旗人，精明强干，声若洪钟。我和大哥都编入高小一年级，主任教师是周士菜先生，号香如，山西人，年纪不大，三十几岁，但是蓄了小胡子，道貌岸然。周先生是我真正的启蒙业师。他教我们国文、历史、地理、习字。他的教学方法非常认真负责。在史地方面于课本之外另编补充教材，每次上课之前密密匝匝地写满了两块大黑板，要我们抄写，月终呈缴核阅。例如，历史一科，鸿门之宴、垓下之围、淝水之战、安史之乱、黄袍加身、明末三案，诸如此类的史料都有比较详细的补充。材料很平常，可是他肯费心讲授，而且不占用上课时间去写黑板。对于习字一项，他特别注意。他用黑板槽里积存的粉笔屑，和水做泥，用笔蘸着写字在黑板上作为示范，灰泥干了之后显得特别的黑白分明，而且粗细停匀，笔意毕现，周老师的字属于柳公权一派，瘦劲方正。他要我们写得横平竖直，规规矩矩。同时他也没有忽略行草的书法，我们每人都备有一本草书千字文拓本，与楷书对照。我从此学得初步的草书写法，其中一部分终身未曾忘。大字之外还要写"白折子"，折子里面夹上一张乌丝格，作为练习小楷之用。他知道我们小学毕业之后能升学的不多，所以在此三年之内基础必须打好，而习字是基本技能之一。

周老师也还负起训育的责任，那时候训育叫作修身。我记得他特别注意生活上的小节，例如，纽扣是否扣好，头发是否梳齐，以及说话的腔调，走路的姿势，无一不加指点。他要求于我们的很多，谁的笔记本子折角卷角就要受申斥。我的课业本子永远不敢不保持整洁。老师本人即是一个榜样。他布衣布履，纤尘不染，走起路来目不斜视，迈大步昂首前进，几乎两步一丈。讲起话来和颜悦色，但是永无戏言。在我们心目中他几乎是一个完人。我父亲很敬重周老师的为人，在我们毕业之后特别请他到家里为我的弟弟妹妹补课多年，后来还请他租用我们的邻院作为我们的邻居。我的弟弟妹妹都受业于周老师，至少我们写的字都像是周老师的笔法。

小学有英文一课，事实上我未进小学之前就已开始从父亲学习英文了。我父亲是同文馆第一期学生，所以懂些英文，庚子年乱起辍学的。小学的英文老师是王德先生，字仰臣。我们用的课本是《华英初阶》，教授的方法是由拼音开始，ba、be、bi、bo、bu，然后就是死背字句，记得第三课就有一句Is he of us?"彼乃我辈中人否？"这一句我背得滚瓜烂熟。老师一提Is he of us? 我马上就回答出："彼乃我辈中人否？"老师大为惊异，其实我在家里早已学过了。这样教学的方法使初学英文的人费时很多，但未养成初步的语言习惯，实在是精力的浪费。后来老师换了一位程洵先生，是一位日本留学生，有时穿着半身西装，英语发音也比较流利正确一些。我因为预先学过一些英文，所以在班上特感轻松，老师也特别嘉勉。临毕业时程老师送我一本原版的麦考莱《英国史》，这本书当时还不能看懂，后来却也变成对我有用的一本参考书。

体操老师锡福先生，字辅臣，旗人。他有一副苍老而沙哑的喉咙，喊起立正、稍息、枪上肩、枪放下的时候很是威风。排起队来我是末尾，排头的一位有我两个高。老师特别喜欢我们这一班，因为我们平常把枪擦得亮，服装整齐一些，而且开正步的时候特别用力踏地作响，给老师增面子。学校在新鲜胡同东口路南，操场在西口路北，我们排队到操场去的时候精神抖擞，有时遇到操场上还有别班同学上操未散，我们便更着力操演，逼得其他各班只有木然呆立瞠目赞叹的份儿。半小时操后，时常是踢足球，操场不画线，竖起竹竿便是球门，一半人臂缠红布，笛声一响便踢起球来，高头大马横冲直撞，像我这样的只能退避三舍以免受伤。结果是鸣笛收队皆大欢喜。

我的算术，像"鸡兔同笼"一类的题目我认为是专门用来折磨孩子的，因为当时想鸡兔是不会同笼的，即使同笼亦无须又数头又数脚，一眼看上去就会知道是几只鸡几只兔。现在我当然明白，是我自己笨，怨不得谁。手工课也不容易应付，不是抟泥，就是削竹，最可怕的是编纸，用修脚刀把彩色纸画出线条，然后再用别种彩色纸条编织上去，真需要鬼斧神工，在这方面常常由我的大姐帮忙，教手工的老师患严重口吃，结结巴巴的惹人笑。教理化的李秉衡老师，保定府人，曾经表演氢二氧一变成水，水没有变出来，玻璃瓶炸得粉碎，但是有一次却变成功了。有一次表演冷缩热胀，一只烧得滚烫的钢珠，被一位多事的同学伸手抓了起来，烫得满手掌溜浆大泡。教唱歌的是一位时老师，他没有歌喉，但是会按风琴，他教我们唱的《春之花》我至今不能忘。

有一次远足是三年中一件大事。事先筹划了很久，决定目的地为东直门外的自来水厂。这一天特别起了个大早，晨曦未上就赶到了学校，大家啜柳叶汤果腹，柳叶汤就是细长菱形薄面片加菜煮成的一种平民食品，但这是学校里难得一遇的旷典，免费供应，大家都很高兴，有人连罄数碗。不知是谁出的主意，向步军统领衙门借了六位喇叭手，改着我们学校的制服，排在我们队伍前面开道，六只亮晶晶的喇叭上挂着红绸彩，嘀嘀嗒嗒地吹起来，招摇过市，好不威风！由新鲜胡同走到东直门外，有四五里之遥，往返将近十里。自来水厂没有什么可看的，虽然那庞大的水池水塔以前都没有见过。这是我第一次徒步走出北京城墙，有久困出柙之感。午间归来，两腿清酸。下次作文的题目是《远足记》，文章交卷此一盛举才算是功德圆满。

我们一班二十几人，如今音容笑貌尚存脑海者不及半数，姓名未忘者更是寥寥可数了。年龄最大身体最高的是一位名叫连祥的同学，在二十开外，浓眉大眼，膀大腰圆，吹喇叭踢足球都是好手，脑袋后面留着一根三寸多长的小辫，用红绳扎紧，挺然翘然地立在后脑勺子上，像是一根小红萝卜。听说他以后当步兵去了。一位功课好而态度又最安详的是常禧，后来冠姓栾，他是我们的班长，周老师很器重他，后来听周老师说他在江西某处任商务印书馆分馆经理。还有岳廉识君，后来进了交通部。我们同学绝大部分都是贫寒子弟，毕业之后各自东西，以我所知道的有人投军，有人担筐卖杏，能升学的极少。我们在校的时候都相处得很好，有两种风气使我感到困惑。一个是喜欢打斗，动辄挥拳使绊，闹得桌翻椅倒。有一位同学长相不讨人喜欢，满脸疙瘩噜苏，绰号"小炸丸子"，他经常是几个好闹事的同学欺弄的对象，有多少次被抬到讲台桌上，手脚被人按住，有人扯下他的裤子，大家轮流在他的裤裆里吐一口痰！还有一位同学名叫马玉岐，因为宗教的关系饮食习惯与别人不同，几个不讲理的同学便使用武力强迫他吃下他们不吃的东西，经常要酿出事端。在这样尚武的环境之中我小心翼翼，有时还不能免于受人欺凌。自卫的能力之养成，无论是斗智还是斗力，都需要实际体验，我相信我们的小学是很好的训练场所。另一件使我困惑的事是大家之口出秽言的习惯。有些人各自秉承家教，不只是"三字经"常挂在嘴边，高谈阔论起来其内容往往涉及"素女经"，而且有几位特别大胆的还不惜把他在家中所见所闻的实例不厌其详地描写出来。讲的人眉飞色舞，听的人津津有味。学校好几百人共用一个厕所，其环境之脏可想，但是有些同学们如厕之后其嘴巴比那环境还脏。所以我视如厕为畏途。性教育在一群孩子们中间自由传播，这种情形当时在公立小学尤甚，我是深深拜受其赐了。

我在第三小学读了三年，每天早晨和我哥哥步行到校，无间风雪。天气不好的时候要穿家中自制的带钉油鞋，手中举着雨伞，途中经常要遇到一只恶犬，多少要受到骚扰，最好的时候是适值它在安睡，我们就悄悄地溜过去了，那时我不明白为什么有人要养狗并且纵容它与人为难。内政部门口站岗和巡捕半醒半睡地挂着上刺刀的步枪靠在墙垛上，时常对我们颔首微笑，我们觉得受宠若惊，久之也搭讪着说两句话。出内政部街东口往北转，进入南小街子，无分晴雨永远有泥泞车辙，其深常在尺许。街边有羊肉床子，时常遇到宰羊，我们就驻足而视，看着绵羊一声不响在引颈就戮。羊肉包子的味道热腾腾地四溢。卖螺丝转儿油炸鬼的，卖甜浆粥的，卖烤白薯的，卖糖耳朵的，一路上左右皆是。再向东一转就进入新鲜胡同了，一眼可以望得见城墙根，常常看见有人提笼架鸟从那边溜达着走过来。这一段路给我的印象很深，二十多年后我再经过这条街则已变为坦平大道面目全非，但是我还是怀念那久已不复存在的湫隘陋巷。我是在这些陋巷中长大的，这是我的故乡。

民国四年我毕业的时候，主管教育的京师学务局（局长为德彦）令饬举行会考，把所有各小学应届毕业的学生三数百人聚集在我们第三小学，考国文习字图画数科，名之曰观摩会，事关学校荣誉，大家都兴奋。国文试题记得是"诸生试各言尔志"，事有凑巧这个题目我们以前做过，而且以前做的时候，好多同学都是说将来要"效命疆场，马革裹尸"。我其实并无意步武马援，但是我也摭拾了这两句豪语。事后听主考的人说：第三小学的一班学生有一半要"马革裹尸"，是佳话还是笑谈也就很难分辨了。我在打草稿的时候，一时兴起，使出了周老师所传授的草书千字文的笔法，写得虽然说不上龙飞蛇舞，却也自觉得应手得心，正赶上局长大人监考经过我的桌旁，看见我写得好大个的草书，留下了特别的印象。图画考的是自由画，我们一班最近画过一张松鹤图，记忆犹新，大家不约而同都依样葫芦，斜着一根松枝，上面立着一只振翅欲飞的仙鹤，章法不错。我本来喜欢图画，父亲给我的《芥子园画谱》也发生了作用，我所画的松鹤图总算是尽力为之了。榜发之后，我和哥哥以及栾常禧君都高居榜首，荣誉属于第三小学。我得到的奖品最多，是一张褒奖状，一部成亲王的巾箱帖，一个墨盒，一副笔架以及笔墨之类。

"小时了了，大未必佳"，如今想想这话颇有道理。

我的暑假是怎样过的

儿时英文作文教师喜欢出的作文题目之一，便是"我的暑假是怎样过的"。记得当时抓耳挠腮，搜索枯肠，窘困万状，但仍不能不凑出几百字塞责交卷。小孩子的暑假还有什么新鲜的过法？总不外吃喝玩乐。要撰文记述，自不免觉得枯涩乏味。现在我年近五十，仍操粉笔生涯，躬逢抗战胜利，又遇戡乱建国，今年暑假是怎样过去的，颇觉得有一点迷迷糊糊。眼看着就要开学，于是自动地给自己出下这样一个题目，择记几件小事，都平凡琐屑无比，并不惊人，总算给我的暑假做一结束。

暑假伊始，我本来是立有大志的，其规模虽然比不上什么三年计划五年计划之类，却也条举目张，要克期计功。现在加以清算，我的暑假作业怕是不能及格了。

推其原因，当然照例是"环境不良，心绪恶劣"八个字。其实环境也不算太不良，虽然每天清晨飞机一群擦着房檐过去，有时郊外隐闻炮声，还有时要在街头打死几个学生颁布戒严令，但是究竟从来没有炮弹碎片落在自己头上，这环境也可以算得是很安谧了。心绪确是近于恶劣，但也是自找，既无疾病缠绵，亦无断炊情事，如果稍微相信一点唯物论，大可以思想前进，绝无苦闷。可惜的是，自己隐隐然还有一颗心，外界的波澜不能不掀动内心的荡漾，极小的一件事也可以使人终日寡欢，所以工作成绩也就微小得不值一提了。

一放暑假，一群孩子背着铺盖卷回家，这是一厄！一家团聚，应该是一种享受天伦之乐的机会，但是凭空忽来壮丁就食，家庭收支立刻发现赤字，难以弥补。而赡养义务又是义不容辞的。这是颇费周章的一件事。可恨的是，孩子们既无杨朱的技能，又无颜回的操守，粗茶淡饭之后，一个个地唉声叹气，嚷着"嘴里要淡出鸟儿来"！在我这一方面，生活也大受干扰，好像是有一群流亡学生侵入住宅，吃起东西来像一队蝗虫，谈天说笑像一塘青蛙，出出进进，熙熙攘攘，清早起来马桶永远有人占着座儿，衣服袜子书籍纸笔狼藉满屋好像是才遭洗劫，一张报纸揉得稀烂，彼此之间有时还要制造摩擦。饶这样，还不敢盼着暑假早日结束，暑假一终止，另一灾难到来，学杂膳宿，共二十七袋面！

还有一桩年年暑期里逃不脱的罪过。学校要招生。招生要监考，监考也不要紧，顶多是考生打翻墨水壶的时候你站远点，免得溅一腿，考生问"抄题不抄题"的时候使你恶心一下。考完要看卷子，看卷子也不要紧，捏着鼻子看，总有看完的一天，离奇的答案有时使人笑得肚子疼，离奇的试题有时使人不好意思笑出声来，都还有趣。最伤脑筋的是，招生之际总有几位亲友手提着两罐茶叶一筐水果登门拜访，扭扭捏捏地说孩子要考您那个大学您那个系，求您多多关照。好像那个学房铺是我开的似的！如果我开诚布公地对他说，我实在心有余而力不足，题目不是一个人出，卷子不是一个人看，其间还有弥封暗码，最后还要开会公决，要想舞一点弊是几乎不可能的，这套话算是白说，他死也不信。"大家都是中国人，打什么官腔？""你这是推托，干脆说不管好了，不够朋友！""帮人一步忙，就怕树叶儿打了脑袋？"再说就更不好听了，"谁没有儿女？谁也保不住不求人。这点小事都不肯为力，'房顶开门，六亲不认'！"如果我答应下来，榜发之时十九是名落孙山，没脸见人。这样的苦头我年年都要吃，一年一度，牢不可破，能推的推了，不能推的昧着良心答应下来，反正结果是得罪人。今年得高人指点，应付较为得宜。接受请托之际，还他一个模棱答案："您老的事我还能不尽力！您真是太见外了。不过有一句话得说在前头。令郎的成绩若是差个一星半点的，十分八分的，兄弟有个小面子，这事算包在我身上了，准保能给取上，不过，若是差得太多，公事上可交代不下去，莫怪我力不从心。"对方听了觉得入情入理，一定满意。之后，对方还照例要来一封八行书，几回电话，一再叮咛，这都不慌。等到快发榜的前夕，可要把握时机，少不得要到学校里钻营一番，如果确知考取了，赶快在榜发之前至少十分钟打一电话给他老人家："恭喜！令郎的成绩好，倒不是小弟的力量……"他一定认为是你的力量。他相信人情，面子。如果没有考取，不怕，也在发榜之前十分钟打一电话，虽然是噩耗，而能在发榜之前就得到消息，这人情是托到家了。事后再赶快抄一张他这位世兄的成绩表，"英文零分，数学两分，国文十五分……实在没有办法，抱歉之至！"这办法不得罪人。

还有更难应付的问题，一到暑假，正是"毕业即失业"的季候，年轻小伙子总觉得教书的先生许有点办法，于是前来登门拜谒，请求介绍职业。其实教书的先生正是因为在人事上毫无办法，所以才来教书，否则早就学优而仕了。所以每有学生一手持履历片，一手拿点什么小小的礼物之类，我一见便伤心不只从一处来，一面痛恨自己的不中用，一面惋惜来者之找错了人。

长夏无俚，难道没有一点赏心乐事？当然也有。晚饭后，瓜棚豆架（确切地说，今年我家瓜无棚豆无架，全是就地擦的），泡上一大壶酽茶，一家人分据几把破藤椅，乘凉闲话，直聊到星稀斗横风轻露重，然后贸贸然踱到屋里倒头便睡——这是一天里最快活的一段时间。白天就没有这样清闲，多少鸡毛蒜皮的琐碎事，多少语言无味面目可憎的人，把你的时间切得寸断，把你的心戳成马蜂窝！你休想安心，休想放心，休想专心，更休想开心！

有人主张暑假里到一个风景优美的地方去避暑，什么北戴河、青岛，都是好地方，至不济到郊外山上租几间屋子，也可暂避尘嚣。这种主张当然是非常正确，谁也不预备反驳。北戴河、青岛如今都不景气，而且离前线也太近，殊非养生之道，远不及莫干山、庐山。我今年避暑的所在，和几十年来的一样，是在红尘万丈火伞高张的城里，风景差一点，可是也并未中暑。

我的暑假就这样地过去了，好歹把孩子们打发上学了，明年的暑假能不能这样平安度过，谁知道？

清 华 八 年

一

我自民国四年进清华学校读书，民国十二年毕业，整整八年的工夫在清华园里度过。人的一生没有几个八年，何况是正在宝贵的青春。四十多年前的事，现在回想已经有些模糊，如梦如烟，但是较为突出的印象则尚未磨灭。有人说，人在开始喜欢回忆的时候便是开始老的时候。我现在开始回忆了。

民国四年，我十四岁，在北京新鲜胡同京师公立第三小学毕业，我的父亲接受朋友的劝告要我投考清华学校。这是一个重大的决定，因为这个学校远在郊外，我是一个古老的家庭中长大的孩子，从来没有独自在街头闯荡过，这时候要捆起铺盖到一个陌生的地方去住，不是一件平常的事，而且在这个学校经过八年之后便要漂洋过海离乡背井到新大陆去负笈求学，更是难以设想的事。所以父亲这一决定下来，母亲急得直哭。

清华学校在那时候尚不大引人注意。学校的创立乃是由于民国纪元前四年美国老罗斯福总统决定退还庚子赔款半数指定用于教育用途，意思是好的，但是带着深刻的国耻意味。所以这学校的学制特殊，事实上是留美预备学校，不由教育部管理，校长由外交部派。每年招考学生的名额，按照各省分担的庚子赔款的比例分配。我原籍浙江杭县，本应到杭州去应试，往返太费事，而且我家寄居北京很久，也可算是北京的人家，为了取得法定的根据起见，我父亲特赴京兆大兴县署办理入籍手续，得到准许备案，我才到天津（当时直隶省会）省长公署报名。我的籍贯从此确定为京兆大兴县，即北京。北京东城属大兴，西城属宛平。

那一年直隶省分配名额为五名，报名应试的大概是三十个人，初试结果取十名，复试再遴选五名。复试由省长朱家宝主持，此公素来喜欢事必躬亲，不愿假手他人，居恒有一颗闲章，文曰"官要自作"。我获得初试入选的通知以后就到天津去谒见省长。十四岁的孩子几曾到过官署？大门口站班的衙役一声吆喝，吓我一大跳，只见门内左右站着几个穿宽袍大褂的衙役垂手肃立，我逡巡走进二门，又是一声吆喝，然后进入大厅。十个孩子都到齐，有人出来点名。静静地等了一刻钟，一位面团团的老者微笑着踱了出来，从容不迫地抽起水烟袋，逐个地盘问我们几句话，无非是姓甚、名谁、几岁、什么属相之类的谈话。然后我们围桌而坐，各有毛笔纸张放在面前，写一篇作文，题目是"孝弟为人之本"。这个题目我好像从前做过，于是不假思索援笔立就，总之是一些陈词滥调。

过后不久榜发，榜上有名的除我之外有吴卓、安绍芸、梅贻宝及一位未及入学即行病逝的应某。考取学校总是幸运的事，虽然那时候我自己以及一般人并不怎样珍视这样的一个机会。

就是这样我和清华结下了八年的缘分。

二

八月末，北京已是初秋天气，我带着铺盖到清华去报到，出家门时母亲直哭，我心里也很难过。我以后读英诗人Cowper的传记时之特别同情他，即是因为我自己深切体验到一个幼小的心灵在离开父母出外读书时的那种滋味——说是"第二次断奶"实在不为过。第一次断奶，固然苦痛，但那是在孩提时代，尚不懂事，没有人能回忆自己断奶时的懊恼，第二次断奶就不然了，从父母身边把自己扯开，在心里需要一点气力，而且少不了一阵辛酸。

清华园在北京西郊外的海淀的西北。出西直门走上一条漫长的马路，沿途有几处步兵统领衙门的"堆子"，清道夫一铲一铲地在道上撒黄土，一勺一勺地在道上泼清水，路的两旁是铺石的路专给套马的大敞车走的。最不能忘的是路边的官柳，是真正的垂杨柳，好几丈高的丫杈古木，在春天一片鹅黄，真是柳眼挑金。更动人的时节是在秋后，柳丝飘拂到人的脸上，一阵阵的蝉噪，夕阳古道，情景幽绝。我初上这条大道，离开温暖的家，走向一个新的环境，心里不知是什么滋味。

海淀是一小乡镇，过仁和酒店微闻酒香，那一家的茵陈酒莲花白是有名的，再过去不远有一个小石桥，左转去颐和园，右转经圆明园遗址，再过去就是清华园了。清华园原是清室某亲贵的花园，大门上"清华园"三字是大学士那桐题的，门并不大，有两扇铁栅，门内左边有一棵状如华盖的老松，斜倚有态，门前小桥流水，桥头上经常系着几匹小毛驴。

园里谈不到什么景致，不过非常整洁，绿草如茵，校舍十分简朴但是一尘不染。原来的一点点中国式的园林点缀保存在"工字厅""古月堂"，尤其是工字厅后面的荷花池。徘徊池畔，有"风来荷气，人在木阴"之致。塘坳有亭翼然，旁有巨钟为报时之用。池畔松柏参天，厅后匾额上的"水木清华"四字确是当之无愧。又有长联一副："槛外山光，历春夏秋冬，万千变幻，都非凡境；窗中云影，任东西南北，去来淡荡，洵是仙居。"（祁寯藻书）我在这个地方不知道消磨了多少黄昏。

西园榛莽未除，一片芦蒿，但是登土山西望，圆明园的断垣残石历历可见，俯仰苍茫，别饶野趣。我记得有一次郁达夫特来访问，央我陪他到圆明园去凭吊遗迹，除了那一堆石头什么也看不见了，所谓"万园之园"的四十美景只好参考后人画图于想象中得之。

三

清华分高等科、中等科两部分。刚入校的便是中等科的一年级生。中等四年，高等四年，毕业后送到美国去，这两部分是隔离的，食宿教室均不在一起。

学生们是来自各省的，而且是很平均地代表着各省。因此各省的方言都可以听到，我不相信除了清华之外有任何一个学校其学生籍贯是如此的复杂。有些从广东、福建来的，方言特殊，起初与外人交谈不无困难，不过年轻人学语迅速，稍后亦可适应。由于方言不同，同乡的观念容易加强，虽无同乡会的组织，事实上一省的同乡自成一个集团。我是北京人，我说国语，大家都学着说国语，所以我没有方言，因此我也就没有同乡观念。如果我可以算得是北京土著，像我这样的土著，清华一共没有几个（原籍满族的陶世杰，原籍蒙族的杨宗瀚都可以算是真正的北京人）。北京也有北京的土语，但是从这时候起我就和各个不同省籍的同学交往，我只好抛弃了我的土语成分，养成使用较为普通的国语的习惯。我一向不参加同乡会之类的组织，同时我也没有浓厚的乡土观念，因为我在这样的环境有过八年的熏陶，凡是中国人都是我的同乡。

一天夜里下大雪，黎明时同屋的一位广东同学大惊小怪地叫了起来："下雪啦！下雪啦！"别的寝室的广东同学也出来奔走相告，一个个从箱里取出羊皮袍穿上，但是里面穿的是单布裤子！

有一位从厦门来的同学，因为言语不通没人可以交谈，孤独郁闷而精神失常，整天用英语喊叫："我要回家！我要回家！"高等科有一位是他的同乡，但是不能时常来陪伴他。结果这位可怜的孩子被遣送回家了。

我是比较幸运的，每逢星期日我缴上一封家长的信便可获准出校返家，骑驴抄小径，经过大钟寺，到西直门，或是坐一小时的人力车遵大道进城。在家里吃一顿午饭，不大工夫夕阳西下又该回学校去了。回家的手续是在星期六晚办妥的，领一个写着姓名的黑木牌，第二天交到看守大门的一位张姓老头儿的手里，才得出门。平常是不准越大门一步的。但是高等科的同学们，和张老头打个招呼，也可以出门走走，买点什么鸭梨、柿子、烤白薯之类的东西。

新生是一群孩子，我这一班里以项君为最矮小，有一回他掉在一只大尿桶里几乎淹死。二三十年后我在天津遇到他，他已经任一个银行的经理，还是那么高，想起往事不禁发出会心的微笑。

新生的管理是很严格的。斋务主任陈筱田先生是个了不起的人物，天津人，说话干脆而尖刻，精神饱满，认真负责。学生都编有学号，我在中等科时是五八一，在高等科时是一四九，我毕业后十几年在南京车站偶然遇到他，他还能随口说出我的学号。每天早晨七点打起床钟，赴盥洗室，每人的手巾脸盆都写上号码，脏了要罚。七点二十分吃早饭，四碟咸菜如萝卜干、八宝菜之类，每人三个馒头，稀饭不限。饭桌上，也有各人的学号，缺席就要记下处罚。脸可以不洗，早饭不能不去吃。陈先生常常躲在门后，拿着纸笔把迟到的一一记下，专写学号，一个也漏不掉。我从小就有早起的习惯，永远在打钟以前很久就起床，所以从不误吃早饭。

学生有久久不写平安家信以致家长向学校查询者，因此学校规定每两星期必须写家信一封，交斋务室登记寄出。我每星期回家一次，应免此一举，但格子规定仍须照办。我父亲说这是很好的练习小楷的机会，特为我在荣宝斋印制了宣纸的信笺，要我恭楷写信，年终汇订成册，留作纪念。

学生身上不许带钱，钱要存在学校银行里，平常的零用钱可以存少许在身上，但一角钱一分钱都要记账，而且是新式簿记，有明细账，有资产负债对照表，月底结算完竣要呈送斋务室备核盖印然后发还。在学校用钱的机会很少，伙食本来是免费的，我入校的那一年才开始收半费，每月伙食是六元半，我交三元，在我以后就是交全费的了，洗衣服每月二元，这都是在开学时交清了的。理发每次一角，手术不高明，设备也简陋，有一样好处——快，十分钟连揪带拔一定完工（我的朋友张心一来自甘肃，认为一角钱太贵，总是自剃光头，青白油亮，只是偶带刀痕）。所以花钱只是买零食。校内有一个地方卖日用品及食物，起初名为嘉华公司，后改称为售品所，卖豆浆、点心、冰激凌、花生、栗子之类。只有在寝室里可以吃东西，在路上走的时候吃东西是被禁止的。

洗澡的设备很简单，用的是铅铁桶，由工友担冷热水。孩子们很多不喜欢亲近水和肥皂，于是洗澡便需要签名，以备查核。规定一星期洗澡至少两次，这要求并不过分，可是还是有人只签名而不洗澡。照规定一星期不洗澡予以警告，若仍不洗澡则在星期五下午四时周会（名为伦理演讲）时公布姓名，若仍不洗澡则强制执行派员监视。以我所知，这规则尚不曾实行过。

看小说也在禁止之列，小说是所谓"闲书"，据说是为成年人消遣之用，不是诲淫就是诲盗，年轻人血气未定，看了要出乱子的。可是像《水浒传》《红楼梦》之类我早就在家里看过，也是偷着看的，看到妙处心里确是怦怦然。

我到清华之后，经朋友指点，海淀有一家小书店可以买到石印小字的各种小说。我顺便去了一看，琳琅满目，如入宝山，于是买了一部《绿牡丹》。有一天晚上躺在床上偷看，字小，纸光，灯暗，倦极抛卷而眠，翌晨起来就忘记从枕下捡起，斋务先生查寝室，伸手一摸就拿走了。当天就有条子送来，要我去回话，我还不知道是什么事。只见陈先生铁青着脸，把那本《绿牡丹》往我面前一丢，说："这是嘛？""嘛"者天津话"什么"也。我的热血涌到脸上，无话可说，准备接受打击。也许是因为我是初犯，而且并无其他前科，也许是因为我诚惶诚恐俯首认罪，使得惩罚者消了不少怒意，我居然除了受几声叱责及查获禁书没收之外没有受到惩罚。依法，这种罪过是要处分的，应于星期六下午大家自由活动之际被罚禁闭，地点在"思过室"，这种处分是最轻微的处分，在思过室里静坐几小时，屋里壁上满挂着格言，所谓"闭门思过"。凡是受过此等处分的，就算是有了记录，休想再能获得品行优良奖的大铜墨盒。我没进过思过室，可是也从来没得过大铜墨盒，可能是受了"绿牡丹事件"的影响。我们对于得过墨盒的同学们既不嫉妒亦不羡慕，因为人人心里明白那个墨盒的代价是什么，并且事后证明墨盒的得主将来都变成了什么样的角色。

思过是要牌示的，若干次思过等于记一小过，三小过为一大过，三大过则恶贯满盈实行开除。记过开除之事在清华随时有之，有时候一向品学兼优的学生亦不能免于记过。比我高一班的潘光旦曾告诉我他就被记小过一次，事由是他在严寒冬夜不敢外出如厕，就在寝室门外便宜行事，事有凑巧，陈斋务主任正好深夜巡查，迎面相值当场查获，当时未交一语，翌日挂牌记过。光旦认为这是很有趣的一件事，从不讳言。中等科的厕所（绰号九间楼）在夜晚是没有人敢去的，面临操场，一片寂寥，加上狂风怒吼，孩子们是有一点怕。最严重的罪过是偷窃，一经破获，立刻开除，有时候拿了人家的一本字典或是拿了人家一匹夏布，都要受最严重的处分，趁上课时扃闭寝室通路，翻箱倒箧实行突检，大概没有窃案不被破获的，虽然用重典，总还有人要蹈法网。有些学生被当作"线民"使用，负责打小报告，这种间谍制度后来大受外国教员指责，不久就废弃了，做线民的大概都是得过墨盒的。

清华对于年幼的学生还有过一阵的另一训导制度，三五个年幼的学生配给一个导师，导师由高等科的大学生担任之，每星期聚会一次，在生活上予以指导。指导我的是一位沈隽淇先生，比我大七八岁，道貌岸然，不苟言笑。这制度用意颇佳，但滞碍难行，因为硬性配给，不免扞格。此制行之不久即废，沈隽淇先生毕业后我也从来没听见过他的消息。

严格的生活管理只限于中等科，我们事后想想像陈筱田先生所执行的那一套管理方法，究竟是利多弊少，许多做人做事的道理，本来是应该在幼小的时候就要认识。许多自然主义的教育信仰者，以为儿童的个性应该任其自由发展，否则受了摧残以后，便不得伸展自如。至少我个人觉得我的个性没有受到压抑以至于以后不能充分发展。我从来不相信"树大自直"。等我们升到高等科，一切管理松弛多了，尤其是正值五四运动之后，学生的气焰万丈，谁还能管学生？

四

　　清华是预备留美的学校，所以课程的安排与众不同，上午的课如英文、作文、公民（美国公民）、数学、地理、历史（西洋史）、生物、物理、化学、政治学、社会学、心理学……都一律用英语讲授，一律用美国出版的教科书；下午的课如国文、历史、地理、修身、哲学史、伦理学、修辞、中国文学史……都一律用国语，用中国的教科书。这样划分的目的，显然地要加强英语教学，使学生多得听说英语的机会。上午的教师一部分是美国人，一部分是能说英语的中国人。下午的教师是一些中国的老先生，好多都是在前清有过功名的。但是也有流弊，重点放在上午，下午的课就显得稀松。尤其是在毕业的时候，上午的成绩需要及格，下午的成绩则根本不在考虑之列。因此大部分学生轻视中文的课程。这是清华在教育上最大的缺点，不过鱼与熊掌不可得兼，顾了英文就不容易再顾中文，这困难的情形也是可以理解的。可惜的是学校没有想出更合理的办法，同时对待中文教师之差别待遇也令学生生出很奇异的感想，薪给特别低，集中住在比较简陋的古月堂，显然中文教师是不受尊重的。这在学生的心理上有不寻常的影响，一方面使学生蔑视本国的文化，崇拜外人；另一方面激起反感，对于洋人偏偏不肯低头。我个人的心理反应即属于后者，我下午上课从来不和先生捣乱，上午在课堂里就常不驯顺。而且我一想起母校，我就不能不联想起庚子赔款、义和团、吃教的洋人、昏聩的官吏……这一连串的联想使我惭愧愤怒。我爱我的母校，但这些联想如何能使我对我母校毫无保留地感觉骄傲呢？

　　清华特别注重英文一课，由于分配的钟点特多，再加上午其他各课亦用英语讲授，所以平均成绩可能较一般的学校略胜。使用的教本开始时是《鲍尔文读本》，以后就由浅而深地选读文学作品，如《爱丽丝漫游奇境》《陶姆伯朗就学记》《柴斯菲德训子书》《金银岛》《欧文杂记》，阿迪生的《洛杰爵士杂记》，霍桑的《七山墙之屋》《块肉余生述》《朱立阿西撒》《威尼斯商人》，等等。前后八年教过我英文的老师有马国骥先生、林语堂先生、孟宪承先生、巢望霖先生，美籍的有Miss Baader，Miss Clemens，Mr. Smith等。马、林、孟三位先生都是当时比较年轻的教师，不但学问好、教法好，而且热心教学，是难得的好教师。巢先生是在英国受教育的，英文根底极好，我很惭愧的是我曾在班上屡次无理捣乱反抗，使他很生气，但是我来台湾后他从香港寄信给我，要我到香港大学去教中文，我感谢这位老师尚未忘记几十年前的一个顽皮的学生。两位美籍的女教师使我特殊受益的倒不在英文训练，而在她们教导我们练习使用"议会法"，这一套如何主持会议、如何进行讨论、如何交付表决等的艺术，以后证明十分有用，这也就是孙中山先生所谓的"民权初步"。在民主社会里到处随时有集会，怎么可以不懂集会的艺术？我幸而从小就学会了这一套，以后受用不浅，以后每逢我来主持任何大小会议，我知道如何控制会场秩序，如何迅速地处理案件的讨论。她们还教了我们作文的方法，题目到手之后，怎样先作大纲，怎样写提纲挈领的句子，有时还要把别人的文章缩写成为大纲，有时从一个大纲扩展成为一篇文章，这一切其实就是思想训练，所以不仅对英文作文有用，对国文也一样地有用。我的文章写得不好，但如果层次不太紊乱，思路不太糊涂，其得力处在此。美国的高等学校大概就是注重此种教学方法，清华在此等处模仿美国，是有益的。

上午的所有课程有一特色，即是每次上课之前学生必须做充分准备，先生指定阅览的资料必须事先读过，否则上课即无从听讲或应付。上课时间用在练习讨论者多，用在讲解者少，同时鼓励学生发问。我们中国学生素来没有当众发问的习惯，美籍教师常常感觉困惑，有时指名发问令其回答，造成讨论的气氛。美国大学里的课外指定阅读的资料分量甚重，所以清华先有此种准备，免得到了美国顿觉不胜负荷。我记得到了高等科之后，先生指定要读许多参考书，某书某章必须阅读，我们在图书馆未开门之前就排了长龙，抢着阅读参考书架上的资料，迟到者就要等候。

　　我的国文老师中使我获益最多的是徐镜澄先生，我曾为文纪念过他（见《秋室杂文》）。他在中等科教我作文一年，批改课业大勾大抹，有时全页都是大墨杠子，我几千字的文章往往被他删削得体无完肤，只剩下三二百字，我始而懊恼，继而觉得经他勾改之后确实是另有一副面貌，终乃接受了他的"割爱主义"，写文章少说废话，开门见山；拐弯抹角的地方求其挺拔，避免阘茸。

　　午后的课程大致不能令学生满意。学校聘请教员只知道注意其有无举人进士的头衔，而不问其是否为优良教师。尤其是五四以后的几年，学生求知若渴，不但要求新知，对于中国旧学问也要求用新眼光来处理。比我低一班的朱湘先生就跑到北大旁听去了。清华午后上课情形简直是荒唐！先生点名，一个学生可以代替许多学生答到，或者答到之后就开溜，留在课室者可以写信看小说甚至打瞌睡，而先生高踞讲坛视若无睹。我记得清清楚楚，有一位时先生年老而无须，有一位学生发问了："先生，你为什么不生胡须？"先生急忙用手遮盖他的下巴，缩颈俯首而不答，全班哄笑。这一类不成体统的事不止一端。

　　于此我不能不提到梁任公先生。大概是我毕业前一年，我们几个学生集议想请他来演讲。他的大公子梁思成是我同班同学，梁思永、梁思忠也都在清华，所以我们经过思成的关系一约就成了。任公先生的学问事业是大家敬仰的，尤其是他心胸开朗，思想赶得上潮流，在五四以后俨然是学术巨擘。他身材不高、头秃、双目炯炯有光，走起路来昂首阔步，一口广东官话，声如洪钟。他讲演的题目是"中国韵文里表现的情感"，他情感丰富，记忆力强，用手一敲秃头便能背诵出一大段诗词，有时手之舞之足之蹈之，有时口沫四溅涕泗滂沱，频频地从口袋里掏出一块大毛巾来揩眼睛。这篇演讲分数次讲完，有异常的成功，我个人对中国文学的兴趣就是被这一篇演讲所鼓动起来的。以前读曾毅《中国文学史》，因为授课的先生只是照着书本读一遍，毫无发挥，所以我越读越不感兴趣。任公先生以后由学校聘请住在工字厅主讲《中国历史研究法》，更以后清华大学成立，他被聘为研究所教授，那是后话了。

　　还有些位老师我也是不能忘记的。教音乐的Miss Seeley和教图画的Miss Starr和Miss Lyggate都启迪了我对艺术的爱好。我本来喉音不坏，被选为"少年歌咏团"

的团员，一共十二个人，除了我之外有赵敏恒、梅畅春、项谔、吴去非、李先闻、熊式一、吴鲁强、胡光澄、杜钟珩、郭殿邦等，我的嗓音最高，曾到城里青年会表演过一次Human Piano "人造钢琴"，我代表最高音，以后我倒了嗓子，同时Seeley女士离校后也没有人替其指导，我对音乐便失去了兴趣，没有继续修习，以至于如今对于音乐几乎完全是个聋子，中国音乐不懂，外国音乐也不通，变成了一个"内心没有音乐的人"，想起来实在可怕。讲到国画，我从小就喜欢，涂抹几笔是可以的，但无天才，清华的这两位教师给我的鼓励太多了，要我画炭画，描石膏像，记得最初是画院里的一棵松树，从基本上学习，但我没有能持续用功。我妄以为在小学时即已临摹王石谷、恽南田，如今还要回过头来画这些死东西？自以为这是委屈了我的才能，其实只是狂傲无知。到如今一点基本的功夫都没有，还谈得到什么用笔用墨？幼年时对艺术有一点点爱好，不值什么，没加上苦功，便毫无可观，我便是一例。

我不喜欢的课是数学。在小学时"鸡兔同笼"就已经把我搅昏了头，到清华习代数、几何、三角，更格格不入，从心里厌烦，开始时不用功，以后就很难跟上去，因此视数学课为畏途。我的一位同学孙筱孟比我更怕数学，每回遇到数学月考大考，他一看到题目就好像是"贾宝玉神游太虚幻境"一般，匆匆忙忙回寝室换裤子，历次不爽。我那时有一种奇异的想法，我将来不预备习理工，要这劳什子做什么？以"兴趣不合"四个字掩饰自己的懒惰愚蠢。数学是人人要学的，人人可以学的，那是一种纪律，无所谓兴趣之合与不合，后来我和赵敏恒两个人同在美国一个大学读书，清华的分数单上数学一项都是勉强及格六十分，需要补修三角与立体几何，我们一方面懊恼，一方面引为耻辱，于是我们两个拼命用功，结果我们两个在全班上占第一第二的位置，大考特准免予参加，以甲上成绩论。这证明什么？这证明没有人的兴趣是不近数学的，只要按部就班地用功，再加上良师诱导，就会发觉里面的趣味，万万不可任性，在学校里读书时万万不可相信什么"趣味主义"。

生物、物理、化学三门并非全是必修，预备习文法的只要修生物即可，这一规定也害我不浅，我选了比较轻松的生物，教我们生物的陈隽人先生，他对我们很宽，我在实验室里完全把时间浪费了，我怕触及蚯蚓、田鸡之类的活东西，闻到珂罗芳的味道就头痛，把蛤蟆四肢钉在木板上开刀取心脏是我最怵的事，所以总是请同学代为操刀，敷衍了事。物理、化学根本没有选修，至今引为憾事。

我的手很笨拙，小时候手工一向很坏，编纸插豆、泥工竹工的成绩向来羞于见人。清华亦有手工一课，教师是周永德先生，有一次他要我们每人做一个木质的方锥体，我实在做不好，就借用同学徐宗沛所做的成品去搪塞交上。宗沛的手是灵巧的，他的方锥体做得方方正正有棱有角，周先生给他打了个九十分。我拿同一个作品交上去，他对我有偏见，仅打了七十分，我不答应，我自己把真相说穿。周先生大怒，说我不该借用别人的作品。我说："我情愿受罚，但是先生判分不公，怎么办呢？"先生也笑了。

五

清华对于体育特别注重。

每早晨第二堂与第三堂之间有十五分钟的柔软操，钟声一响大家拥到一个广场上，地上有写着号码的木桩，各按号码就位立定，由舒美科先生或马约翰先生领导活动，由助教过来点名。这十五分钟操，如果认真做，也能浑身冒汗。这是很好的调剂身心的办法。

下午四至五时有一小时的强迫运动，届时所有的寝室课室房门一律上锁，非到户外运动不可，至少是在外面散步或看看别人运动。我是个懒人，处此情形之下，也穿破了一双球鞋，打烂了三五只网球拍，大腿上被棒球打黑了一大块。可惜到了高等科就不再强迫了。经常运动有助于健康，不，是健康之绝对必需的条件。而且身体的健康，也必有助于心理的健康。年轻时所获致的健康也是后来求学做事的一笔资本。那时清华的一般的学生比较活泼一些，少老气横秋的态度，也许是运动比较多一点的缘故。

学生们之普遍爱好运动的习惯之养成是一件事，选拔代表与别的学校竞赛则是又一件事。清华对于选手的选拔培养与爱护也是做得很充分的。选手要勤练习，体力耗损多，食物需要较高的热量，于是在食堂旁边另设"训练桌"，大鱼大肉，四盘四碗，同学为之侧目。运动员之德智体三育均优者固然比比皆是，但在体育方面畸形发展的亦非绝无仅有。有一位玩球的健将就是功课不够理想，但还是设法留在校内以便为校立功，这种恶劣的作风是大家都知道的。

清华的运动员给清华带来不少的荣誉，在各种运动比赛中总是占在领导的位置。在最初的几次远东运动会中清华的选手赢得不少锦标，为国家争取光荣。我记得最清楚的是一场足球赛和一场篮球赛。上海南洋大学的足球队在华中称雄，远征华北以清华为对象，大家都觉得胜败未可逆料，不无惴惴。清华的阵容是前锋徐仲良、姚醒黄、关颂韬、华秀升、邝××，后卫之一是李汝祺，守门是董大酉。这一战打得好精彩，徐仲良脚头有劲，射门准而急，关颂韬最会盘球，三两个人奈何不得他，冲锋陷阵如入无人之境，结果清华以逸待劳，侥幸大胜。这是在星期六下午举行的，星期一补放假一天以资庆祝，这是什么事！另一场篮球赛是对北师大。北师大在体育方面也是人才辈出，篮球队中一位魏先生尤负盛名。北师大和清华在篮球上不相上下，可说势均力敌。清华的阵容是前锋有时昭涵、陈崇武，后卫有孙立人、王国华，以这一阵容为基本的篮球队曾打垮菲律宾、日本的代表队。鏖战的结果清华占地利因而险胜，孙立人、王国华的截球之稳练不能不令人叹为观止。附带提起，现在台湾的程树仁先生也是清华的运动健将，他继曹懋德为足球守门，举臂击球，比用脚踢还打得远些，他现在年近七十而强健犹昔，是清华的体育精神的代表。

清华毕业时照例要考体育，包括田径、爬绳、游泳等项。我平常不加练习，临考大为紧张，马约翰先生对于我的体育成绩只是摇头叹息。我记得我跑四百码的成绩是九十六秒，人几乎晕过去。一百码是十九秒。其他如铁球、铁饼、标枪、跳高、跳远都还可以勉强及格。游泳一关最难过。清华有那样好的游泳池，按说有好几年的准备应该没有问题，可惜是这好几年的准备都是在陆地上，并未下过水里，临考只得舍命一试。我约了两位同学各持竹竿站在两边，以备万一。我脚踏池边猛然向池心一扑，这一下就浮出一丈开外，冲力停止之后，情形就不对了。原来水里也有地心吸力，全身直线下沉。喝了一大口水之后，人又浮到水面，尚未来得及喊救命，已经再度下沉。这时节两根竹竿把我挑了起来，成绩是不及格，一个月后补考。这一个月我可天天练习了，好在不止我一人，尚有几位陪伴我。补考的时候也许是太紧张，老毛病又发了，身体又往下沉，据同学告诉我，我当时在水里扑腾得好厉害，水珠四溅，翻江倒海一般，否则也不会往下沉。这一沉，沉到了池底，我摸到大理石的池底，滑腻腻的。我心里明白，这一回只许成功不许失败，便在池底连爬带游地前进，喝了几口水之后，头已露出水面，知道快泳完全程了，于是从从容容来了几下子蛙式泳，安安全全地跃登彼岸，马约翰先生笑得弯了腰，挥手叫我走，说："好啦，算你及格了。"这是我毕业时极不光荣的一个插曲，我现在非常悔恨，年轻时太不知道重视体育了。

清华的体育活动也并不完全是洋式的，也有所谓国术，如打拳击剑之类，教师是李剑秋先生，他的拳是外家一路，急而劲，据说很有功夫，有时也开会表演，邀来外面的各路英雄，刀枪剑戟陈列在篮球场上，主人先垫垫脚，然后十八般武艺一样一样地表演上场，其中包括空手夺刀之类。对于这种玩意儿，同学中也有乐此不疲者，分头在钻研太极八卦少林石头的奥秘。

六

五四运动发生在民国八年，我在中等科四年级，十八岁，是当时学生群中比较年轻的一员。清华远在郊外，在五四过后第二三天才和城里的学生联络上。清华学生的领导者是陈长桐，他的领导才能（charisma）是天生的，他严肃而又和蔼，冷静而又热情，如果他以后不走进银行而走进政治，他一定是第一流的政治家。他卓越的领导能力使得清华学生在这次运动里尽了应尽的责任，虽然以后没有人以"五四健将"而闻名于世。自五月十九日以后，北京学生开始街道演讲。我随同大队进城，在前门外珠市口我们一小队人从店铺里搬来几条木凳横排在街道上，人越聚越多，讲演的情绪越来越激昂，这时有三两部汽车因不得通过而乱按喇叭，顿时激怒了群众，不知什么人一声喝打，七手八脚地捣毁了一部汽车。我当时感觉到大家只是一股愤怒不知向谁发泄，恨政府无能，恨官吏卖国，这股恨只能在街上如醉如狂地发泄了。在这股洪流中没有人能保持冷静，此之谓群众心理。那部被打的汽车是冤枉的，可是后来细想也许不冤枉；因为至少那个时候坐汽车而不该挨打的人究竟为数不多。

章宗祥的儿子和我同一寝室。五四运动爆发之后，他悄悄地走避了，但是许多人不依不饶地拥进了我的寝室，把他的床铺捣烂了，衣箱里的东西狼藉满地。我回来看到很反感，觉得不该这样做。过后不久他害猩红热死了。

六月三日、四日北京学生千余人在天安门被捕，清华的队伍最整齐，所以集体被捕，所占人数也最多。

清华因为继续参加学生运动而引起学校当局的不满，校长张俊全先生也许是用人不当，也许是他自己过分慌张，竟乘学生晚间开会之际切断了电线，他以为这一招可以迫使学生散去，想不到激怒了学生，当时点起蜡烛继续开会，这是对当局之公然反抗。事有凑巧，会场外忽然发现了三五个衣裳诡异打着纸灯笼的乡巴佬，经盘问后，原来是由学校当局请来的乡间"小锣会"来弹压学生的。所谓小锣会，即是乡村农民组织的自卫团体，遇有盗警之类的事变就以敲锣为号，群起抵抗，是维持地方治安的一种组织。糊涂的学校当局竟把这种人请进学校来对付学生，真是自寻烦恼。学生们把小锣会团团围住，让他们具结之后便把他们驱逐出校。但是驱逐校长的风潮也因此而爆发了。

五四往好处一变而为新文化运动，往坏处一变而为闹风潮。清华的风潮是赶校长。张煜全、金邦正，接连着被学生列队欢送迫出校外，其后是罗忠诒根本未能到差。这一段时期学生领导人之最杰出者为罗隆基，他私下里常说"九年清华，三赶校长"是实有其事。清华传统的管理学生的方式崩溃了，学生会的坚强组织变成学生生活的中心。学生自治也未始不是一个好的现象，不过罢课次数太多，一快到暑假就要罢课，有人讥笑我们是怕考试，然乎否乎根本不值一辩，不过罢课这个武器用的次数太多反而失去同情则确是事实。

五四运动原是一个短暂的爱国运动，热烈的，自发的，纯洁的，"如击石火，似闪电光"，很快就过去了。可是年轻的学生们经此刺激震动而突然觉醒了，登时表现出一股蓬蓬勃勃的朝气，好像是蕴藏压抑多年的情绪与生活力，一旦获得了迸发奔放的机会，一发而不可收拾，沛然而莫之能御。当时以我个人所感到的而言，这一股力量在两点上有明显的表现：一是学生的组织，一是广泛的求知欲。

在这以前，学生们都是听话的乖孩子，对权威表示服从，对教师表示尊敬，对职员表示畏惧。我刚到清华的时候，见到校长周寄梅先生真觉得战战兢兢，他自有一种威仪使人慑服，至今我仍然觉得他有极好的风度，在我所知道的几任清华校长之中，他是最令大家佩服的一个。学校的组织与规程，尽管有不合理处，学生们不敢批评，更不敢有公然反抗的举动。除了对于国文教师常有轻慢的举动以外，学生对一般教师是恭顺的。无论教师多么不称职，从没有被学生驱逐的。在中等科时，一位国文先生酒醉，拿竹板打了学生的手心，教务长来抢走了竹板，事情也就平息了，这事情若发生在今天那还了得！清华管理严格，记过、开除是经常有的事，一纸开除的布告贴出，学生乖乖地卷铺盖，只有一次例外。我同班的一位万同学，因故被开除，他跑到海淀喝了一瓶莲花白，红头涨脸地跑回来，正值斋务主任李胡子在饭厅和学生们一起用膳，就在大庭广众之下，上去一拳把他打倒在地，这是绝无仅有的一次犯上作乱的精彩表演。

五四以后情形完全不同了。首先要说起学校当局之颠顸无能，当局糊涂到用关灭电灯的方法来防止学生开会，召进乡间的"小锣会"打着灯笼拿着棍棒到学校里来弹压学生，这如何能令学生心服？周校长以后的几任校长，都是外交部派来的闲散的外交官，在做官方面也许是内行的，但是平素学问道德未必能服人，遇到这动荡时代更不懂得青年心理，当然是治丝益棼，使事态恶化。数年之内，清华数易校长，每一位都是在极狼狈的情形之下离去的。学生的武器便是他们的组织——学生会。从前的班长级长都是些当局属意的"墨盒"持有人，现在的学生会的领导者是些有组织能力的有担当的分子。所谓"团结即是力量"，道理是不错的。原来为了举行爱国运动而组织起来的学生会，性质逐渐扩大，目标也逐渐转移了。学生要求自治，学生也要过问学校的事。清华的学生会组织是相当健全的，分评议会与干事会两部分，评议会是决议机关，干事会是执行机关，评议员是选举的，我在清华最后几年一直是参加评议会的。我深深感觉"群众心理"是很可怕的，组织的力量如果滥用也是很可怕的。我们短短期间内驱逐的三位校长，其中有一位根本未曾到校，他的名字是罗忠诒，不知什么人传出了消息说他吸食鸦片烟，于是喧嚷开来，舆论哗然，吓得他未敢到任。人多势众的时候往往是不讲理的。学生会每逢到了五六月的时候，总要闹罢课的勾当，如果有人提出罢课的主张，不管理由是否充分，只要激昂慷慨一番，总会通过。罢课曾经是赢得伟大胜利的手段，到后来成了惹人厌恶的荒唐行为。不过清华的罢课当初也不是没有远大目标的。一九二二年三月间罗隆基写了一篇《彻底翻腾的清华革命》，发表在《北京晨报》，翌年三月间由学生会印成小册，并有梁任公先生及凌冰先生的序言，一致赞成清华应有一健全的董事会，可见清华革命之说确是合乎当时各方的要求的。

嚣张是不须讳言的，但是求知的欲望也同时变得非常旺盛，对于一切的新知都急不暇择地吸收进去。我每次进城在东安市场、劝业场、青云阁等处书摊旁边不知消磨多少时光流连不肯去，几乎凡有新刊必定购置，不是我一人如此，多少敏感的青年学生都是如此。

我记得仔细阅读过的书刊包括：胡适的《实验主义》《尝试集》《短篇小说集》《中国哲学史》，周作人的《欧洲文学史》《域外小说集》，王星拱的《科学方法论》，潘家洵译的《易卜生戏剧》，少年中国的丛书，共学社的丛书，晨报丛书，等等。《新潮》《新青年》等杂志更不待言是每期必读的。当然，那时候学力未充，鉴别无力，自己并无坚定的见地，但是扩充眼界，充实腹笥，总是一件好事。所以我那时看的东西很杂，进化论与互助论，资本论与无政府主义，托尔斯泰与萧伯纳，罗索与柏格森，泰戈尔与王尔德，兼收并蓄，杂糅无章。没有人指导，没有人讲解，暗中摸索，有时自以为发掘到宝藏而沾沾自喜，有时全然失去比例与透视。幸而，由于我天生的性格，由于我的家庭管教，我尚能分辨出什么是稳健的康庄大道，什么是行险侥幸的邪恶小径。三十岁以后，自己知道发奋读书，从来不敢懈怠，但是求知的热狂在五四以后的那一段期间仍然是无可比拟的。

因为探求新知过于热心，对于学校的正常功课反倒轻视疏忽了。基本的科学，不感兴趣，敷敷衍衍地读完一年生物学之后对于物理化学即不再问津，这一缺憾至今无法补偿。对于数学我更没有耐心，自己给自己制造了一个借口曰："性情不近。"梁任公先生创"趣味说"，我认为正中下怀，我对数学不感兴趣，因此数学的成绩仅能勉强维持及格，而并不觉得惭怍。不但此也，在英文班上读些文学名著，也觉得枯燥无味，莎士比亚的戏剧亦不能充分赏识，他的文字虽非死文字，究竟嫌古老些，哪有时人翻译出来的现代作品那样轻松？于是有人谈高尔斯·华绥、萧伯纳、王尔德、易卜生，亦从而附和之；有人谈莫泊桑、柴霍甫、屠格涅夫、法朗士，亦从而附和之。如响斯应，如影斯随，追逐时尚，惶惶然不知其所届。这是五四以后之一窝蜂的现象，表面上轰轰烈烈，如花团锦簇，实际上不能免于浅薄幼稚。

七

清华学生全体住校，自成一个社团，故课外活动也就比较多些。我初进清华，对音乐、图画都很热心。教音乐的教师Miss Seeley循循善诱，仪态万千，是颇受学生欢迎的一个人。她令学生唱校歌（清华的校歌是英文的）以测验学生歌唱的能力，我一试便引起她的注意，因为我声音特高，而且我能唱出校歌两阕的全部歌词，后来我就当选为清华幼年歌咏团的团员。不知为什么这位教师回国后就一直没有替人，同时我的嗓音倒了之后亦未能复原，于是从此我和音乐绝缘。教图画的教师先是一位Miss Starr，后是一位Miss Lyggate，教我们白描，教我们写生，炭画水彩画，可惜的是我所喜欢的是中国画，并且到了中等科三年级也就没有图画一课了。

我在图画音乐上都不得发展，兴趣转到了写字上面去。在小学的时候教师周士菜（香如）先生教我们写草书千字文，这是白折子九宫格以外的最有趣的课外作业，我的父亲又鼓励我涂鸦，因此我一直把写字当作一种享受。我在清华八年所写的家信，都是写在特制的宣纸信笺上，每年装订为一册，全是墨笔恭楷，这习惯一直维持到留学回国为止。有一天我和同学吴卓（鹄飞）、张嘉铸（禹九）商量，想组织一个练习写字的团体，吴卓写得一笔好赵字，张嘉铸写得一笔酷似张廉卿的魏碑体，众谋金同，于是我就着手组织，征求同好。我的父亲给我们起了一个名字，曰"清华戏墨社"。大字、小楷，同时并进。包世臣的《艺舟双楫》、康有为的《广艺舟双楫》成了我手边常备的参考书。我本来有早起的习惯，七点打起床钟，我六点就盥洗完毕，天蒙蒙亮我和几位同学就走进自修室，正襟危坐，磨墨伸纸，如是者两年，不分寒暑，从未间断，举行过几次展览。我最初看吴卓临赵孟頫《天冠山图咏》，见猎心喜，但是我父亲不准我写，认为应先骨格而后妩媚，要我写颜真卿的《争座位》和柳公权的《玄秘塔》，同时供给我大量珂罗版的汉碑，主要的是张迁碑、白石神君碑、孔庙碑，而以曹全碑殿后。这样临摹了两年，孤芳自赏，但愧未能持久，本无才力，终鲜功夫，至今拿起笔杆不能运用自如，是一憾事。

清华不是教会学校，所以并没有什么宗教气氛，但是有些外国教师及一些热心的中国人仍然不忘传教，例如，查经班青年会之类均应有尽有，可是同时也有一批国粹派出面提倡孔教以为对抗。我对于宗教没有兴趣，不过于耶教孔教二者若是必须做一选择，我宁取后者，所以我当时便参加了一些孔教会的活动，例如，在孔教会附设的贫民补习班和工友补习班里授课之类。不过孔子的学说根本不能构成宗教，所谓国教运动尤其讨厌。

"五四"以后，心情丕变。任何人在青春时期都会"怨黄莺儿作对，怪粉蝶儿成双"，都会变成一个诗人。我也在荷花池畔开始吟诗了。有一首诗就题为《荷花池畔》，后来发表在《创造季刊》第四期上，我从事文艺写作是在我进入高等科之初，起先是几个朋友（顾毓琇、张忠绂、翟桓等）在校庆日之前凑热闹翻译了一本《短篇小说作法》，这是一本没有什么价值的书，不知为何选中了它。我们的组织定名为"小说研究社"，向学校借占了一间空的寝室作为会所。后来我们认识了比我们高两级的闻一多，是他提议把小说研究社改为"清华文学社"，添了不少新会员，包括朱湘、孙大雨、闻一多、谢文炳、饶子离、杨子惠等。闻一多是个多才多艺的人，他不仅年纪比我们大两岁，在心理的成熟方面以及学识修养方面，都比我们不止大两岁，我们都把他当作老大哥看待。他长于图画，而国文根底也很坚实，作诗仿韩昌黎，硬语盘空，雄浑恣肆，而情感丰富，正直无私。这时候我和一多都大量地写白话诗，朝夕观摩，引为乐事。我们对于当时的几部诗集颇有一些意见，《冬夜》里有"被窝暖暖的，人儿远远的"之句，《草儿》里有"旗呀，旗呀，红、黄、蓝、白、黑的旗呀！"这样的一首，还有"如厕是早起后第一件大事"之句，我们都认为俗恶不堪，就诗论诗倒是《女神》的评价最高，基于这一点意见，一多写了一篇长文《冬夜评论》，由我寄给《北京晨报·副刊》（孙伏园编）。我们很天真，以为报纸是公开的园地，我们以为文艺是可以批评的，但事实不如此。稿寄走之后，如石沉大海，杳无音讯，几番函询亦不得复音，幸亏尚留底稿，我决定自行刊印，自己又写了一篇《草儿评论》，合为《冬夜草儿评论》，薄薄的一百多页，用去印刷费百余元，是我父亲供给我的。这一小册的出版引起两个反响，一个是《努力周报》署名"哈"的一段短评，当然是冷嘲热骂，一个是创造社《女神》作者的来信赞美。由于此一契机我认识了创造社诸君。

我有一次暑中送母亲回杭州，路过上海，到了哈同路民厚南里，见到郭、郁、成几位，我惊讶的不是他们生活的清苦，而是他们生活的颓废，尤以郁为最。他们引我从四马路的一端，吃大碗的黄酒，一直吃到另一端，在大世界追野鸡，在堂子里打茶围，这一切对于一个清华学生是够恐怖的。后来郁达夫到清华来看我，要求我两件事，一是访圆明园遗址，一是逛北京的四等窑子，前者我欣然承诺，后者则清华学生夙无此等经验，未敢奉陪（后来他找到他哥哥的洋车夫陪他去了一次，他表示甚为满意云）。

差不多同时我也由于通信而认识了南京高师的胡昭佐（梦华），由于他而认识了吴宓（雨僧），后来又认识了梅光迪（迪生）、胡先辅（步青）诸位。对于南京一派比较守旧的思潮，我也有一点同情，并不想把他们一笔抹杀。

我的父亲总是担心我的国文根底不够，所以每到暑假他就要我补习国文，我的教师是仪征陈止（孝起）先生，他的别号是大镫，是一位纯旧式的名士，诗词文章无所不能，尤好收集小品古董，家里满目琳琅。我隔几天送一篇文章请他批改，偶然也作一点旧诗。但是旧文学虽然有趣，我可以研究欣赏，却无模拟的兴致，受过五四洗礼的人是不能再回复到以前的那个境界里去了。

八

临毕业前一年是最舒适的一年，搬到向往已久的大楼里面去住，别是一番滋味。这一部分的宿舍有较好的设备，床是钢丝的，屋里有暖气炉，厕所里面有淋浴有抽水马桶。不过也有人不能适应抽水马桶，以为做这种事而不采取蹲的姿势是无法完成任务的（我知道顾德铭即是其中之一，他一清早就要急急忙忙跑到中等科去照顾那九间楼），可见吸收西方文化也并不简单，虽然绝大多数的人是乐于接受的。

和我同寝室的是顾毓琇、吴景超、王化成，四个少年意气扬扬共居一室，曾经合照过一张相片，坐在一条长凳上，四副近视眼镜，四件大长袍，四双人皮鞋，四条跷起来的大腿，一派生愣的模样。过了二十年，我们四个在重庆偶然聚首，又重照了一张，当时大家就意识到这样的照片一生中怕照不了几张。当时约定再过二十年一定要再照一张，现在拍第三张的时期已过，而顾毓琇定居在美国，王化成在葡萄牙任公使多年之后病殁在美国，吴景超在大陆上，四人天各一方，萍踪漂泊，再聚何年？今日我回忆四十年前的景况，恍如昨日：顾毓琇以"一樵"的笔名忙着写他的《芝兰与茉莉》，寄给文学研究会出版，我和景超每星期都要给《清华周刊》写社论和编稿。提起《清华周刊》，那也是值得回忆的事。我不知哪一个学校可以维持出版一种百八十页的周刊，历久而不停，里面有社论、有专文、有新闻、有通讯、有文艺。我们写社论常常批评校政，有一次我写了一段短评鼓吹男女同校，当然不是为私人谋，不过措辞激烈了一点，对校长之庸弱无能大肆抨击，那时的校长是曹云祥先生（好像是做过丹麦公使，娶了一位洋太太，学问道德如何则我不大清楚），大为不悦，召吴景超去谈话，表示要给我记大过一次。景超告诉他："你要处分是可以的，请同时处分我们两个，因为我们负共同责任。"结果是采官僚作风，不了了之。我喜欢文学，清华文艺社的社员经常有作品产生，不知我们这些年轻人为什么有那样大的胆量，单凭一点点热情，就能振笔直书从事创作，这些作品经由我的安排，便大量地在周刊上发表了，每期有篇幅甚多的文艺一栏自不待言，每逢节口还有特刊副刊之类，一时文风甚盛。这却激怒了一位同学（梅汝璈），他投来一篇文章《辟文风》，我当然给他登出来，然后再辟而辟之。我之喜欢和人辩驳问难，盖自此时始，我对于写稿和编辑刊物也都在此际得到初步练习的机会。周刊在经济方面是学校支持的，这项支出有其教育的价值。

我以《清华周刊》编者的名义，到城里陟山门大街去访问胡适之先生。原因是梁任公先生应《清华周刊》之请写了一个《国学必读书目》，胡先生不以为然，公开地批评了一番。于是我径去访问胡先生，请他也开一个书目。胡先生那一天病腿，躺在一张藤椅上见我，满屋里堆的是线装书。这是我第一次见到胡先生，清癯的面孔，和蔼而严肃，他很高兴地应了我们的请求。后来我们就把他开的书目发表在《清华周刊》上了。这个书目引出吴稚晖先生的一句名言："线装书应该丢到茅厕坑里去！"

我必须承认，在最后两年实在没有能好好地读书，主要的原因是心神不安，我在这时候经人介绍认识了程季淑女士，她是安徽绩溪人，刚从女子师范毕业，在女师附小教书，我初次和她会晤是在宣外珠巢街女子职业学校里，那时候男女社交尚未公开，双方家庭也是相当守旧的，我和季淑来往是秘密进行的，只能在中央公园、北海等地约期会晤。我的父亲知道我有女友，不时地给我接济，对我帮助不少。我的三妹亚紫在女师大，不久和季淑成了很好的朋友。青春初恋期间谁都会神魂颠倒，睡时，醒时，行时，坐时，无时不有一个情影盘踞在心头，无时不感觉热血在沸腾，坐卧不宁，寝馈难安，如何能沉下心读书？"一日不见，如三秋兮！"更何况要等到星期日才能进得城去谋片刻的欢会？清华的学生有异性朋友的很少，我是极少数特殊幸运的一个。因为我们每星期日都风雨无阻地进城去会女友，李迪俊曾讥笑我们为"主日派"。

对于毕业出国，我一向视为畏途。在清华有读不完的书，有住不腻的环境，在国内有舍不得离开的人，那么又何必去父母之邦？所以和闻一多屡次商讨，到美国那样的汽车王国去，对于我们这样的人有无必要？会不会到了美国被汽车撞死为天下笑？一多先我一年到了美国，头一封来信劈头一句话便是："我尚未被汽车撞死！"随后劝我出国去开开眼界。事实上清华也还没有过毕业而拒绝出国的学生。我和季淑商量，她毫不犹豫地劝我就道，虽然我们知道那别离的滋味是很难熬的。这时候我和季淑已有成言，我答应她，三年为期，期满即行归来。于是我准备出国。季淑绣了一幅"平湖秋月图"给我，这幅绣图至今在我身边。

出国就要治装，我不明白为什么外国人到中国来不须治中装，而中国人到外国去就要治西装。清华学生平素没有穿西装的，都是布衣布褂，我有一阵还外加布袜布鞋。毕业期近，学校发一笔治装费，每人三五百元之数，统筹办理，由上海恒康西服庄派人来承办。不匝月而新装成，大家纷纷试新装，有人缺领巾，有人缺衬衣，有的肥肥大大如稻草人，有的窄小如猴子穿戏衣，真可说得上是"沐猴而冠"。这时节我怀想红顶花翎靴袍褂出使外国的李鸿章，他有那一份胆量不穿西装，虽然翎顶袍褂也并非是我们原来的上国衣冠。我有一点厌恶西装，但是不能不跟着大家走。在治装之余我特制了一面长约一丈的绸质大国旗——红黄蓝白黑的五色旗，这在后来派了很大的用场，在美国好多次集会（包括孙中山先生逝世时纽约中国人的追悼会）都借用了我这一面特大号的国旗。

到了毕业那一天（六月十七日），每人都穿上白纺绸长袍黑纱马褂，在校园里穿梭般走来走去，像是一群花蝴蝶。我毕业还不是毫无问题的，我和赵敏恒二人因游泳不及格几乎不得毕业，我们临时苦练，豁出去喝两口水，连爬带泳，凑合着也补考及格了，体育教员马约翰先生望着我们两个人只是摇头。行毕业礼那天，我还是代表全班的三个登台致辞者之一，我的讲词规定是预言若干年后同学们的状况，现在我可以说，我当年的预言没有一句是应验了的！例如，谢奋程之被日军刺杀，齐学启之殉国，孔繁祁之被汽车撞死，盛斯民之疯狂以终，这些倒霉的事固然没有料到，比较体面的事如孙立人之于军事，李先闻之于农业，李方桂之于语言学，应尚能之于音乐，徐宗涑之于水泥工业，吴卓之于糖业，顾毓琇之于电机工程，施嘉场之于土木工程，王化成、李迪俊之于外交……均有卓越之成就，而当时也并未窥见端倪。至于区区我自己，最多是小时了了，到如今一事无成，徒伤老大，更不在话下了。毕业那一天有晚会，演话剧助兴，剧本是顾一樵临时赶编的三幕剧《张约翰》。剧中人物有女性二人，谁也不愿担任，最后由我和吴文藻承乏。我的服装有季淑给我缝制的一条短裤和短裙，但是男人穿高跟鞋则尺寸不合无法穿着，最后向Miss Lyggate借来一试，还累嫌松一点点。演出时我特请季淑到校参观，当晚下榻学生会办公室，事后我问她我的表演如何，她笑着说："我不敢仰视。"事实上这不是我第一次演戏，前一年我已经演过陈大悲编的《良心》，导演人即是陈大悲先生。不过串演女角，这是生平仅有的一次。

拿了一纸文凭便离开了清华园，不知道是高兴还是哀伤。两辆人力车，一辆拉行李，一辆坐人，在骄阳下一步一步地踏向西直门。心里只觉得空虚怅惘。此后两个月中酒食征逐，意乱情迷，紧张过度，遂患甲状腺肿，眼珠突出，双手抖颤，积年始愈。

家父给了我同文书局石印大字本的前四史，共十四函，要我在美国课余之暇随便翻翻，因为他始终担心我的国文根底太差。这十四函线装书足足占我大铁箱的一半空间，这原是吴稚晖先生认为应该丢进茅厕坑里去的东西，我带过了太平洋，又带回了太平洋，差不多是原封未动交还给家父，实在好生惭愧。老人家又怕在美膏火不继，又给了我一千元钱，半数买了美金硬币，半数我在上海用掉。我自己带了一具景泰蓝的香炉，一些檀香木和粉，因为我认为这是中国文化中最好的一项代表性的艺术品，我一向向往"焚香默坐"的那种境界。这一具香炉，顶上有一铜狮，形状瑰丽，闻一多甚为欣赏，后来我在科罗拉多和他分手时便举以相赠，我又带了一对景泰蓝花瓶，后来为了进哈佛大学的缘故在暑期中赶补拉丁文，就把这对花瓶卖了五十美元充学费了。此外我还在家里搜寻了许多绣活和朝服上的"黻子"，后来都成了最受人欢迎的礼物。

一九二三年八月里，在凄风苦雨里的一天早晨，我在院里走廊上和弟妹们吹了一阵胰子泡，随后就噙着泪拜别父母，起身到上海候船放洋。在上海停了一星期，住在旅馆里写了一篇纪实的短篇小说，题为《苦雨凄风》，刊在《创造周报》上。我这一班，在清华是最大的一班，入学时有九十多人，上船时淘汰剩下六十多人了。登"杰克逊总统号"的那一天，船靠在浦东，创造社的几位到码头上送我。住在嘉定的一位朋友派人送来一面旗子，上面绣了"乘风破浪"四个字。其实我哪里有宗悫的志向？我愧对那位朋友的期望。

清华八年的生涯就这样地结束了。

点　名

　　我在小学读书的时候，先生根本不点名。全班二十几个学生，先生都记得他们的名字。谁缺席，谁迟到，先生举目一看，了如指掌，只需在点名簿上做个记号，节省不少时间。

　　我十四岁进了清华。清华的学生每个都编列号码（我在中等科是五八一号，高等科是一四九号）。早晨七点二十分吃早点（馒头稀饭咸菜），不准缺席迟到。饭厅座位都贴上号码，有人巡视抄写空位的号码。有贪睡懒觉的，非到最后一分钟不肯起床，匆促间来不及盥洗，便迷迷糊糊蓬头散发地赶到餐厅就座，呆坐片刻，俟点名过后再回去洗脸，早饭是牺牲了。若是不幸遇到斋务主任陈筱田先生点名，迟到五分钟的人就难逃法网了，因为这位陈先生记忆力过人，他不巡行点名，他隐身门后，他把迟到的人的号码一一录下。凡迟到若干次的便要在周末到"思过室"里去受罚静坐。他非记号码不可，因为姓名笔画太繁，来不及写，好几百人的号码，他居然一一记得，这一份功夫真是惊人。三十多年后我偶然在南京下关遇见他，他不假思索喊出我的号码一四九。

　　下午是中文讲的课程，学校不予重视，各课分数不列入成绩单，与毕业无关，学生也就不肯认真。但是点名的形式还是有的，记得有一位叶老先生，前清的一位榜眼，想来是颇有学问的，他上国文课，简直不像是上课。他夹着一个布包袱走上讲台，落座之后打开包袱，取出眼镜戴上，打开点名簿，拿起一支铅笔（他拿铅笔的姿势和拿毛笔的姿势完全一样，挺直地握着笔管），然后慢条斯理地开始点名。出席的学生应声答"到"。缺席的也有人代他答"到"。有时候两个人同时替一个缺席的答"到"。全班哄笑。老先生茫然地问："到底哪一位是……"全班又哄然大笑。点名的结果是全班无一缺席，事实上是缺席占三分之一左右。大约十分钟过去，老先生用他的浓重乡音开讲古文，我听了一年，无所得。

　　胡适之先生在北大上课，普通课堂容不下，要利用大礼堂，可容三五百人，但是经常客满，而且门口窗上都挤满了人。点名是不可能的。事实上其中还有许多"偷听生"，甚至是来自校外的。朱湘就是远从清华赶来偷听的一个。胡先生深知有教无类的道理，来者不拒，点名做甚？"桃李不言，下自成蹊。"

　　其实点名对于教师也有好处，往往可以借此多认识几个字。我们中国人的名字无奇不有。名从主人，他起什么样的名字自有他的权利。先生若是点名最好先看一遍名簿，其中可能真有不大寻常的字。若是当众读错了字，会造成很尴尬的局面。例如，寻常的"展"，偏偏写成"䐴"，这是古文的展字，不是人人都认得的。猛然遇见这个字可能不知所措。又如"珡"就是古文的"琴"，由隶变而来，如今少写两笔就令人不免踌躇。诸如此类的情形不少，点名的老师要早防范一下。还有些常见的字，在名字里常见，在其他处不常用，例如，"茜"字，读"倩"不读"西"，报纸上字幕上常有"南茜""露茜"出现，一般人遂跟着错下去。可是教师不许读错，读错了便要遭人耻笑了。也有些字是俗字，在字典里找不着，那就只好请教当地人士了。

"疲马恋旧秣，羁禽思故栖"

"疲马恋旧秣，羁禽思故栖"是孟郊的句子，人与疲马羁禽无异，高飞远走，疲于津梁，不免怀念自己的旧家园。

我的老家在北平，是距今一百几十年前由我祖父所置的一所房子。坐落在东城相当热闹的地区，出胡同东口往北是东四牌楼，出胡同西口是南小街子。东四牌楼是四条大街的交叉口，所以商店林立，市容要比西城的西四牌楼繁盛得多。牌楼根儿底下靠右边有一家干果子铺，是我家投资开设的，领东的掌柜的姓任，山西人，父亲常在晚间带着我们几个孩子溜达着到那里小憩。掌柜的经常飨我们以汽水，用玻璃球做塞子的那种小瓶汽水，仰着脖子对着瓶口汩汩而饮之，还有从蜜饯缸里抓出来的蜜饯桃脯的一条条的皮子，当时我认为那是一大享受。南小街子可是又脏又臭又泥泞的一条路，我小时候每天必须走一段南小街去上学，时常在羊肉床子看宰羊，在切面铺买"干蹦儿"或糖火烧吃。胡同东口外斜对面就是灯市口，是较宽敞的一条街，在那里有当时唯一可以买到英文教科书《汉英初阶》及墨水钢笔的汉英图书馆，以后又添了一家郭纪云，路南还有一家小有名气的专卖卤虾、小菜、臭豆腐的店。往南走约十五分钟进金鱼胡同便是东安市场了。

我的家是一所不大不小的房子。地基比街道高得多，门前有四层石台阶，情形很突出，人称"高台阶"。原来门前还有左右分列的上马石凳，因妨碍交通而拆除了。门不大，黑漆红心，浮刻黑字"忠厚传家久，诗书继世长"，门框旁边木牌刻着"积善堂梁"四个字，那时人家常有堂号，例如三槐堂卫、百忍堂张等，积善堂梁出自何典我不知道。积善之家必有余庆，语见《易经》，总是劝人为善的好话，作为我们的堂号亦颇不恶。打开大门，里面是一间门洞，左右分列两条懒凳，从前大门在白昼是永远敞着的，谁都可以进来歇歇腿。一九一一年兵变之后才把大门关上。进了大门迎面是两块金砖镂刻的"戬谷"两个大字，戬谷一语出自《诗经》"俾尔戬谷"。戬是福，谷是禄，取其吉祥之义。前面放着一大缸水葱（正名为莞，音冠），除了水冷成冰的时候总是绿油油的，长得非常旺盛。

向左转进四扇屏门，是前院。坐北朝南三间正房，中间一间辟为过厅，左右两间一为书房一为佛堂。辛亥革命前两年，我的祖父去世，佛堂取消，因为我父亲一向不喜求神拜佛，这间房子成了我的卧室。那间书房属于我的父亲，他镇日价在里面摩挲他的那些有关金石小学的书籍。前院的南边是临街的一排房，作为用人的居室。前院的西边又是四扇屏门，里面是西跨院，两间北房由塾师居住，两间南房堆置书籍，后来改成了我的书房。小跨院种了四棵紫丁香，高逾墙外，春暖花开时满院芬芳。

走进过厅，出去又是一个院子，迎面是一个垂花门，门旁有四大盆石榴树，花开似火，结实大而且多，院里又有几棵梨树，后来砍伐改种四棵西府海棠。院子东头是厨房，绕过去一个月亮门通往东院，有一棵高庄柿子树，一棵黑枣树，年年收获累累，此外还有紫荆、榆叶梅，等等。我记得这个东院主要用途是摇煤球，年年秋后就要张罗摇煤球，要敷一冬天的使用。煤黑子把煤渣与黄土和在一起，加水，和成稀泥，平铺在地面，用铲子剁成小方粒，放在大簸箩里像滚元宵似的滚成圆球，然后摊在地上晒，这份手艺真不简单，我儿时常在一旁参观，十分欣赏。如遇天雨，还要急速动员抢救，否则化为一汪黑水全被冲走了。在那厨房里我是不受欢迎的，厨师嫌我们碍手碍脚，拉面的时候总是塞给我一团面叫我走得远远的，我就玩那一团面，直玩到那团面像是一颗煤球为止。

进了垂花门便是内院，院当中是一个大鱼缸，一度养着金鱼，缸中还矗立着一座小型假山，山上有桥梁房舍之类，后来不知怎么水也涸了，假山也不见了，干脆作为堆置煤灰煤渣之处，一个鱼缸也有它的沧桑！东西厢房到夏天晒得厉害，虽有前廊也无济于事，幸有宽幅一丈以上的帐篷三块每天及时支起，略可遮抗骄阳。祖父逝后，内院建筑了固定的铅铁棚，棚中心设置了两扇活动的天窗，至是"天棚鱼缸石榴树……"乃粗具规模。民元之际，家里的环境突然维新，一日之内小辫子剪掉了好几根，而且装上了庞然巨物钉在墙上的"德律风"，号码是六八六。照明的工具原来都是油灯、猪蜡，只有我父亲看书时才能点白光炎炎的僧帽牌的洋蜡，煤油灯认为危险，一向抵制不用，至是里里外外装上了电灯，大放光明。还有两架电扇，西门子制造的，经常不准孩子们走近五尺距离以内，生怕削断了我们的手指。

内院上房三间，左右各有套间两间。祖父在的时候，他坐在炕上，隔着玻璃窗子外望，我们在院里跑都不敢跑。有一次我们几个孩子听见胡同里有"打糖锣儿的"的声音，一时忘形，蜂拥而出，祖父大吼："跑什么？留神门牙！"打糖锣儿的乃是卖糖果的小贩，除了糖果之外兼卖廉价玩具、泥捏的小人、蜡烛台、小风筝、摔炮，花样很多，我母亲一律称之为"土筐货"。我们买了一些东西回来，祖父还坐在那里，唤我们进去。上房是我们非经呼唤不能进去的，而且是一经呼唤便非进去不可的。我们战战兢兢地鱼贯而入，他指着我问："你手里拿着什么？"我说："糖。""什么糖？"我递出了手指粗细的两根，一支黑的，一支白的。我解释说："这黑的，我们取名为狗屎橛；这白的为猫屎橛。"实则那黑的是杏干做的，白的是柿霜糖，祖父笑着接过去，一支咬一口尝尝，连说："不错，不错。"他要我们下次买的时候也给他买两支。我们奉了圣旨，下次听到糖锣儿一响，一拥而出，站在院子里大叫："爷爷，您吃猫屎橛，还是吃狗屎橛？"爷爷会立即搭腔："我吃猫屎橛！"这是我所记得的与祖父建立密切关系的开始。

父母带着我们孩子住西厢房，我同胞一共十一个，我记事的时候已经有四个，姊妹兄弟四个孩子睡一个大炕，好热闹，尤其是到了冬天，白天玩不够，夜晚钻进被窝头齐睡在炕上还是吱吱喳喳笑语不休。母亲走过来巡视，把每个孩子脖颈子后面的棉被塞紧，使不透风，我感觉异常的舒适温暖，便怡然入睡了。我活到如今，夜晚睡时脖颈子后面透凉气，便想到母亲当年那一份爱抚的可贵。母亲打发我们睡后还有她的工作，她需要去伺候公婆的茶水点心，直到午夜；她要黎明即起，张罗我们梳洗，她很少睡觉的时间，可是等到"多年的媳妇熬成婆"，这情形又周而复始，于是女性惨矣！

大家庭的膳食是有严格规律的，祖父母吃小锅饭，父母和孩子吃普通饭，男女仆人吃大锅饭，只有吃煮饽饽、热汤面是例外。我们北方人，饭桌上没有鱼虾，烩虾仁、熘鱼片是馆子里的菜，只有春夏之交黄鱼、大头鱼相继进入旺季，全家才能大快朵颐，每人可以分到一整尾。秋风起，要吃一两回铛爆羊肉，牛肉是永远不进家门的。院子里升起一大红泥火炉的熊熊炭火，有时也用柴，噼噼啪啪地响，铛上肉香四溢，颇为别致。秋高蟹肥，当然也少不了几回持蟹把酒。平时吃的饭是标准的家常饭，到了特别的吉庆之日，看祖父母的高兴，说不定就有整只烤猪或是烧鸭之类的犒劳。祖父母的小锅饭也没有什么了不起，也不过是爆羊肉、烧茄子、焖扁豆之类，不过是细切细做而已。我记得祖父母进膳时，有时看到我们在院里拍皮球，便喊我们进去，教我们张开嘴巴，用筷子夹起半肥半瘦的羊肉片往嘴里塞，我们实在不欣赏肥肉，闭着嘴跑到外面就吐出来。祖父有时候吃得高兴，便叫"跑上房的"小厮把厨子唤来，隔着窗子对他说："你今天的爆羊肉做得好，赏钱两吊！"厨子在院中慌忙屈腿请安，连声谢谢，我觉得很好笑。我祖母天天要吃燕窝，夜晚由老张妈戴上老花眼镜坐在门旮旯儿弓着腰驼着背摘燕窝上的细茸毛，好可怜，一清早放在一个薄铫儿里在小炉子上煨。官燕木盒子是我们的，黑漆金饰，很好玩。

我母亲从来不下厨房，可是经我父亲特烦，并且亲自买回鱼鲜笋蕈之类，母亲亲操刀砧，做出来的菜硬是不同。我十四岁进了清华学校，每星期只准回家一次，除去途中往返，在家只有一顿午饭从容的时间。母亲怜爱我，总是亲自给我特备一道菜，她知道我爱吃什么，时常是一大盘肉丝韭黄加冬笋木耳丝，临起锅加一大勺花雕酒——菜的香，母的爱，现在回忆起来不禁涎欲滴而泪欲垂！

我生在西厢房，长在西厢房，回忆儿时生活大半在西厢房的那个大炕上。炕上有个被窝垛，由被褥堆垛起来的，十床八床被褥可以堆得很高，我们爬上爬下以为戏，直到把被窝垛压到连人带被一齐滚落下来然后已。炕上有个炕桌，那是我们启蒙时写读的所在。我同哥姐四个人，盘腿落脚地坐在炕上，或是把腿伸到桌底下，夜晚靠一盏油灯，三根灯草，描红模子，写大字，或是朗诵"一老人，入市中，买鱼两尾，步行回家"。我会满怀疑虑地问父亲："为什么他买鱼两尾就不许他回家？"惹得一家大笑。有一回我们围着炕桌夜读，我两腿清酸，一时忘形把膝头一拱，哗啦啦一声炕桌滑落地上，油灯墨盒泼洒得一塌糊涂。母亲有时督促我们用功，不准我们淘气，手里握着笤帚疙瘩或是掸子把儿，做威吓状，可是从来没有实行过体罚。这西厢房就是我的窝，夙兴夜寐，没有一个地方比这个窝更为舒适。虽然前面有廊檐而后面无窗，上支下摘的旧式房屋就是这样的通风欠佳。我从小就是喜欢早起早睡。祖父生日有时叫一台"托偶戏"在院中上演，有时候是滦州影戏，唱的无非是什么《盘丝洞》《走鼓沾棉》《三娘教子》《武家坡》之类，大锣大鼓，尖声细嗓，我吃不消，我依然是按时回房睡觉，大家目我为落落寡合的怪物。可是影戏里有一个角色我至今不忘，那就是每出戏完毕之后上来叩谢赏钱的那个小丑，满身袍褂靴帽而脑后翘着一根小辫，跪下来磕三个响头，有人用惊堂木配合着用力敲三下，砰砰砰，清脆可听。我所以对这个角色发生兴趣，是因为他滑稽，同时代表那种只为贪图一吊两吊的小利就不惜卑躬屈节向人磕头的奴才相。这种奴才相在人间世里到处皆是。

小时过年固然热闹，快意之事也不太多。除夕满院子撒上芝麻秸，踩上去咯吱咯吱响，一乐也；宫灯、纱灯、牛角灯全部出笼，而孩子们也奉准每人提一只纸糊的"气死风"，二乐也；大开赌戒，可以掷状元红，呼卢喝雉，难得放肆，三乐也。但是在另一方面，年菜年年如是，大量制造，等于是天天吃剩菜，几顿煮饽饽吃得人倒尽胃口。杂拌儿嘛，不管粗细，都少不了尘埃细沙杂拌其间，吃到嘴里牙碜。撤供下来的蜜供也是罩上了薄薄一层香灰。压岁钱则一律塞进"扑满"，永远没满过，也永远没扑过，后来不知到哪里去了。天寒地冻，无处可玩，街上店铺家家闭户，里面不成腔调的锣鼓点儿此起彼落。厂甸儿能挤死人，为了"喝豆汁儿，就咸菜儿，琉璃喇叭大沙雁儿"，真犯不着。过年最使人窝心的事莫过于挨门去给长辈拜年，其中颇有些位只是年龄比我长些，最可恼的是有时候主人并不挡驾而叫你进入厅堂朝上磕头，从门帘后面蓦地钻出一个不三不四的老妈妈，"哟，瞧这家的哥儿长得可出息啦！"辛亥革命以后我们家里不再有这些繁文缛节。

还有一个后院，四四方方的，相当宽绰。正中央有一棵两人合抱的大榆树。后边有榆（余）取其吉利。凡事要留有余，不可尽，是我们民族特性之一。这棵榆树不但高大而且枝干繁茂，其圆如盖，遮满了整个院子。但是不可以坐在下面乘凉，因为上面有无数的红毛绿毛的毛虫，不时地落下来，咕咕嚷嚷的惹人嫌。榆树下面有一个葡萄架，近根处埋一两只死猫，年年葡萄丰收，长长的马乳葡萄。此外靠边还有香椿一、花椒一、嘎嘎儿枣一。每逢春暮，榆树开花结荚，名为榆钱。榆荚纷纷落下时，谓之"榆荚雨"（见《荆楚岁时记》）。施肩吾《戏咏榆荚》诗："风吹榆钱落如雨，绕林绕屋来不住。"我们北方人生活清苦，遇到榆荚成雨时就要吃一顿榆钱糕。名为糕，实则捡榆钱洗净，和以小米面或棒子面，上锅蒸熟，舀取碗内，加酱油醋麻油及切成段的葱白葱叶而食之。我家每做榆钱糕成，全家上下聚在院里，站在阶前分而食之。比《帝京景物略》所说"四月榆初钱，面和糖蒸食之"还要简省。仆人吃过一碗两碗之后，照例要请安道谢而退。我的大哥有一次不知怎的心血来潮，吃完之后也走到祖母跟前，屈下一条腿深深请了个安，并且说了一声："谢谢您！"祖母勃然大怒："好哇！你把我当作什么人……"气得几乎晕厥过去。父亲迫于形势，只好使用家法了。从墙上取下一根藤马鞭，高高举起，轻轻落下，一五一十地打在我哥哥的屁股上。我本想跟进请安道谢，幸而免，吓得半死，从此我见了榆钱就恶心，对于无理的专制与压迫在幼小时就有了认识。后院东边有个小院，北房三间，南房一间，其间有一口井。井水是苦的，只可汲来洗衣洗菜，但是另有妙用，夏季把西瓜系下去，隔夜取出，透心凉。

想起这栋旧家宅，顺便想起若干儿时事。如今隔了半个多世纪，房子一定是面目全非了。其实人也不复是当年的模样，纵使我能回去探视旧居，恐怕我将认不得房子，而房子恐怕也认不得我了。

第二辑

怀念故人

忆 冰 心

初识冰心的人都觉得她不是一个令人容易亲近的人，冷冷的好像要拒人于千里之外。她的《繁星》《春水》发表在晨报副刊的时候，风靡一时，我的朋友中如时昭瀛先生便是最为倾倒的一个，他逐日剪报，后来精裱成一长卷，在美国和冰心相遇的时候恭恭敬敬地献给了她。我在《创造周报》第十二期（民国十二年七月廿九日）写过一篇《〈繁星〉与〈春水〉》，我的批评是很保守的，我觉得那些小诗里理智多于情感，作者不是一个热情奔放的诗人，只是泰戈尔小诗影响下的一个冷隽的说理者。就在这篇批评发表后不久，于赴美途中在"杰克逊总统号"的甲板上不期而遇。经许地山先生介绍，寒暄一阵之后，我问她："您到美国修习什么？"她说："文学。"她问我："您修习什么？"我说："文学批评。"话就谈不下去了。

在海船上摇晃了十几天，许地山、顾一樵、冰心和我都不晕船，我们兴致勃勃地办了一份文学性质的壁报，张贴在客舱入口处，后来我们选了十四篇送给小说月报，发表在第十一期（民国十二年十一月十日），作为一个专辑，就用原来壁报的名称"海啸"。其中有冰心的诗三首：《乡愁》《惆怅》《纸船》。

民国十三年秋我到了哈佛，冰心在威尔斯莱女子学院，同属于波士顿地区，相距一个多小时火车的路程。遇有假期，我们几个朋友常去访问冰心，邀她泛舟于脑伦壁迦湖。冰心也常乘星期日之暇到波士顿来做杏花楼的座上客。我逐渐觉得她不是恃才傲物的人，不过对人有几分矜持，至于她的胸襟之高超，感觉之敏锐，性情之细腻，均非一般人所可企及。

民国十四年三月二十八日波士顿一带的中国学生在"美国剧院"公演《琵琶记》，剧本是顾一樵改写的，由我译成英文。我饰蔡中郎，冰心饰宰相之女，谢文秋女士饰赵五娘。逢场作戏，不免谑浪。后谢文秋与同学朱世明先生订婚，冰心就调侃我说："朱门一入深似海，从此秋郎是路人。""秋郎"二字来历在此。

冰心喜欢海，她父亲是海军中人，她从小曾在烟台随侍过一段期间，所以和浩瀚的海洋结下不解缘，不过在她的作品里嗅不出梅思斐尔的"海洋热"。她憧憬的不是骇浪滔天的海水，不是浪迹天涯的海员生涯，而是在海滨沙滩上拾贝壳，在静静的海上看冰轮乍涌。我民国十九年到青岛，一住四年，几乎天天与海为邻，几次三番地写信给她，从没有忘记提到海，告诉她我怎样陪同太太带着孩子到海边捉螃蟹，掘沙土，捡水母，听灯塔呜呜叫，看海船冒烟在天边逝去，我的意思是逗她到青岛来。她也很想来过一个暑季，她来信说："我们打算住两个月，而且因为我不能起来的缘故，最好是海涛近接于几席之下。文藻想和你们逛山散步，沤水，我则可以倚枕倾聆你们的言论。……我近来好多了，医生许我坐火车，大概总是有进步。"但是她终于不果来，倒是文藻因赴邹平开会之便到舍下盘桓了三五天。

冰心健康情形一向不好，说话的声音不能大，甚至是有上气无下气的。她一到了美国不久就呕血，那著名的《寄小读者》大部分是在医院床上写的。以后她一直时发时愈，缠绵病榻。有人以为她患肺病，那是不确的。她给赵清阁的信上说："肺病绝不可能。"给我的信早就说得更明白："为慎重起见，遵协和医嘱重行检验一次，X光线，取血，闹了一天，据说我的肺倒没毛病，是血管太脆。"她呕血是周期性的，有时事前可以预知，她多么想看青岛的海，但是不能来，只好叹息："我无有言说，天实为之！"她的病严重地影响了她的创作生涯，甚至比照管家庭更妨碍她的写作，实在是太可惋惜的事。抗战时她先是在昆明，我写信给她，为了一句戏言，她回信说："你问我除生病之外，所做何事。像我这样不事生产，当然使知友不满之意溢于言外。其实我到呈贡之后，只病过一次，日常生活都在跑山望水，柴米油盐，看孩子中度过……"在抗战期中做一个尽职的主妇真是谈何容易，冰心以病躯肩此重任，是很难为她了。她后来迁至四川的歌乐山居住，我去看她，她一定要我试一试他们睡的那一张弹簧床。我躺上去一试，真软，像棉花团，文藻告诉我他们从北平出来什么也没带，就带了这一张庞大笨重的床，从北平搬到昆明，从昆明搬到歌乐山，没有这样的床她睡不着觉！

歌乐山在重庆附近算是风景很优美的一个地方。冰心的居处在一个小小的山头上，房子也可以说是洋房，不过墙是土砌的，窗户很小很少，里面黑黝黝的，而且很潮湿。倒是门外有几十棵不大不小的松树，秋声萧瑟，瘦影参差，还值得令人留恋。一般人以为冰心养尊处优，以我所知，她在抗战期间并不宽裕。歌乐山的寓处也是借住的。

抗战胜利后，文藻任职我国驻日军事代表团，这一段时间才是她一生享受最多的，日本的园林之胜是她所最为爱好的，日常的生活起居也由当地政府照料得无微不至。下面是她到东京后两年写给我的一封信：

实秋：

九月廿六信收到。昭涵到东京，待了五天，我托他把那部日本版杜诗带回给你（我买来已有一年了），到临走时他也忘了，再寻便人吧。你要吴清源和本因坊的棋谱，我已托人收集，当陆续奉寄。清阁在北平（此信给她看看），你们又可以热闹一下。我们这里倒是很热闹，甘地所最恨的鸡尾酒会，这里常有！也累，也最不累，因为你可以完全不用脑筋说话，但这里也常会从万人如海之中飘闪出一两个"惊才绝艳"，因为过往的太多了，各国的全有，淘金似的，会浮上点金沙。除此之外，大多数是职业外交人员，职业军人，浮嚣的新闻记者，言语无味，面目可憎。在东京两年，倒是一种经验，在生命中算是很有趣的一段。文藻照应忙，孩子们照应，身体倒都不错，我也好。宗生不常到你处吧？他说高三功课忙得很，明年他想考清华，谁知道明年又怎么样？北平人心如何？看报仿佛不大好。东京下了一场秋雨，冷得美国人都披上皮大衣，今天又放了晴，天空蓝得像北平，真是想家得很！你们吃炒栗子没有？

请嫂夫人 安

冰心

十、十二

一九四九年六月我来到台湾，接到冰心、文藻的信，信中说他们很高兴听到我来台的消息，但是一再叮咛要我立刻办理手续前往日本。风雨飘摇之际，这份友情当然可感，但是我没有去。此后就消息断绝。

附录：冰心致作者及赵清阁女士的信

冰心致作者的信之一

实秋：

　　前得来书，一切满意，为慎重起见，遵医（协和）嘱重行检查一次，X光线，取血，闹了一天，据说我的肺倒没毛病，是血管太脆。现在仍须静养，年底才能渐渐照常，长途火车，绝对禁止，于是又是一次幻象之消灭！

　　我无有言说，天实为之！我只有感谢你为我们费心，同时也羡慕你能自由地享受海之伟大，这原来不是容易的事！

文藻请安

冰心拜上
六月廿五

冰心致作者的信之二

实秋：

　　你的信，是我们许多年来，从朋友方面所未得到的，真挚痛快的好信！看完了予我们以若干的欢喜。志摩死了，利用聪明，在一场不人道不光明的行为之下，仍得到社会一班人的欢迎的人，得到一个归宿了！我仍是这么一句话，上天生一个天才，真是万难，而聪明人自己的糟蹋，看了使我心痛。志摩的诗，魄力甚好，而情调则处处趋向一个毁灭的结局。看他《自剖》里的散文、《飞》等，仿佛就是他将死未绝时的情感，诗中尤其看得出，我不是信预兆，是说他十年来心理的酝酿，与无形中心灵的绝望与寂寥，所形成的必然结果！人死了什么话都太晚，他生前我对着他没有说过一句好话，最后一句话，他对我说的："我的心肝五脏都坏了，要到你那里圣洁的地方去忏悔！"我没说什么，我和他从来就不是朋友，如今倒怜惜他了，他真辜负了他的一股子劲！

谈到女人，究竟是"女人误他"、"他误女人"，也很难说。志摩是蝴蝶，而不是蜜蜂，女人的好处就得不着，女人的坏处就使他牺牲了。——到这里，我打住不说了！

我近来常常恨我自己，我真应当常写作，假如你喜欢《我劝你》那种的诗，我还能写它一二十首。无端我近来又教了书，天天看不完的卷子，使我头痛心烦。是我自己不好，只因我有种种责任，不得不要有一定的进款来应用，过年我也许不干或少教点，整个地来奔向我的使命和前途。

我们很愿意见见你，朋友们真太疏远了！年假能来吗？我们约了努生，也约了昭涵，为国家你们也应当聚聚首了，我若百无一长，至少能为你们煮咖啡！小孩子可爱得很，红红的颊，卷曲的浓发，力气很大，现在就在我旁边玩，他长得像文藻，脾气像我，也急，却爱笑，一点也不怕生。

请太太安

冰心

十一、廿五

冰心致作者的信之三

实秋：

山上梨花都开过了，想雅舍门口那一大棵一定也是绿肥白瘦，光阴过得何等的快！你近来如何？听说曾进城一次，歌乐山竟不曾停车，似乎有点对不起朋友。刚给白薇写几个字，忽然想起赵清阁，不知她近体如何？春来是否痊了？请你代走一趟，看看她，我自己近来好得很。文藻大约下月初才能从昆明回来，他生日是二月九号，你能来玩玩否？余不一一，即请大安问业雅好。

冰心

三月廿五日

冰心致赵清阁的信

清阁：

信都收入，将来必有一天我死了都没有人哭。关于我病危的谣言已经有太多次了，在远方的人不要惊慌，多会真死了才是死，而且肺病绝不可能。这种情形，并不算坏。就是有病时（有时）太寂寞一点，而且什么都要自己管，病人自己管自己，总觉得有点那个！你叫我写文章，尤其是小说，我何尝不想写，就是时间太零碎，而且杂务非常多。也许我回来时在你的桌上会写出一点来。上次给你寄了樱花没有？并不好，就是多，我想就是菜花多了也会好看，樱花意味太哲学了，而且属于悲观一路，我不喜欢。朋友们关心我的，请都替我辟谣，而且问好。参政会还没有通知，我也不知道是否五月开，他们应当早通知我，好做准备。这边待得相当腻，朋友太少了，风景也没有什么，人为居多，如森林，这都是数十年升平的结果。我们只要太平下来五十年，你看看什么样子，总之我对于日本的□□，第一是女人（太没有背脊骨了），第二是樱花，第三第四还有……匆匆请放心。

冰心

一九四七、四、十七

冰心致作者的信之四

实秋：

　　文藻到贵阳去了，大约十日后方能回来，他将来函寄回，叫我作复。大札较长，回诵之余，感慰无尽。你问我除生病之外，所做何事，像我这样不事生产，当然使知友不满之意，溢于言外。其实我到呈贡后，只病过一次，日常生活，都在跑山望水，柴米油盐，看孩子中度过。自己也未尝不想写作，总因心神不定，前作《默庐试笔》断续写了三夜，成了六七千字，又放下了。当然并不敢妄自菲薄，如今环境又静美，正是应当振作时候，甚望你常常督促，省得我就此沉落下去。呈贡是极美，只是城太小，山下也住有许多外来的工作人员，谈起来有时很好，有时就很索然，在此居留，大有Main Street风味，渐渐地会感到孤寂。（当然昆明也没有什么意思，我每次进城，都亟欲回来！）我有时想这不是居处关系，人到中年，都有些萧索。我的一联是"海内风尘诸弟隔，天涯涕泪一身遥"，庶几近之。你是个风流才子，"时势造成的教育专家"，同时又有"高尚娱乐""活鱼填鸭充饥"。所谓之"依人自笑冯驼老，作客谁怜范叔寒"两句（你对我已复述过两次），真是文不对题，该打！该打！只是思家之念，尚值得人同情耳！你跌伤已痊愈否？景超如此仗义疏财，可惜我不能身受其惠。

　　我们这里，毫无高尚娱乐，而且虽有义可仗，也无财可疏，为可叹也！文藻信中又嘱我为一樵写一条横幅，请你代问他，可否代以"直条"？我本来不是写字的人，直条还可闭着眼草下去，写完"一瞑不视"（不是"掷笔而逝"）！横幅则不免手颤了，请即复。山风渐动，阴雨时酸寒透骨，幸而此地阳光尚多，今天不好，总有明天可以盼望。你何时能来玩玩？译述脱稿时请能惠我一读。景超、业雅、一樵请代致意，此信可以传阅。静夜把笔，临颖不尽。

冰心拜启

十一月廿七

冰心致作者的信之五

实秋：

我弟妇的信和你的同到。她也知道她找事的不易，她也知道大家的帮忙，叫我写信谢谢你！总算我做人没白做，家人也体恤，朋友也帮忙，除了"感激涕零"之外，无话可说！东京生活，不知宗生回去告诉你多少？有时很好玩，有时就寂寞得很。大妹身体痊愈，而且苗壮，她廿号上学，是圣心国际女校。小妹早就上学（九·一）。我心绪一定，倒想每日写点东西，要不就忘了。文藻忙得很，过去时时处处有回去可能，但是总没有走得成。这边本不是什么长事，至多也只到年底。你能吃能睡，茶饭无缺，这八个字就不容易！老太太、太太和小孩子们都好否？关于杜诗，我早就给你买了一部日本版的，放在那里，相当大，坐飞机的无人肯带，只好将来自己带了。书贾又给我送来一部中国版的（嘉庆）和一部《全唐诗》，我也买了，现在日本书也贵。我常想念北平的秋天，多么高爽！这里三天台风了，震天撼地，到哪儿都是潮不唧的，讨厌得很。附上昭涵一函，早已回了，但是朋友近况，想你也要知道。

文藻问好

> 冰心
>
> 中秋前一日

后记

（一）

绍唐吾兄：

在《传记文学》十三卷六期我写过一篇《忆冰心》，当时我根据几个报刊的报道，以为她已不在人世，情不自已，写了那篇哀悼的文字。

今年春，凌叔华自伦敦来信，告诉我冰心依然健在，惊喜之余，深悔孟浪。顷得友人自香港剪寄今年五月二十四日香港《新晚报》，载有关冰心的报道，标题是《冰心老当益壮酝酿写新书》，我从文字中提炼出几点事实：

（一）冰心今年七十三岁，还是那么健康，刚强，洋溢着豪逸的神采。

（二）冰心后来从未教过书，只是搞些写作。

（三）冰心申请了好几次要到工农群众中去生活，终于去了，一住十多个月。

（四）目前她好像是"待在"中央民族学院里，任务不详。

（五）她说"很希望写一些书"，最后一句话是"老牛破车，也还要走一段路的"。

此文附有照片一帧。人还是很精神的，只是二十多年不见，显着苍老多了。因为我写过《忆冰心》一文，我觉得我有义务做简单的报告，更正我轻信传闻的失误。

弟梁实秋拜启
一九七二年六月十五日西雅图

（二）

绍唐兄：

六月十五日函计达。我最近看到香港《新闻天地》一二六七号载唐向森《洛杉矶航信》，记曾与何炳棣一行同返大陆的杨庆坌教授在美国西海岸的谈话，也谈到谢冰心夫妇，他说："他俩还活在人间，刚由湖北孝感的'五七干校'回到北京。他还谈到梁实秋先生误信他们不在人间的消息所写下悼念亡友的文章。冰心说，他们已看到了这篇文章。这两口子如今都是七十开外的人了。冰心现任职于'作家协会'，专门核阅作品，做成报告交与上级，以决定何者可以出版，何者不可发表之类。至于吴文藻派什么用场，未见道及。这二位都穿着皱巴巴的人民装，也还暖和。曾问二位夫妇这一把年纪去干校，尽干些什么劳动呢？冰心说，多半下田扎绑四季豆。他们在文化大革命时期，曾被斗争了三天。这一段报道益发可以证实冰心夫妇依然健在的消息。我不明白，当初为什么有人捏造死讯，难道这造谣的人没有想到谣言早晚会不攻自破吗？现在我知道冰心未死，我很高兴，冰心既然看到了我写的哀悼她的文章，她当然知道我也未死。这年头儿，彼此知道都还活着，实在不易。这篇航信又谈到老舍之死，据冰心的解释，老舍之死"要怪舍予太爱发脾气，一发脾气去跳河自杀死了……"这句话说得很妙。人是不可发脾气的，脾气人人都有，但是不该发，一发则不免跳河自杀矣。

弟梁实秋顿首

一九七二年七月十一日西雅图

忆沈从文

一九六八年六月九日《中央日报》方块文章井心先生记载着："以写作手法新颖，自成一格……的作者沈从文，不久以前，在大陆因受不了迫害而死。听说他喝过一次煤油，割过一次静脉，终于带着不屈服的灵魂而死去了。"

接着又说："他出身行伍，而以文章闻名；自称小兵，而面目姣好如女子，说话、态度尔雅、温文……""他写得一手娟秀的《灵飞经》……"这几句话描写得确切而生动，使我想起沈从文其人。

我现在先发表他一封信，大概是民国十九年间他在上海时候写给我的。信的内容没有什么可注意的，但是几个字写得很挺拔而俏丽。他最初以"休芸芸"的笔名向《晨报副镌》投稿时，用细尖钢笔写的稿子就非常出色，徐志摩因此到处揄扬他。后来他写《阿丽思中国游记》分期刊登《新月》，我才有机会看到他的笔迹，果然是秀劲不凡。

从文虽然笔下洋洋洒洒，却不健谈，见了人总是低着头羞答答的，说话也是细声细气。关于他"出身行伍"的事他从不多谈。他在十九年三月写过一篇《从文自序》，关于此点有清楚的交代，他说："因为生长地方为清时屯戍重镇，绿营制度到近年尚依然存在，故于过去祖父曾入军籍，做过一次镇守使，现在兄弟及父亲皆仍在军籍中做中级军官。因地方极其偏僻，与苗民杂处聚居，教育文化皆极低落，故长于其环境中的我，幼小时显出生命的那一面，是放荡与诡诈。十二岁我曾受过关于军事的基本训练，十五岁时随军外出曾做上士。后到沅州，为一城区屠宰收税员，不久又以书记名义，随某剿匪部队在川、湘、鄂、黔四省边上过放纵野蛮约三年。因身体衰弱，年龄渐长，从各样生活中养成了默想与体会人生趣味的习惯，对于过去生活有所怀疑；渐觉有努力位置自己在一陌生事业上之必要。因这憧憬的要求，糊糊涂涂地到了北京。"这便是他早年从军经过的自白。

　　由于徐志摩的吹嘘，胡适之先生请他到中国公学教国文，这是一件极不寻常的事，因为一个没有正常适当学历资历的青年而能被人赏识于牝牡骊黄之外，是很不容易的。从文初登讲坛，怯场是意中事，据他自己说，上课之前做了充分准备，以为资料足供一小时使用而有余，不料面对黑压压一片人头，三言两语就把要说的话都说完了，剩下许多时间非得临时编造不可，否则就要冷场，这使他颇为受窘。一位教师不善言辞，不算是太大的短处，若是没有足够的学识便难获得大家的敬服。因此之故，从文虽然不是顶会说话的人，仍不失为成功的受欢迎的教师。记问之学不足以为人师，需要有启发别人的力量才不愧为人师，在这一点上从文有他独到之处，因为他有丰富的人生经验和好学深思的性格。

　　在中国公学一段时间，他最大的收获大概是他的婚姻问题的解决。英语系的女生张兆和女士是一个聪明用功而且秉性端庄的小姐，她的家世很好，多才多艺的张充和女士便是她的胞姐。从文因授课的关系认识了她，而且一见钟情。凡是沉默寡言笑的人，一旦堕入情网，时常是一往情深，一发而不可收拾。从文尽管颠倒，但是没有得到对方青睐。他有一次急得想要跳楼。他本有流鼻血的毛病，几番挫折之后苍白的面孔愈发苍白了。他会写信，以纸笔代喉舌。张小姐实在被缠不过，而且师生恋爱声张开来也是令人很窘的，于是有一天她带着一大包从文写给她的信去谒见胡校长，请他做主制止这一扰人举动的发展。她指出了信中这样的一句话："我不仅爱你的灵魂，我也要你的肉体。"她认为这是侮辱。胡先生皱着眉头，板着面孔，细心听她陈述，然后绽出一丝笑容，温和地对她说："我劝你嫁给他。"张女士吃一惊，但是禁不住胡先生诚恳的解说，居然急转直下默不作声地去了。胡先生曾自诩善于为人作伐，从文的婚事得谐便是他常常乐道的一例。

　　在青岛大学从文教国文，大约一年就随杨振声（今甫）先生离开青岛到北平居住。今甫到了夏季就搬到颐和园赁屋消暑，和他做伴的一位干女儿，自称过的是帝王生活，优哉游哉地享受那园中的风光湖色。此时从文给今甫做帮手，编中学国文教科书，所以也常常在颐和园出出进进。书编得很精彩，偏重于趣味，可惜不久抗战军兴，书甫编竣，已不合时代需要，故从未印行。

　　从文一方面很有修养，一方面也很孤僻，不失为一个特立独行之士。像这样不肯随波逐流的人，如何能不做了时代的牺牲？他的作品有四十几种，可谓多产，文笔略带欧化语气，大约是受了阅读翻译文学作品的影响。

此文写过，又不敢相信报纸的消息，故未发表。读聂华苓女士作《沈从文评传》（英文本，一九七二年纽约Twayne Publishers出版），果然好像从文尚在人间。人的生死可以随便传来传去，真是人间何世！

忆周作人先生

周作人先生住北平西城八道湾，看这个地名就可以知道那是怎样一个弯弯曲曲的小胡同。但是在这个陋巷里却住着一位高雅的与世无争的读书人。

我在清华读书的时候，代表清华文学社会见他，邀他到清华演讲。那个时代，一个年轻学生可以不经介绍径自拜访一位学者，并且邀他演讲，而且毫无报酬，好像不算是失礼的事。如今手续似乎更简便了，往往是一通电话便可以邀请一位素未谋面的人去讲演什么的。我当年就是这样冒冒失失地慕名拜访。转弯抹角地找到了周先生的寓所，是一所坐北朝南的两进平房，正值雨后，前院积了一大汪子水，我被引进去，沿着南房檐下的石阶走进南屋。地上铺着凉席。屋里已有两人在谈话，一位是留了一撮小胡子的鲁迅先生，另一位年轻人是写小诗的何植三先生。鲁迅先生和我招呼之后就说：“你是找我弟弟的，请里院坐吧。”

里院正房三间，两间是藏书用的，有十个八个木书架，都摆满了书，有竖立的西书，有平放的中文书，光线相当暗。左手一间是书房，很爽亮，有一张大书桌，桌上文房四宝陈列整齐，竟不像是一个人勤于写作的所在。靠墙一几两椅，算是待客的地方。上面原来挂着一个小小的横匾，“苦雨斋”三个字是沈尹默写的。斋名苦雨，显然和前院的积水有关，也许还有屋瓦漏水的情事。总之是十分恼人的事，可见主人的一种无奈心情。（后来他改斋名为“苦茶庵”了。）俄而主人移步入，但见他一袭长衫，意态俶然，背微佝，目下视，面色灰白，短短的髭须满面，语声低沉到令人难以辨听的程度。一仆人送来两盏茶，日本式的小盖碗，七分满的淡淡清茶。我道明来意，他用最简单的一句话接受了我们的邀请。于是我不必等端茶送客就告辞而退，他送我一直到大门口。

从北平城里到清华，路相当远，人力车要一个多小时，但是他准时来了，高等科礼堂有两三百人听他演讲。讲题是“日本的小诗”。他特别提出所谓俳句，那是日本的一种诗体，以十七个字为一首，一首分为三段，首五字，次七字，再五字，这是正格，也有不守十七字之限者。这种短诗比我们的五言绝句还要短。由于周先生语声过低，乡音太重，听众不易了解，讲演不算成功。幸而他有讲稿，随即发表。他所举的例句都非常有趣，我至今还记得的是一首松尾芭蕉的作品，好像是"听呀，青蛙跃入古潭的声音"这样的一句，细味之颇有禅意。此种短诗对于试写新诗的人颇有影响，就和泰戈尔的散文诗一样，容易成为模拟的对象。

民国二十三年我到了北京大学，和周先生有同事三年之雅。在此期间我们来往不多，一来彼此都忙，我住东城他住西城相隔甚远，不过我也在苦雨斋做过好几次的座上客。我很敬重他，也很爱他淡雅的风度。我当时主编一个周刊《自由评论》，他给过我几篇文稿，我很感谢他。他曾托我介绍把他的一些存书卖给学校图书馆。我照办了。他也曾要我照拂他的儿子周丰一（在北大外文系日文组四年级），我当然也义不容辞，我在这里发表他的几封短札，文字简练，自有其独特的风格。

周先生晚节不终，宦事敌伪，以至于身系缧绁，声名扫地，是一件极为可惜的事。不过他所以出此下策，也有其远因近因可察。他有一封信给我，是在抗战前夕写的：

实秋先生：

手书敬悉。近来大有闲，却也不知怎的又甚忙，所以至今未能写出文章，甚歉。看看这"非常时"的四周空气，深感到无话可说，因为这（我的话或文章）是如此的不合宜的。日前曾想写一篇关于《求己录》的小文，但假如写出来了，恐怕看了赞成的只有一个——《求己录》的著者陶葆廉吧？等写出来可以用的文章时，即当送奉，匆匆不尽。

作人启 七日夜

关于《求己录》的文章虽然他没有写，我们却可想见他对《求己录》的推崇，按，《求己录》一册一函，光绪二十六年杭州求是书院刊本，署芦泾遁士著，乃秀水陶葆廉之别号。陶葆廉是两广总督陶模（子方）之子，久佐父幕，与陈三立、谭嗣同、沈雁潭合称四公子。作人先生引陶葆廉为知己，同属于不合时宜之列。他也曾写信给我提到"和日和共的狂妄主张"。是他对于抗日战争早就有了他自己的一套看法。他平素对于时局，和他哥哥鲁迅一样，一向抱有不满的态度。

作人先生有一位日籍妻子。我到苦茶庵去过几次没有拜见过她，只是隔着窗子看见过一位披着和服的妇人走过，不知是不是她。一个人的妻子，如果她能勤俭持家相夫教子而且是一个"温而正"的女人，她的丈夫一定要受到她的影响，一定爱她，一定爱屋及乌地爱与她有关的一切。周先生早年负笈东瀛，娶日女为妻，对于日本的许多方面有好的印象是可以理解的。我记得他写过一篇文章赞美日本式的那种纸壁地板蹲坑的厕所，真是匪夷所思。他有许多要好的日本朋友，更是意料中事，犹之鲁迅先生之与上海虹口的内山书店老板过从甚密。

抗战开始，周先生舍不得离开北平，也许是他自恃日人不会为难他。以我所知，他不是一个热中仕进的人，也异于鲁迅之偏激孤愤。不过他表面上淡泊，内心里却是冷峭。他这种心情和他的身世有关。一九八二年九月二十日《联合报》万象版登了一篇《高阳谈鲁迅心头的烙痕》：

> 鲁迅早期的著作，如《呐喊》等，大多在描写他的那场"家难"；其中主角是他的祖父周福清，同治十年三甲第十五名进士，外放江西金溪知县。光绪四年因案被议，降级改为"教谕"。周福清不愿做清苦的教官，改捐了一个"内阁中书"，做了十几年的京官。光绪十九年春天，周福清丁忧回绍兴原籍。这年因为下一年慈禧太后六旬万寿，举行癸巳恩科乡试：周福清受人之托，向浙江主考贿买关节，连他的儿子也就是鲁迅的父亲周用吉在内，一共是六个人，关节用"宸衷茂育"字样；另外"虚写银票洋银一万元"，一起封入信封。投信的对象原是副主考周锡恩，哪知他的仆人在苏州误投到正主考殷如璋的船上。殷如璋不知究竟，拆开一看，方知贿买关节。那时苏州府知府王仁堪在座，而殷如璋与周福清又是同年，为了避嫌疑起见，明知必是误投，亦不能不扣留来人，送官究办。周福清就这样吃上了官司。

> 科场舞弊，是件严重的事。但从地方到京城，都因为明年是太后

六十万寿，不愿兴大狱，刑部多方开脱，将周福清从斩罪上量减一等，改为充军新疆。历久相沿的制度是，刑部拟罪得重，由御笔改轻，表示"恩出自上"；但这一回令人大出意外，御着批示："周福清着改为斩监候，秋后处决。"

这一来，周家可就惨了。第二年太后万寿停刑，固可多活一年；但自光绪二十一年起，每年都要设法活动，将周福清的姓名列在"勾决"名册中"情实"一栏之外，才能免死。这笔花费是相当可观的；此外，周福清以"死囚"关在浙江臬司监狱中，如果希望获得较好的待遇，必须上下"打点"，非大把银子不可。周用吉的健康状况很差，不堪这样沉重的负担，很快地就去世了。鲁迅兄弟被寄养在亲戚家，每天在白眼中讨生活：十几岁的少年，由此而形成的人格，不是鲁迅的偏激负气，就是周作人的冷漠孤傲，是件不难想象的事。

鲁迅心头烙痕也正是周作人先生的心头烙痕，再加上抗战开始后北平爱国志士那一次的枪击，作人先生无法按捺他的激愤，遂失足成千古恨了。在后来国军撤离南京的前夕，蒋梦麟先生等还到监牢去探视过他，可见他虽然是罪有应得，但是他的老朋友们还是对他有相当的眷念。

一九七一年五月九日《中国时报》副刊有南宫博先生一文《于〈知堂回想录〉而回想》，有这样的一段：

我曾写过一篇题为《先生，学生不伪!》不留余地指斥学界名人傅斯年。当时自重庆到沦陷区的接收大员，趾高气扬的不乏人，傅斯年即为其中之一。我们总以为学界的人应该和一般官吏有所不同，不料以清流自命的傅斯年在北平接收时，也有那一副可憎的面目，连"伪学生"也说得出口!——他说"伪教授"其实也可恕了。要知政府兵败，弃土地人民而退，要每一个人都亡命到后方去，那是不可能的。在敌伪统治下，为谋生而做一些事，更不能皆以汉奸目之，"饿死事小，失节事大"，说说容易，真正做起来，却并不是叫口号之易也。何况，平常做做小事而谋生，遽加汉奸帽子，在情在理，都是不合的。

南宫博先生的话自有他的一面的道理，不过周作人先生无论如何不是"做做小事而谋生"，所以我们对于他的晚节不终只有惋惜，无法辩解。

忆岂明老人

据悉，岂明老人（周作人先生）已于去年十一月作古。他一生淡泊，晚节不终，实在是至堪痛惜而无可原谅之事。但是除此一点之外，他的学养风度仍令人怀思而不能自已。我在清华读书的时候，有一次代表清华文学社进城到八道湾周寓，请他到清华讲演。八道湾在西城，是名副其实的一条弯曲小巷。进门去，一个冷冷落落的院子，多半个院子积存着雨水，我想这就是"苦雨斋"命名的由来了。临街一排房子算是客厅，地上铺着凉席，陈设简陋。我进入客厅正值鲁迅先生和一位写新诗的何植三君谈话，鲁迅问明我的来意便把岂明先生请出见我。这是我第一次会见岂明老人。

我没想到，他是这样清癯的一个人，戴着高度近视眼镜，头顶上的毛发稀稀的，除了上唇一小撮髭须之外好像还有半脸的胡子楂儿，脸色是苍白的，说起话来有气无力的，而且是绍兴官话。我不知道我当时怎么有那样大的勇气，没有人介绍，径自登门拜访，请求他远道出城讲演，我们中国人请人演讲一向不考虑给人报酬，至今还是如此，好像这是一位学者应尽的义务一般。因为有这样的"国情"，所以我麻烦他讲演，他不以为忤，而他一口答应下来，我也不以为异。到了约定的那一天，他仆仆风尘地到了清华园。讲题是"日本的小诗"，他坐在讲坛之上，低头伏案照着稿子宣读，而声音细小，坐第一排的人也听不清楚，事后我知道他平常上课也是如此。一个人只要有真实学问，不善言辞也不妨事，依然受人敬仰，岂明先生便是一个实例。我后来看到他的讲稿发表，才明白他讲的原是松尾芭蕉等的"俳句"。十七个字一首的日本短诗，趣味清淡而隽永，似是他所特别爱好的。

民国二十三年我到了北京大学，和岂明先生同在一系，才开始过从。我到他家去访问，不再被迎入临街的那个客厅，而直接进入二门到上房落座了。那上房是一明两暗，明间像是书库，横列着一人多高的几只书架，中西书籍杂陈，但很整洁。右面一个暗间房门虚掩。不知是做什么用的。左面一间显然是他的书房，有一块小小的镜框，题着"苦雨斋"三字，是沈尹默先生的手笔，一张庞大的柚木书桌，上面有笔筒砚台之类，清清爽爽，一尘不染，此外便是简简单单的几把椅子。照例有一碗清茶献客，茶具是日本式的，带盖的小小茶盅，小小的茶壶有一只藤子编的提梁，小巧而淡雅。永远是清茶，淡淡的青绿色，七分满。房子是顶普通的北平式的小房子，可是四白落地，几净窗明。就是在这个地方他翻阅《金枝》，吟咏俳句，写他冷隽的杂文小品。

我在这里发表他的三封短信，略作说明。

这三封信都是在二十四年写的。"苦雨斋"已经改名为"苦茶庵"了。第一封信是为卖书，我记得我给转达负责的人照办了。读书人卖书，自有其不得已的缘故。岂明先生非富有，但以"研究教授"所得，亦尚宽裕。我想必是庵中逼仄，容不得日益增多的书卷，否则谁肯把平素摩挲过的东西作价出卖？究竟真相如何，我为了尊重人家的私密，没有追问，也没有打听。

第二封信提到"和日和共的狂妄主张"，此一语大有文章。当时正在对日抗战的前夕，也正是剿共进行激烈的阶段。华北情形特殊，有人以特殊自居，亦有人受特殊待遇。有固定方向去卖身投靠的人自不必说，一般的知识分子只有彷徨忧惧的份。岂明先生没有政治活动，没有政治色彩，没有政治野心，但是他的心情不能不受潮流激荡而起一些涟漪。陶渊明寄情诗酒悠然自得，但是他也有激昂慷慨使气任侠的一面。岂明先生的夫人是日本人，他的生活思想沾染了深厚的日本色彩——日本人之比较温和高雅的一面。所以他有"和日"的"狂妄主张"，也是可以理解的。可惜他的这篇文章没有写，否则我们也可以窥见他日后失节的一点来龙去脉。他欲说还休，终于觉得"大可不必"了。我当时在编一个周刊《自由评论》，他给我写过几篇稿子，但是从来没有涉及过政治。

第三封信说到"非常时"，说到他的话和文章之"不合宜"，也可想见他当时心情的一斑。所谓陶葆廉的《求己录》，究何所指？我最近问过博学多识的梁容若教授，他告诉我："《求己录》三卷，一册一函，光绪二十六年杭州求是书院刊本，北京人文科学研究所藏书目录中有之（列子部杂纂中）。署芦泾遁士著，据室名索隐为秀水陶葆廉别号。"陶葆廉或作保廉，字拙存，或作哲存；

是两广总督陶模（子方）之子，久佐父幕，与陈三立、谭嗣同、沈雁潭合称四公子。《求己录》一书容若先生亦未见过，但是他猜想："陶模曾于光绪二十七年二月上书清廷请全废宦官，耸动天下，主稿者当为其哲嗣，《求己录》中有此种思想，自当为岂明老人所倾倒也。"岂明先生想借他人之酒杯浇自己之块垒，当无疑问，惜不知《求己录》内容究如何耳。

后记

台北《中国时报》副刊（一九七一年五月九日）有南宫博《于〈知堂回想录〉而回想》一文，关于抗战期间留在北平的学生教授有所辩白，对傅孟真先生颇有微词，但是对岂明老人晚节不终似不能不发生辩解作用，因为他不是"做做小事而谋生"者。附录南宫博先生议论一段于后，以见彼亦一是非此亦一是非也。

我曾写过一篇题为《先生，学生不伪！》不留余地指斥学界名人傅斯年。当时自重庆到沦陷区的接收大员，趾高气扬的正不乏人，傅斯年即为其中之一。我们总以为学界的人应该和一般官吏有所不同，不料以清流自命的傅斯年在北平接收时，也有那一副可憎的面目，连"伪学生"也说得出口！——他说"伪教授"其实已不大可恕了。要知政府兵败，弃土地人民而退，要每一个人都亡命到后方去，那是不可能的。在敌伪统治下，为谋生而做一些事，要不能皆以汉奸目之，"饿死事小，失节事大"，说说容易，真正做起来，却并不是叫口号之易也。何况，平常做做小事而谋生，遽加汉奸帽子，在情在理，都是不合的。

忆 杨 今 甫

杨振声，字金甫，后改今甫，山东蓬莱人，五四运动时肄业北京大学国文系。著有中篇小说《玉君》，白话诗亦偶有尝试。今甫身材修长，仪表甚伟，友辈常比之于他所最激赏的名伶武生杨小楼。而其谈吐风度则又温文尔雅，不似山东大汉。在五四时代的文人中他是佼佼者之一。毕业后不久，得南洋兄弟烟草公司主人资助游学英美，返国后即在燕大教书。

民国十九年夏，今甫奉命筹备国立青岛大学，到上海物色教师，我在此时才认识他。有一天他从容不迫地对闻一多和我说："上海不是居住的地方，讲风景环境，青岛是全国第一，二位不妨前去游览一次，如果中意，就留在那里执教，如不满意，决不勉强。"这"先尝后买"的办法实在太诱人了，于是我和一多就去了青岛，半日游览一席饮宴之后我们接受了青岛大学的聘书。今甫待人接物的风度有令人无可抵拒的力量。

青岛大学是新设立的，那地方有山有水，校址是从前德国的万年兵营。万年山麓气象不凡，学校一切皆在草创，人事设备可以自由安排，没有牵制，所以应该可以办好。今甫是山东人，出身北大，又长于肆应，是理想的校长人选。筹备主任是名重一时的蔡孑民先生，声望所及，更应该是无往不利。不过青岛大学也有先天不健全的地方，名为国立，而经费出自山东省府，并有市府协款，一个儿媳要伺候两个婆婆，于是今甫苦矣。

山东省府主席是韩复榘，外号人称"韩青天"，虽是武人当政，颇有揽辔澄清之心，喜欢出巡，勤求民隐，平反折狱，不拘常法，在旧军人中不失为心地善良者，但其气焰之大则炙手可热。有一次出巡到了青岛大学，今甫邀集同仁在教员休息室中和主席见面。陪主席同来者有青岛市长沈鸿烈。主席落座之后，马弁送上旱烟袋，吧嗒吧嗒地抽了几口。嘴唇上稀稀的两撇小胡子微微颤动，嘴角上还隐隐约约地露出那么一丝笑意。随后是沈市长先开口："主席，这是我们自己的学校，你不必客气，有什么指示，尽管吩咐。"好一个"我们自己的学校"！出人意料的是韩主席没有什么指示，他只嘿嘿了两声之后慢条斯理地说："我没有什么话说，各位老师都教得很好，很好，很好。"随后大家就走到礼堂，由主席向全体师生"训话"。我事后说，韩某人并不像我们耳闻的那样粗鲁，对读书人还有礼貌。我们的理学院长黄际遇先生就纠正我说："那倒不见得。韩主豫时，我一度为教育厅长。河南大学学生罢课，闹风潮，韩传见河南大学校长张某大加申斥，张某略为争辩，韩大怒，喝令跪下，张某抗声说：'士可杀不可辱！'韩立即表示：'好，我杀你！'当时我和建设厅长张幼山两人强力拉他跪下，才免一死。"我听了这一段奇闻，觉得今甫幸运得多，主席巡视青岛大学时没有赶上学生罢课闹风潮。

今甫在校长任上两年，相当愉快。校长官邸在学校附近一个山坡上的黄山路。他和教务长赵太侔住楼上，一人一间卧室，中间是客厅，楼下住的是校医邓仲存夫妇和小孩，伙食及家务均由仲存夫人负责料理。今甫和太侔都是有家室的人，但是他们的妻室从不随往任所，今甫有一儿一女偶然露面而已。五四时代，好多知识分子都把原配夫人长久地丢在家乡，自己很洒脱地独居在外。今甫亦正未能免俗。

今甫善饮，尤长拇战，挽袖挥拳，音容并茂。每星期六校务会议之后照例有宴席一桌，多半是在顺兴楼，当场开绍兴酒在三十斤一坛，品尝之后，不甜不酸，然后开怀畅饮，坛罄乃止。我们自封为"饮中八仙"。此外送往迎来以及各种应酬，亦无不出于饮食征逐的方式。有一次胡适之先生来，下榻宋春舫先生主持的"万国疗养院"，今甫出面邀宴，胡先生看到我们轰饮作乐的样子，惊慌不已，急忙戴上胡太太送给他的刻着"戒酒"二字的金指环，当作挡箭牌。今甫除了酒外没有什么嗜好，有时驱车到汇泉坐坐，或是崂山走走，或是到第一公园观赏西府海棠日本樱花之类。他对于书画却一往情深，和精通艺术的邓叔存（以蛰）一向交谊很厚，对故宫收藏书画多所观摩，遂养成颇为优秀的鉴赏能力。他自己写的一笔字，疏落有致，在侪辈中是少见的。他也收藏一些，不过限于资力，没有什么大的名家。我记得他所最喜欢的一幅《君山图》，不知是何人手笔，于浩渺的波涛之上隐隐约约地浮现着一座平坦的山头，布局不凡，他很得意地把它张挂在壁上很久很久。今甫常说："字画只求其好，何必名家？"

民国二十年九一八事变爆发，扫除了我们的癫狂酒兴。翌年平津学生发动南下请愿，各地响应，青岛大学学生不甘落后，教授中复有不良分子从中推波助澜，于是学生罢课，不听劝导，占据火车强行南下。今甫召集校务会议，除两人作梗外，一致通过开除学生暴动首要分子数名。学生南京归来，撕毁布告，并去包围校长公馆，要求收回成命。今甫、太侔、仲存自公馆后门潜出，至一旅舍僻室休息，通知一多和我暂避其锋。学生活动以区党部为大本营，嚣张霸道，警察无可奈何，教务长张道藩先生无法坐视，亲率警察进入党部逮捕首要分子，风潮于是扩大。校方最后处置是开除学生三十余人，解散成立不久的教育学院，而今甫亦引咎自动请辞。今甫是彬彬君子，不善钩心斗角，对任何人皆无疾言厉色，事变之来如疾风暴雨，其衷心苦闷可以想见。我写信给徐志摩，报告今甫处境，复函云：

> 好，你们闹风潮，我们（光华）也闹风潮。你们的校长脸气白，我们的成天地哭，真的哭，如丧考妣地哭。你们一下去了三十多，我们也是一下去了卅多。这也算是一种同情吧。

今甫处理风潮完毕，八月中即赴北平，这时期有两封信给我，其中有两段如下：

> 弟久病不愈，精神体力皆不能再行继续。当即请辞职。与此函同时有致太侔、之椿一信，劝太侔为校长，之椿为教务长，再辅以吾兄之机智，青大前途，定有可为，望兄运用神技，促成此事，弟不胜感激叩头之至。
>
> 目前有两种重要问题：一为省府为难，一为教员问题。关于省方，太侔若肯担任，协款及其他，皆可作为担任时先决条件，较弟为易。（弟不能再有条件也。）省方若不肯除销大学，其条件必易解决，若志在除销，弟归亦为无益，徒自取辱。……弟在平与在青一样，同时可稍观望省府对此之发展如何。

　　由此可见，今甫表示辞职主要原因是与省方不洽。其实教育厅长何思源先生是他的北大同学好友，不该有什么芥蒂。今甫曾很微妙地称赞何思源，说他善于做官。做官就不能不坚持官的立场，私人间友谊所能发生的作用自然就有其限度了。今甫属于名士类型，与官场中人不可能沆瀣一气。不久，今甫果然去职，结束了他两年校长的生活，太侔继任。今甫私下对我说，校长一职一定要让太侔，因为对于他正在进行中的婚事将有决定性的助益，事实证明他的所见非虚。

　　此后数年今甫卜居北平，好像没有担任什么公职。听说最高国防会议拨给他一笔款项，委托他编一套中学教科书。这事为什么由国防会议主办，我不知道，其动机安在，我亦不晓。国文一科，他邀沈从文与他合编；公民一科，他邀陈之迈担任；历史一科，他请吴晗编写……抗战开始后，这几部稿子到了教育部，因此我有机会翻阅。平心而论，稿件均很精彩，但不合于学校使用，尤其是在当时那个环境。编教科书，不一定需要第一流的学者。学识固然重要，而编者对于实际教学的需要与体验则尤为重。例如，吴晗先生编的历史，见解新颖，材料丰富，真是十分精彩，若给教师做参考，再好不过，但是若给学生做教科书读，则未见其可。今甫主编的这一套书，终是未被采用，实在很可惋惜。

　　在北平这一段期间，虽然时局险恶，今甫的生活却甚适意。他对我说，他过的是帝王生活，因为每逢夏季他便在郊外的颐和园赁屋而居。以三数百元即可赁居一季，院落虽然不大，但是画栋雕梁，花木扶疏，而且昆明湖水朝夕景色不同，徜徉其间，心旷神怡。同时他也并不寂寞，抗战胜利以后，我不知今甫云游何处。一九四九年以后，听说今甫仍在北平，越数年以胃疾逝世。今甫长余约十岁，风流儒雅，世罕其俦。

忆 李 长 之

前些日子常风先生寄我一帧复印的黑白照片，背面题识如下：

一九四八年十月二十三日北平怀仁学会

善秉仁司铎在北平王府井安福楼招宴留影

（由右起）

善司铎　　　　　　李长之（已故）

章川岛（已故）　　梁实秋先生

沈从文　　　　　　杨振声先生（已故）

常风　　　　　　　俞平伯先生

冯至　　　　　　　朱光潜先生（已故）

　赵君（怀仁学会职员）

我已记不得将近四十年前有这样的一次宴会，但是有照片为证，绝错不了。照片中的善司铎面部模糊，不可辨识，我想不起他的风貌，不过我知道天主教神父中很多饱学之士，喜与文人往来。这一次宴会，应邀的都是学界人士。其中有四位已经做了九泉之客。照片中，站在我身旁的李长之先生是我多年的朋友，丧乱后失去联络，直到看见这张照片才知道他已谢世。

长之是山东人，我忘记了他的乡里。他不是彪形的山东大汉，而是相当瘦小"恂恂如鄙人"。经常穿着一件蓝布宽博，多少有褴褛相。我之和他相识是经闻一多的介绍。当时（民国二十三年、二十四年之际）我在青岛，一多在清华。一多函告清华有一位刚毕业的学生，名李长之，在天津《国闻周报》上发表了一篇文章，批评我不久才出版的《偏见集》，有见地，值得一读。我立刻就找来读了。《偏见集》是我在上海和某些左翼仁兄辩难文字的结集。长之大致上同意我的见解，认为文学乃基本人性的发扬，谈不到什么阶级斗争的说法。这在当时已经算是空谷足音了。像陈望道之类对《偏见集》的批评，只是奉命摇旗呐喊而已。但是长之对我也有很严肃的指责，他说我缺乏一套完整的哲学体系作为文学批评的准绳。此一说法颇中肯綮。我的文学观确实缺少他所谓的哲学体系的基础。经他这一指点，我以后思索了好几十年。虽然我的文学观至今未变，我却很感激他的批评。因为有此一段因缘，我以后就和他成为很好的朋友，真是所谓"以文会友"。

抗战时我在北碚，长之在沙坪坝。我听人说起，他承唐君毅教授之介认识了一位女生。据说此女至孝，因此长之乃不胜其爱慕。复有君毅先生之执柯，立即委禽。不料结缡才数日，因细故遽起勃谿，而且情形相当严重，好事者绘影绘声广为传播。我闻之不悦。婚姻之事，外人不可置喙，尤其不可作为谈助。我径函长之，问他愿否来北碚参加国立编译馆的工作。他的家庭问题我始终一字不提。他欣然独身就道，于是开始了我们在一起四五年的朝夕切磋。

我在编译馆的工作之一是主持一个翻译委员会。委员会有成员十余人，所译作品视个人兴趣而定，唯必须为学术典籍或文学名著。长之语我，愿译康德之三大批判，而且是从德文直接翻译。我大吃一惊。承他相告，他离开清华之后曾从北大德文系教授杨丙辰先生习德文，苦读两三年而有成，读德文哲学典籍可以略无滞碍。学习外国语文本非易事，唯思想学问业已成熟之学者若学习另一种外国文字，旨在读书，而非会话，则用上三五年苦功即可济事。最近在报纸上看到已故朱光潜先生生前发表过的一段文字：

> 我在快六十岁的时候，才自学俄文，一面听广播，一面抓住契诃夫的《樱桃园》和《三姊妹》，屠格涅夫的《父与子》和高尔基的《母亲》这几本书硬啃，每本书都读上三四遍。这些工作都是在课余的时间做的，做了两年之后，我也可以捧着一部字典去翻译俄文书了。……
> （一九八六年三月九日"联副"）

朱光潜先生自修俄文两年便自信可以翻译俄文书了，实在很惊人。有为者亦若是。所以长之从名师学德文两三年便可译康德的三大批判，并非妄举。我当时和长之约定，立即动手翻译，期以十年的工夫竟其全功。在烽火连天、生活困苦的情况之下，长之埋首翻译，真正的是废寝忘食，我很少遇见这样认真的翻译工作者。他每遇到一段精彩的原文，而自信译笔足以传达原文之妙，辄喜不自胜，跑来读给我听，一再地欢喜赞叹。我听不懂，他就再读一遍，非教我点头称许不可，大有"知音如不赏，归卧故山秋"之概。我只好硬听下去。他的这部翻译，因猝然抗战结束，匆匆返乡，他离开编译馆，故未完成，甚为可惜。

抗战结束后我们又在北平聚首，同在师大执教。师大为安顿教职员的生活，在西城某一大禅寺租了一个大跨院，专供教师居住，长之分得了三间，两明一暗，可以栖迟。寺的名称，我记不得了，不过我还记得该寺规模不小，有相当大的藏经楼。僧房寂寂，曲径通幽。长之要我写张字给他，我当时正在热心读杜诗，便写了《游龙门奉先寺》给他，他看了"欲觉闻晨钟，令人发深省"之句，别有会心，相与拊掌。

有一天他偕季羡林先生来看我。羡林是他的同学好友，又是同乡，二人最为相得。这一次，二人面色有异，甚为凝重。原来是长之夫妇又行反目，羡林拖他来要我劝解。其起因小事一端。一日，太太出去买菜，先生伏案为文。太太归来把菜筐往桌上一抛，其中的豆芽白菜等正好抛在长之的稿纸上面，湿污淋漓，一塌糊涂。长之大怒，遂启争端。我告诉长之，太太冒着暑热出去买菜，乃辛苦事，你若陪她上菜市，归来一同洗弄菜蔬，便是人生难得的快乐事，做学问要专心致志，夫妻间也需要一分体贴。我直言奉劝，长之默然，但厥后不复闻有勃谿之声。

三十七年冬，北平吃紧，风雨欲来，我想以避地为佳，仓皇南下，临行留函告知诸友。抵广州后，得长之函，像其他友朋一样，对我之不辞而别深致惋惜，以为北平才是自由呼吸之地。稍后，我的朋友中有人在街上大扭秧歌。听说长之也有文章发表，畅论教育改革。他们以后怎样的一个个打入牛棚，我就不大清楚。长之怎样结束了他的一生，我也至今不大明白。如今看到旧的照片，不胜唏嘘而已。

上文发表后，得朱定裕先生自日本函我文中所称"西城某一大禅寺"实为广济寺。附寄文件中说李长之的卒年是一九七六年十二月十三日，死于中毒性肺炎。

又台北陈光炜先生函，关于李长之的生平有所补充，略云：

李起草《迎接解放》的宣言，以后又起草拥护解放军渡江宣言等电文。一九五〇年二月，向中共提出入党申请，未获允准。后发表《〈鲁迅批判〉的自我批评》一文，承认错误。（李于十四年曾写《鲁迅批判》，在《益世报》连载）一九五四年，响应批判胡适运动，曾发表《胡适的国学整理和政治面貌》等文，对胡进行攻讦。

一九五六年，中共提出"百花齐放，百家争鸣"的口号，李长之撰《欣闻百家争鸣》一文发表于《人民日报》，歌颂中共"鸣放"政策。但一九五七年五月"鸣放"以后，李长之竟被打成"反党反社会主义右派分子"，下放劳改，迭遭迫害，从此不再发表文章。文化大革命期间，又被打成"资产阶级反动学术权威""攻击鲁迅的老牌反革命分子"，关入牛棚，屡遭批斗殴辱，至一九七六年冬始获"解放"。但因久受折磨，两腿半瘫，右手残废，已无法执笔写作，曾多次为此号啕痛哭。一九七八年十二月十三日死于北平，终年六十八岁。

一并附志于此，借表谢意。

记 卢 冀 野

卢前，字冀野，南京人，年与我相若。

他体肥，臃肿膨脖，走不了几步路就气咻咻然，年纪轻轻就蓄了稀疏可数的几根短须。人皆称之为胖子，他不以为忤，总是哼哼两声做鹭鸶笑。有时候他也会无缘无故地从喉咙里发出呼噜呼噜的声音。他的衣履从来是不整齐的，平日是一袭皱褶的长袍，项下纽扣忘记扣起乃是常事。破鞋破袜上面蒙着一层灰土。看他那样子，活像是江湖上卖卜看相一流的人士。

他是南京国立东南大学的高才生，吴梅（瞿安）先生的得意弟子。我在民国十一二年间就认识他。那一年我路过南京，顺便拜访时常通信而尚未晤面的胡梦华先生，他邀了卢冀野和我一同相会，喝高粱酒，吃花生豆腐干，那时候我们都还是大学未毕业的学生，意气甚豪。我当时就觉得这个胖子不是一个寻常人。别瞧他一副邋遢相，他有才气。不知是别人给他的封号，还是他自己取的，号称"江南才子"。

南京一会，匆匆几年过去，我从美国归来在南京东南大学执教，他来看过我几次，依然是那样的风采。

抗战期间我们在四川见面，往来较多。他在北碚国立礼乐馆为编纂，制礼作乐，分为二组，他掌管礼组。馆长是戴传贤先生，副馆长为顾毓琇先生，都是挂名遥领，实际上在抗战期间还有什么闲情逸致来制礼作乐？我戏问他："吾闻之，'修身践言，谓之善行，行修言道，礼之质也。'先生何行何道，而敢言礼？"他嘿嘿一笑，说："你不知道吗，'礼失而求诸野'？"因此他把他居住的几间破房子题作"求诸室"。礼乐馆办公室楼上住着三个人，杨荫浏先生，杨仲子先生，杨宪益先生。冀野就说："此三阳开泰也，吉。"

冀野在国立编译馆兼任编纂，参加大学用书编辑委员会，但是实际工作是请了两名本地刻书的工人，由他监督刻木板。经馆方同意，刻一部《全元曲》，作为《全宋词》的姊妹篇。这工程浩大，一天连写带刻可以完成两页，可是累积起来一年可以完成七百多块木板，几年便堆满一间屋。这种古色古香的玩意儿，于抗战烽火连天中在后方慢慢地进行。胜利时工作尚未完成，那堆木板不知是否逃过了当柴烧的一厄？于刻元曲之外，冀野也因此乘便刻了几部他私人所喜爱的词曲，名之为《饮虹簃丛书》。

冀野膺选为国民参政会参政员，他很高兴，大襟上经常挂着参政会的徽章，出入编译馆礼乐馆，大家为之侧目。他有一天对我说："参政可矣，何必加一'员'字？历宋元明清均置参政，不闻称员，民初亦有参政院，皆称参政。今加员字，反为不美。"我告诉他："此会乃临时性质，既称会，其组成分子当然是员了。老兄真有意参知政事耶？"他笑而不答。第三届参政会他未获连任，意殊快悒，李清悚先生调侃他说："先生名卢前，今则成为卢前参政员矣！"

参政会组华北慰劳视察团，冀野与我均被派参加，因此我们有两个月的共同起居的机会。他生性诙谐，一肚皮笑话，荤素皆备，关于他下巴颏上的几根骚羊胡子就有十个八个，不知他是怎么搜集来的。他爱吐痰，关于吐痰的又有十个八个。我们到了西安，我约他到菊花园口厚德福吃饭，我问他要吃什么，他说："一鸭一鱼足矣。"好，我就点了一只烤鸭一条酱汁鱼。按说四五个人都吃不了，但是他伸臂挽袖，独当重任，如风卷残云，连呼："痛快，痛快。"他的酒量甚豪，三五斤黄酒不算回事。

我们由西安到洛阳去，冀野、邓飞黄和我三个人在陕县下车，自告奋勇，渡黄河上中条山。事前李兴中师长告诉我们，到中条走一遭，九沟十八坡，只能骑马，山路崎岖，形势很险，要三四天的工夫。我们年轻胆壮，贾勇出发。在茅津渡过河之后就要骑马。冀野从来没有骑过马，而军中马匹都是又小又瘦的那种类型，而且不是顶驯顺的，冀野的块头大，经马夫扶持勉强爬上马背，已经有摇摇欲坠之势。拍照之后，一声吆喝，马队开始前进。没走几步遇到一片酸枣林，下有积水，随行的马夫绕道步行，这时候冀野开始感到惶恐，马低下头去饮水，使得他搂着马的脖颈锐声大叫，这一搂一叫不打紧，马惊了。一马惊逸，所有的马跟着狂奔。冀野倒卧在地，我在马上只听得耳畔风声呼呼地响，赶紧低头躲避多刺的枣枝。邓飞黄从后面追赶上来对我呼喊："不要怕，夹紧两腿，放松缰绳！"

我的马跳跃一道土沟时我被颠落在地上了。邓飞黄也自动地滚鞍下马。几匹马摔掉了鞍辔跑得更快，一口气奔回营部。营部的人看到几匹失鞍的识途老马狼狈而回，心知不妙，立即派人救援，只见我们三个在荒野中踉跄缓步。当晚过夜，第二天营部人员说我们要开始爬山，鉴于冀野肥胖过人，特别给他备了一匹骡子，比较稳定而且能载重，不料骡子高大，他爬不上去，几个人推送也无法上去，最后找到路边一块巨石，让他站在石上，几人搀扶之下才跨上了骡背。入山不久，冀野在骡背上摇摇晃晃，大汗淋漓，浑身抖颤如肉冻，无法继续前进。三人会商，决定派人送他回去。于是他废然单独折返。后来我在他的房间墙上看见挂着一帧放大的照片，他题字曰：卢冀野马上之雄姿。

冀野才思敏捷，行旅中不忘吟诗作曲。每到一处，就寝前必定低声地摇头晃脑苦吟一阵，拿出随身携带的纸笔砚墨，多半是写一阕曲子，记述他一天的见闻感想。我问他为什么偏爱作曲，较少诗词。他说，曲的路子宽，像是白话，正字之外可加衬子，韵也较宽，东冬、江阳等皆合并，四声亦可通押，应该算是很进步自由的诗体。我也相当同意他的看法。不过曲在平仄和音韵上很有讲究，和音乐歌唱不可分离，亦非易工之事。他于此道确是造诣甚深。

胜利后大家纷纷还乡，他也回到了南京。他对南京有无比的热爱。胜利之初大家偶尔议论将来首都所在是否还是虎踞龙盘的南京，有人说北平较胜，也有人说西安不错，谁若是说起历来建都南京者皆享祚不久，他必红头涨脸地愤形于色。我还乡路过南京，他特邀我和李清悚等到南门外一家回回馆吃他吹嘘已久的什么糟蒸鸭肝。他叹一口气说："不是从前的味道了。"

此后时局变化，我们失去联络。听说他在南京很忙，任监察委员、大学教授、保长。有人问他："保长之事何劳先生费心？"他说："这你就不懂了，保甲长是真正亲民之职，尤其是有关兵役等，保甲长一言九鼎，关系重大。等到逢年过节，礼物上门，堆积如山……"他就是这样的天真。

更天真的事，是他以为在参政会与某某有杯酒之欢，与某某有一日之雅，时局无论怎样变化，没有人会为难他。他这一估计错误了，而且是致命的错误，他的监察委员、大学教授、保长一系列的职位都失掉了，他被派给的新任务是扛着梯子提着糨糊桶在高墙上贴标语！据说他曾赋有一诗，内有"安排马列三千册，红旗插遍紫金山"之句，如今果然参与了贴标语的行列。只是太肥胖，执行这个工作时的狼狈，是可以想象的。于是，由于沮丧、劳苦、悲愤，他被折腾死了！

我四十岁生日，冀野写了一首长调赠我，写在一张灰色草纸上，现已遗失。他的墨迹现在保存在我手边的只有一首七绝，题在我三十八岁生日纪念册中，诗曰：

> 雅舍生涯又五年，册中名氏阙卢前，
>
> 岁寒松柏支天地，金石盟心志益坚。
>
> 癸未秋暮为实翁补题三十八初度书画册
>
> 求诸室主人前并记

诗是临时构想，一挥而就。他未带图章，借用我一颗闲章，"言而有信"四字。

方令孺其人

方令孺是我的老朋友，已暌违三十余年，彼此不通消息。秦贤次君具有神通，居然辑得方女士散文十篇都成一集，要我一言为序。对我而言，这十篇文字似曾相识，但印象模糊不清，今得重读一遍，勾起我无限怀旧的心情。她的文章思想，原文俱在，读者自能体会，无须我来揄扬阐释。谨就我所知之方令孺其人，简述数事以为介绍。

方令孺，安徽桐城人。桐城方氏，其门望之隆也许是仅次于曲阜孔氏。可是方令孺不愿提起她的门楣，更不愿谈她的家世。一有人说起桐城方氏如何如何，她便脸上绯红，令人再也说不下去。看她的《家》与《忆江南》两篇文章，我们可以想见她有怎样的一个家，所谓书香门第，她的温文尔雅的性格当然是其来有自。

方女士早岁嫔于江宁陈氏，育一女。陈为世家子，风流倜傥，服务于金融界，饶有资财。令孺对于中外文学艺术最为倾心，而对于世俗的生活与家庭的琐碎殊不措意。二人因志趣不合，终于仳离。这件事给她的打击很大，她在《家》中发出这样的喟叹：

> 做一个人是不是一定或应该要个家，家是可爱，还是可恨呢？这些
> 疑问纠缠在心上，教人精神不安，像旧小说里所谓给魔魇住似的。

"家"确实是她毕生摆脱不掉的魔魇。她相当孤独，除了极少数谈得来的朋友之外，不喜与人来往。她经常一袭黑色的旗袍，不施脂粉。她斗室独居，或是一个人在外面彳亍而行的时候，永远是带一缕淡的哀愁。

我最初认识她是在一九三〇年，在国立青岛大学同事。杨振声校长的一位好朋友邓初（仲存），邓颛伯之后，在青岛大学任校医，邓与令孺有姻谊，因此令孺来青岛教国文。闻一多任国文系主任。一多在南京时有一个学生陈梦

家，好写新诗，颇为一多所赏识，梦家又有一个最亲密的写新诗的朋友方玮德，玮德是方令孺的侄儿，也是一多的学生，因此种种关系，一多与令孺成了好朋友，而我也有机会认识她，青岛山明水秀，而没有文化，于是消愁解闷唯有杜康了。由于杨振声的提倡，周末至少一次聚饮于顺兴楼或厚德福，好饮者七人（杨振声、赵太侔、闻一多、陈季超、刘康甫、邓仲存和我）。闻一多提议邀请方令孺加入，凑成酒中八仙之数。于是猜拳行令觥筹交错，乐此而不疲者凡两年。其实方令孺不善饮，微醺辄面红耳赤，知不胜酒，我们亦不强她。随后东北事起，学生请愿风潮波及青岛，杨振声、闻一多相率引去，方令孺亦于是时离开了青岛。

我再度遇到方令孺是抗战时在重庆。有一天张道藩领我到上清寺国立编译馆临时办公处，见到了蒋碧微和方令孺二位，她们是暂时安顿在那里。随后敌机肆虐，大家疏散下乡，蒋碧微、方令孺都加入了教育部的编委会移居在北碚。在北碚，我和方令孺可以说是望衡对宇，朝夕相见。最初是同住在办公室的三楼上，她住在我的隔壁。我有一天踱到她的房间聊天，看见她有一竹架的中英图书，这在抗战时期是稀有的现象。逃难流离之中，谁有心情携带图书？她就有这样的雅兴，迢迢千里间关入蜀，随身带着若干册她特别喜爱的书。我拣出其中的一本《呼啸山庄》，她说："这是好动人的一部小说啊！"我说我要把它翻译出来，她高兴极了，慨然借了给我，我总算没有辜负她的好意，在艰难而愉快的情形下把它译出来了。

我搬进"雅舍"之后，方令孺也住进斜对面的编译馆一宿舍里，她占楼上一间。她的女儿和她女儿的男友每星期都来看她。有一次她兴高采烈地邀我和业雅到她室内吃饭。是冬天，北碚很冷，取暖的方法是取一缸瓦盆，内置炭灰，摆上几根木炭，炭烧红了之后就会散发一些暖气。那个时候大家生活都很清苦。拥着一个炭盆促膝谈心便是无上的乐事了。方令孺的侄儿玮德（二十七岁就死了）和陈梦家都称她为"九姑"。因为排行第九，大家也都跟着叫她"九姑"，这是官称，无关辈数。我们也喊她九姑，连方字也省了。九姑请我们吃饭，这是难得一遇的事，我们欣然往。入室香气扑鼻，一相当密封的瓦罐在炭火上已经煨了五六小时之久，里面有轻轻的扑噜扑噜声。煨的是大块的连肥带瘦的猪肉，不加一滴水，只加料酒酱油，火候到了，十分的酥烂可口。这大概就是所谓东坡肉了吧？这一餐我们非常尽兴，临去时九姑幽幽叹息说："最乐的事莫如朋友相聚，最苦的事是夜阑人去独自收拾杯盘打扫地下，那时的空虚寥落之感真是难以消受啊！"我们听了，不禁怃然。

有一回冰心来北碚，雅舍不免一场欢宴。饭后冰心在我的一个册页簿上题字：

> 一个人应当像一朵花，不论男人或女人。花有色、香、味，人有才、情、趣，三者缺一，便不能做人家的一个好朋友。我的朋友之中，男人中只有实秋最像一朵花……

在人家做客，不免恭维主人几句，不料下笔未能自休，揄扬实在有些过分，这时节围在一旁的客人大为不满，尤其是顾毓琇叫嚣得最厉害，他说："实秋最像一朵花，那我们都不够朋友了？"冰心说："少安毋躁，我还没有写完。"于是急下转语，继续写道：

> 虽然是一朵鸡冠花，培植尚未成功，实秋仍须努力！

草草结束，解决了当时尴尬的局面。过了些时，九姑看到了冰心的题字，不知就里，援笔也题了几句话，她写道：

> 余与实秋同寓北碚将近二载，借其诙谐每获笑乐，因此深知实秋"虽外似倜傥而宅心忠厚"者也。实秋住雅舍，余住俗舍，二舍遥遥相望。雅舍门前有梨花数株，开时行人称美。冰心女士比实秋为鸡冠花，余则拟其为梨花，以其淡泊风流有类孟东野。唯梨花命薄，而实秋实福人耳。
>
> 庚辰冬夜 令孺记

　　一直到抗战胜利，九姑回到南京，以后我们就没有再会过。我来台湾后，在报端偶阅一段消息，好像她是在上海杭州一带活动，并且收集砚石以为消遣。从收集砚石这件事来看，我知道她寄情于艺苑珍玩，当别有心事在。"石不能言最可人。"她把玩那些石砚的时候，大概是想着从前的日子吧？

我的一位国文老师

我在十八九岁的时候，遇见一位国文先生，他给我的印象最深，使我受益也最多，我至今不能忘记他。

先生姓徐，名镜澄，我们给他取的绰号是"徐老虎"，因为他凶。他的相貌很古怪，他的脑袋的轮廓是有棱有角的，很容易成为漫画的对象。头很尖，秃秃的，亮亮的，脸形却是方方的，扁扁的，有些像《聊斋志异》绘图中的夜叉的模样。他的鼻子眼睛嘴好像是过分地集中在脸上很小的一块区域里。他戴一副墨晶眼镜，银丝小镜框，这两块黑色便成了他脸上最显著的特征。我常给他漫画，勾一个轮廓，中间点上两块椭圆形的黑块，便惟妙惟肖。他的身材高大，但是两肩总是耸得高高，鼻尖有一些红，像酒糟的，鼻孔里常常藏着两筒清水鼻涕，不时地吸溜着，说一两句话就要用力地吸溜一声，有板有眼有节奏，也有时忘了吸溜，走了板眼，上唇上便亮晶晶地吊出两根玉箸，他用手背一抹。他常穿的是一件灰布长袍，好像是在给谁穿孝，袍子在整洁的阶段时我没有赶得上看见，余生也晚，我看见那袍子的时候即已油渍斑斓。他经常是仰着头，迈着八字步，两眼望青天，嘴撇得瓢儿似的。我很难得看见他笑，如果笑起来，是狞笑，样子更凶。

我的学校很特殊。上午的课全是用英语讲授，下午的课全是国语讲授。上午的课很严，三日一问，五日一考，不用功便要被淘汰，下午的课稀松，成绩与毕业无关。所以每到下午上国文之类的课程，学生们便不踊跃，课堂上常是稀稀拉拉的不大上座，但教员用拿毛笔的姿势举着铅笔点名的时候，学生却个个都到了，因为一个学生不只答一声"到"。真到了的学生，一部分从事午睡，微发鼾声，一部分看小说如《官场现形记》《玉梨魂》之类，一部分写"父母亲大人膝下"式的家书，一部分干脆瞪着大眼发呆，神游八表。有时候逗先生开玩笑。国文先生呢，大部分都是年高有德的，不是榜眼，就是探花，再不就是举人。他们授课也不过是奉行故事，乐得敷敷衍衍。在这种糟糕的情形之下，徐老先生之所以凶，老是绷着脸，老是开口就骂人，我想大概是由于正当防卫吧。

有一天，先生大概是多喝了两盅，摇摇摆摆地进了课堂。这一堂是作文，他老先生拿起粉笔在黑板上写了两个字，题目尚未写完，当然照例要吸溜一下鼻涕，就在这吸溜之际，一位性急的同学发问了："这题目怎样讲呀？"老先生转过身来，冷笑两声，勃然大怒："题目还没有写完，写完了当然还要讲，没写完你为什么就要问？……"滔滔不绝地吼叫起来，大家都为之愕然。这时候我可按捺不住了。我一向是个上午捣乱下午安分的学生，我觉得现在受了无理的侮辱，我便挺身分辩了几句。这一下我可惹了祸，老先生把他的怒火都泼在我的头上了。他在讲台上来回踱着，吸溜一下鼻涕，骂我一句，足足骂了我一个钟头，其中警句甚多，我至今还记得这样的一句：

"×××！你是什么东西？我一眼把你望到底！"

这一句颇为同学们所传诵。谁和我有点争论遇到纠缠不清的时候，都会引用这一句——"你是什么东西？我一眼把你望到底！"当时我看形势不妙，也就没有再多说，让下课铃结束了先生的怒骂。

但是从这一次起，徐先生算是认识我了。酒醒之后，他给我批改作文特别详尽。批改之不足，还特别地当面加以解释，我这一个"一眼望到底"的学生，居然成为一个受益最多的学生了。

徐先生自己选辑教材，有古文，有白话，油印分发给大家。《林琴南致蔡子民书》是他讲得最为眉飞色舞的一篇。此外如吴敬恒的《上下古今谈》，梁启超的《欧游心影录》，以及张东荪的时事新报社论，他也选了不少。这样新旧兼收的教材，在当时还是很难得的开通榜样。我对于国文的兴趣因此而提高了不少。徐先生讲国文之前，先要介绍作者，而且介绍得很亲切，例如，他讲张东荪的文字时，便说："张东荪这个人，我倒和他一桌吃过饭……"这样的话是相当可以使学生们吃惊的，吃惊的是，我们的国文先生也许不是一个平凡的人吧，否则怎样能够和张东荪一桌上吃过饭！

徐先生于介绍作者之后，朗诵全文一遍。这一遍朗诵可很有意思。他打着江北的官腔，咬牙切齿地大声读一遍，不论是古文或白话，一字不苟地吟咏一番，好像是演员在背台词，他把文字里蕴藏着的意义好像都给宣泄出来了。他念得有腔有调，有板有眼，有情感，有气势，有抑扬顿挫，我们听了之后，好像是已经领会到原文意义的一半了。好文章掷地做金石声，那也许是过分夸张，但必须可以朗朗上口，那却是真的。

徐先生之最独到的地方是改作文。普通的批语"清通""尚可""气盛言宜"，他是不用的。他最擅长的是用大墨杠子大勾大抹，一行一行地抹，整页整页地勾；洋洋千余言的文章，经他勾抹之后，所余无几了。我初次经此打击，很灰心，很觉得气短，我掏心挖肝地好容易诌出来的句子，轻轻地被他几杠子就给抹了。但是他郑重地给我解释一会儿，他说："你拿了去细细地体味，你的原文是软趴趴的，冗长，懈啦咣唧的，我给你勾掉了一大半，你再读读看，原来的意思并没有失，但是笔笔都立起来了，虎虎有生气了。"我仔细一揣摩，果然。他的大墨杠子打得是地方，把虚泡囊肿的地方全削去了，剩下的全是筋骨。在这删削之间见出他的功夫。如果我以后写文章还能不多说废话，还能有一点点硬朗挺拔之气，还知道一点"割爱"的道理，就不能不归功于我这位老师的教诲。

徐先生教我许多作文的技巧。他告诉我："作文忌用过多的虚字。"该转的地方，硬转；该接的地方，硬接。文章便显着朴拙而有力。他告诉我，文章的起笔最难，要突兀矫健，要开门见山，要一针见血，才能引人入胜，不必兜圈子，不必说套语。他又告诉我，说理说至难解难分处，来一个譬喻，则一切纠缠不清的论难都迎刃而解了，何等经济，何等手腕！诸如此类的心得，他传授我不少，我至今受用。

我离开先生已将近五十年了，未曾与先生一通音讯，不知他云游何处，听说他已早归道山了。同学们偶尔还谈起"徐老虎"，我于回忆他的音容之余，不禁还怀着怅惘敬慕之意。

酒中八仙

——记青岛旧游

　　杜工部早年写过一首《饮中八仙歌》，章法参差错落，气势奇伟绝伦，是一首难得的好诗。他所谓的饮中八仙，是指他记忆所及的八位善饮之士，不包括工部本人在内，而且这八位酒仙并不属于同一辈分，不可能曾在一起聚饮。所以工部此诗只是就八个人的醉趣分别加以简单描述。我现在所要写的酒中八仙是民国十九到二十三年间我的一些朋友，在青岛大学共事的时候，在一起宴饮作乐，酒酣耳热，一时忘形，乃比附前贤，戏以八仙自况。青岛是一个好地方，背山面海，冬暖夏凉，有整洁宽敞的市容，有东亚最佳的浴场，最宜于家居。唯一的缺憾是缺少文化背景，情调稍嫌枯寂。故每逢周末，辄聚饮于酒楼，得放浪形骸之乐。

　　我们聚饮的地点，一个是山东馆子顺兴楼，一个是河南馆子厚德福。顺兴楼是本地老馆子，属于烟台一派，手艺不错，最拿手的几样菜如爆双脆、锅烧鸡、尒西施舌、酱汁鱼、烩鸡皮、拌鸭掌、黄鱼水饺……都很精美。山东馆子的跑堂一团和气，应对之间不失分际。对待我们常客自然格外周到。厚德福是新开的，只因北平厚德福饭庄老掌柜陈莲堂先生听我说起青岛市面不错，才派了他的长子陈景裕和他的高徒梁西臣到青岛来开分号。我记得我们出去勘察市面，顺便在顺兴楼午餐，伙计看到我引来两位生客，一身油泥，面带浓厚的生意人气息，心里就已起疑。梁西臣点菜，不假思索一口气点了四菜一汤，炒辣子鸡（去骨）、炸肫（去里儿）、清炒虾仁……伙计登时感到来了行家，立即请掌柜上楼应酬，恭恭敬敬地问："请问二位宝号是在哪里？"我们乃以实告。此后这两家饭馆被公认为是当地巨擘，不分瑜亮。厚德福自有一套拿手，例如，清炒或黄焖鳝鱼、瓦块鱼、鱿鱼卷、琵琶燕菜、铁锅蛋、核桃腰、红烧猴头……都是独门手艺，而新学的焖炉烤鸭也是别有风味的。

　　我们轮流在这两处聚饮，最注意的是酒的品质。每夕以罄一坛为度。两个工人抬三十斤花雕一坛到二、三楼上，当面启封试尝，微酸尚无大碍，最忌的是带有甜意，有时要换两三坛才得中意。酒坛就放在桌前，我们自行舀取，以为那才尽兴。我们喜欢用酒碗，大大的浅浅的，一口一大碗，痛快淋漓。对于菜肴我们不大挑剔，通常是一桌整席，但是我们也偶尔别出心裁，例如，普通以四个双拼冷盘开始，我有一次做主换成二十四个小盘，把圆桌面摆得满满的，要精致，要美观。有时候，尤其是在夏天，四拼盘换为一大盘，把大乌参切成细丝放在冰箱里冷藏，上桌时浇上芝麻酱三合油和大量的蒜泥，是一个很受欢迎的冷荤，比拌粉皮高明多了。吃铁锅蛋时，赵太侔建议外加一元钱的美国干酪（cheese），切成碎末打搅在内，果然气味浓郁不同寻常，从此成为定例。酒醋饭饱之后，常是一大碗酸辣鱼汤，此物最能醒酒，好像宋江在浔阳楼上酒醉题反诗时想要喝的就是这一味汤了。

酒从六时喝起，一桌十二人左右，喝到八时，不大能喝酒的三五位就先起身告辞，剩下的八九位则是兴致正豪，开始宽衣攘臂，猜拳行酒。不作拇战，三十斤酒不易喝光。在大庭广众的公共场所，扯着破锣嗓子"鸡猫子喊叫"实在不雅。别个房间的客人都是这样放肆，入境只好随俗。

这一群酒徒的成员并不固定，四年之中也有变化，最初是闻一多环顾座上共有八人，一时灵感，遂曰："我们是酒中八仙！"这八个人是，杨振声、赵畸、闻一多、陈命凡、黄际遇、刘康甫、方令孺和区区我。既称为仙，应有仙趣，我们只是沉湎曲乐的凡人，既无仙风道骨，也不会白日飞升，不过大都端起酒杯举重若轻，三斤多酒下肚尚能不及于乱而已。其中大多数如今皆已仙去，大概只有我未随仙去落人间。往日宴游之乐不可不记。

杨振声字金甫，后嫌金字不雅，改为今甫，山东蓬莱人，比我大十岁的样子。五四初期，写过一篇中篇小说《玉君》，清丽脱俗，惜从此搁笔，不再有所著作。他是北大国文系毕业，算是蔡孑民先生的学生。青岛大学筹备期间，以蔡先生为筹备主任，实则今甫独任艰巨。蔡先生曾在大学图书馆侧一小楼上偕眷住过一阵，为消暑之计。国立青岛大学门口的竖匾，就是蔡先生的亲笔。胡适之先生看见了这个匾对我们说，他曾问过蔡先生："凭先生这一笔字，瘦骨嶙峋，在那时代殿试大卷讲究黑大圆光，先生如何竟能点了翰林？"蔡先生从容答道："也许那几年正时兴黄山谷的字吧。"今甫做了青岛大学校长，得到蔡先生写匾，是很得意的一件事。今甫身材修伟，不愧为山东大汉，而言谈举止蕴藉风流，居恒一袭长衫，手携竹杖，意态潇然。鉴赏字画，清谈亹亹。但是一杯在手则意气风发，尤嗜拇战，入席之后往往率先打通关一道，音容并茂，咄咄逼人。赵瓯北有句："骚坛盟敢操牛耳，拇阵轰如战虎牢。"今甫差足以当之。

　　赵畸，字太侔，也是山东人，长我十二岁，和今甫是同学。平生最大特点是寡言笑。他可以和客相对很久很久一言不发，使人莫测高深。我初次晤见他是在美国波士顿，时民国十三年夏，我们一群中国学生排演《琵琶记》，他应邀从纽约赶来助阵。他未来之前，闻一多先即有函来，说明太侔之为人，犹金人之三缄其口，幸无误会。一见之后，他果然是无多言。预演之夕，只见他攘臂挽袖，运斤拉锯制作布景，不发一语。莲池大师云："世间酽醯酮醴，藏之弥久而弥美者，皆緣封锢牢密不泄气故。"太侔就是才华内蕴而封锢牢密。人不开口说话，佛亦奈何他不得。他有相当酒量，也能一口一大盅，但是他从不参加拇战。他写得一笔行书，绵密有致。据一多告我，太侔本是一个衷肠激烈的人，年轻的时候曾经参加革命，掷过炸弹，以后竟变得韬光养晦沉默寡言了。我曾以此事相询，他只是笑而不答。他有妻室儿子，他家住在北平宣外北椿树胡同，他秘不告人，也从不回家，他甚至原籍亦不肯宣布。庄子曰："畸人者，畸于人而侔于天。"疏曰："畸者不耦之名也，修行无有，而疏外形体，乖异人伦，不耦于俗。"怪不得他名畸字太侔。

　　闻一多，本名多，以字行，湖北蕲水人，是我清华同学，高我两级。他和我一起来到青岛，先赁居大学斜对面一座楼房的下层，继而搬到汇泉海边一座小屋，后来把妻小送回原籍，住进教职员第八宿舍，两年之内三迁。他本来习画，在芝加哥作素描一年，在科罗拉多习油画一年，他得到一个结论：中国人在油画方面很难和西人争一日之长短，因为文化背景不同。他放弃了绘画，专心致力于我国古典文学之研究，至于废寝忘食，埋首于故纸堆中。这期间他有一段恋情，因此写了一篇相当长的白话诗，那一段情没有成熟，无可奈何地结束了，而他从此也就不再写诗。他比较器重的青年，一个是他国文系的学生臧克家，一个是他国文系助教陈梦家。这两位都写新诗，都得到一多的鼓励。一多的生活苦闷，于是也就爱上了酒。他酒量不大，而兴致高。常对人吟叹"名士不必须奇才，但使常得无事，痛饮酒，熟读《离骚》，便可称名士"。他一日薄醉，冷风一吹，昏倒在尿池旁。

陈命凡，字季超，山东人，任秘书长，精明强干，为今甫左右手。划起拳来，出手奇快，而且嗓音响亮，往往先声夺人，常自诩为山东老拳。关于拇战，虽小道亦有可观。民国十五年，我在国立东南大学教书，同事中之酒友不少，与罗清生、李辉光往来较多，罗清生最精于猜拳，其术颇为简单，唯运用纯熟则非易事。据告其诀窍在于知己知彼。默察对方惯有之路数，例如，一之后常为二、二之后常为三，余类推。同时变化自己之路数，不使对方捉摸。经此指点，我大有领悟。我与季超拇战常为席间高潮，大致旗鼓相当，也许我略逊一筹。

刘本钊，字康甫，山东蓬莱人，任会计主任，小心谨慎，恂恂君子。患严重耳聋，但亦嗜杯中物。因为耳聋关系，不易控制声音大小，拇战之时呼声特高，而对方呼声，他不甚了了，只消示意令饮，他即听命倾杯。一九四九年来台，曾得一晤，彼时耳聋益剧，非笔谈不可。

方令孺是八仙中唯一女性，安徽桐城人，在国文系执教兼任女生管理。她有咏雪才，惜遇人不淑，一直过着独身生活。台湾洪范书店曾搜集她的散文作品编为一集出版，我写了一篇短序。在青岛她居留不太久，好像是两年之后就离去了。后来我们在北碚异地重逢，比较往还多些。她一向是一袭黑色旗袍，极少的时候薄施脂粉，给人一派冲淡朴素的印象。在青岛期间，她参加我们轰饮的行列，但是从不纵酒，刚要"朱颜酡些"的时候就停杯了。数十年来我没有她的消息，只是在一九六四年七月七日《联合报》"幕前冷语"里看到这样一段简讯：

> 方令孺皤然白发，早不执教复旦，在那血气方刚的红色路上漫步，现任浙江作者协会主席，忙于文学艺术的联系工作。

老来多梦，梦里河山是她私人嗜好的最高发展，跑到砚台山中找好砚去了，因此梦中得句，写在第二天的默忆中："诗思满江国，涛声夜色寒，何当沽美酒，共醉砚台山。"

　　这几句话写得迷离惝恍，不知砚台山寻砚到底是真是幻。不过诗中有"何当沽美酒"之语，大概她还未忘情当年酒仙的往事吧。如今若是健在，应该是八十岁以上的人了。

　　黄际遇，字任初，广东澄海人，长我十七八岁，是我们当中年龄最大的一位。他做过韩复榘主豫时的教育厅长，有宦场经验，但仍不脱名士风范。他永远是一件布衣长袍，左胸前缝有细长的两个布袋，正好插进两根铅笔。他是学数学的，任理学院长，闻一多离去之后兼文学院长。嗜象棋，曾与国内高手过招，有笔记簿一本置案头，每次与人棋后辄详记全盘着数，而且能偶然不用棋盘棋子，凭口说进行棋赛。又治小学，博闻多识。他住在第八宿舍，有潮汕厨师一名，为治炊膳，烹调甚精。有一次约一多和我前去小酌，有菜二色给我印象甚深，一是白水氽大虾，去皮留尾，氽出来虾肉白似雪，虾尾红如丹；一是清炖牛鞭，则我未愿尝试。任初每日必饮，宴会时拇战兴致最豪，嗓音尖锐而常出怪声，狂态可掬。我们饮后通常是三五辈在任初领导之下去做余兴。任初在澄海是缙绅大户，门前横匾大书"硕士第"三字，雄视乡里。潮汕巨商颇有几家在青岛设有店铺，经营山东土产运销，皆对任初格外敬礼。我们一行带着不同程度的酒意，浩浩荡荡地于深更半夜去敲店门，惊醒了睡在柜台上的伙计们，赤身裸体地从被窝里钻出来（北方人虽严冬亦赤身睡觉）。我们一行一溜烟地进入后厅。主人热诚招待，有娈婉小童伺候茶水兼代烧烟。先是以工夫茶飨客，红泥小火炉，炭火煮水沸，浇灌茶具，以小盅奉茶，三巡始罢。然后主人肃客登榻，一灯如豆，有兴趣者可以短笛无腔信口吹，亦可突突突突有板有眼。俄而酒意已消，乃称谢而去。任初有一次回乡过年，带回潮州蜜柑一篓，我分得六枚，皮薄而松，肉甜而香，生平食柑，其美无过于此者。抗战时任初避地赴桂，胜利还乡，乘舟沿西江而下，一夕在船上如厕，不慎滑落江中，月黑风高，水深流急，遂遭没顶。

　　酒中八仙之事略如上述。民国二十一年青岛大学人事上有了变化。为了"九一八"事件全国学生罢课纷纷赴南京请愿要求对日作战，青岛大学的学生当然亦不后人，学校当局阻止无效。事后开除为首的学生若干，遂激起学生驱逐校长的风潮。今甫去职，太侔继任。一多去了清华。决定开除学生的时候，一多慷慨陈词，声称是"挥泪斩马谡"。此后二年，校中虽然平安无事，宴饮之风为之少刹。偶然一聚的时候有新的分子参加，如赵铭新、赵少侯、邓初等。我在青岛的旧友不止此数，多与饮宴无关，故不及。

辜鸿铭先生逸事

辜鸿铭先生以茶壶譬丈夫，以茶杯譬妻子，故赞成多妻制，诚怪论也。

先生之怪论甚多，常告人以姓辜之故，谓始祖宴为罪犯。又言始祖犯罪，不足引以为羞；若数典忘祖，方属可耻云。

先生深于英国文学之素养。或叩以养成之道，曰：先背熟一部名家著作做根基。又言今人读英文十年，开目仅能阅报，伸纸仅能修函，皆由幼年读一猫一狗式之教科书，是以终其身只有小成。先生极赞成中国私塾教授法，以开蒙未久，即读四书五经，尤须背诵如流水也。

先生之书法，极天真烂漫之致，别字虽不甚多，亦非极少。盖先生生于异国，学于苏格兰，比壮年入张之洞幕，始沉潜于故邦载籍云。

先生好选《诗经》中成句，译英文诗，虽未能天衣无缝，亦颇极传神之妙，惜以古衣冠加于无色民族之身上耳，先生以"情"译poetry，以"理"译philosophy，以"事"译history，以"物"译science，以"阴阳"译physic，以"五行"译chemistry，以"红福"译Juno，以"清福"译Minerva，以"艳福"译Venus，于此可见其融合中外之精神。

先生喜征逐之乐，顾不修边幅，既垂长辫，而枣红袍与天青褂上之油腻，尤可鉴人，粲者立于其前，不须揽镜，即有顾影自怜之乐。先生对于妓者颇有同情，恒操英语曰：prostitute者，destitute也。（意谓卖淫者卖穷也。）

先生多情而不专，夫人在一位以上。尝娶日妇，妇死哭之悲，悼亡之痛，历久不渝。先生尝患贫，顾一闻丐者呼号之声，立即拔关而出，界以小银币一二枚，勃谿之声，尝因之而起。

先生操多种方言，通几国文字；日之通士，尤敬慕先生，故日本人所办之英文报纸，常发表先生忠君爱国之文字。文中畅引中国经典，滔滔不绝，其引文之长，令人兴喧宾夺主之感，顾趣味弥永，凡读其文者只觉其长，并不觉其臭。

谈 徐 志 摩

一

一九三二年十一月的一晚，我的青岛鱼山路四号的寓所有敲门声，时已十一点多，我已入睡，季淑说："这样晚还有客来？"我披衣下楼，原来是杨今甫（振声）先生派人送信来。纸条上写着："请示志摩沪寓地址。"我觉得奇怪，志摩时而在北平，时而在上海，但是多半时候是在北平，要他的上海住址做什么呢？我在条上批写"上海福煦路新村×号"，上楼重复入寝。

第二天早晨，到青岛大学去上课，课毕踱到楼上校长室，想问个究竟。王秘书在外间办公，面对着窗，我没和他打招呼，一直冲进内间，今甫的脸色很严肃，这一回没有笑脸相迎，坐在转椅上发愣。他说："你知道了吗，志摩死啦！"这真是晴天霹雳，我怔住了。我那时是个三十岁的人，从来没想到过"死"，而像志摩那样一个生龙活虎般的人如何能和"死"联在一起？

今甫说，他接到济南何仙槎厅长的电报，电文很简略，只是说："志摩乘飞机在开山失事，速示其沪寓地址。"飞机失事，当然乘客没有幸理。志摩已死，是一定的了。这消息很快地散布开，闻一多、赵太侔都来了，相顾愕然，无话可说。一阵惊骇的寂静过去，我们商量应该做些什么事。最后决定由沈从文赶赴济南探询一切。

沈从文一向受知于徐志摩。从北平晨报副刊投稿起，后来在上海《新月》杂志长期撰稿，以至最后被介绍到青岛大学教国文，都是志摩帮助推毂。所以志摩死耗给他的打击是相当沉重的。沈从文一声不响地立刻就到济南去了。他在济南盘旋了好几天，直等到志摩尸体运走安葬一切办完之后才回青岛。他有信给今甫报告详情。志摩是由沪搭飞机回北平，到泰山南一带，遇雾，误触开山山头，机身破毁，滚落于山脚之下，当即起火，志摩头部撞一巨洞，手足烧焦，为状至惨。何仙槎先生料理后事，最为出力。

提起志摩坐飞机，我就想起他与我的一次谈话。他说："实秋，你坐过飞机没有？"我说我没有坐过，一来没有机会，二来没有必要，三来也太贵。"喂，你一定要试试看，哎呀，太有趣，御风而行，平稳之至，在飞机里可以写稿子。自平至沪，比朝发夕至还要快，北平吃早点，到上海吃午饭。太好。"在那时候，航空事业还不发达，一般人坐不起，同时也视为畏途，志摩飞来飞去，在一般文人里可谓开风气之先。但其中也是机缘凑巧。志摩有个朋友在航空公司（保君建），知道志摩在平沪两地经常奔波，便送了一张长期免票给他，没想到一番好意竟招致了灾祸。

为什么志摩要经常在平沪之间奔走？志摩住在上海已有好几年，起初是相当快乐的。后来朋友们纷纷都离开了上海。胡适之先生到北平做北大文学院长，胡先生是志摩的朋友，眼看着他孤零零地住在上海，而他的家庭状况又是非常不愉快，长久下去怕他要颓废，所以就劝他到北平去换换空气，在北大教书倒是次要的事。志摩身在北平，而心不能忘上海的家，月底领了薪金正好送到上海去。他经常往返平沪者以此。

志摩这一死，确实是死得不平凡。英国浪漫派诗人，如拜伦、雪莱、济慈，没有一个能享大寿。拜伦是三十六岁时死在希腊的，志摩也是三十六岁死。想他正在"乘风而行，泠然善也"的当儿，心里一定是一片宁静，目旷神怡，也许家里的尴尬事早已撇到九霄云外，也许正在写诗，蓦然间轰然一响，飞机里天翻地覆，机身打个滚，然后是一团黑烟烈火！志摩在这几秒之间，受到了致命伤，可能没有太久的苦痛而即失去知觉。这种死法，固然很惨，但从另一方面看，也可以说是轰轰烈烈的。拜伦是志摩很崇拜的一位诗人，志摩的死也可以说是拜伦式的。济慈死得更年轻。他给自己撰写的墓铭是："这里睡着一个人，他的名字是写在水上了。"志摩的名字可以说是写在一团火焰里了。

附录：一九三二年十一月二十一日《上海新闻报》

中国航空公司京平线之济南号飞机，于十九日在济南党家庄附近遇雾失事，机既全毁，机师王贯一、梁璧堂及搭客徐志摩，均同时遇难。华东社记者，昨往公司方面及徐宅访问，兹将所得汇志如后。失事情形：济南号飞机于十九日上午八时，由京装载邮件四十余磅，由飞机师王贯一、副机师梁璧堂驾驶出发，乘客仅北大教授徐志摩一人拟去北平，该机于上午十时十分飞抵徐州，十时二十分由徐继续北飞，是时天气甚佳，不料该机飞抵济南五十里党家庄附近，忽遇漫天大雾，进退俱属不能。致触山顶倾覆，机身着火，机油四溢，遂熊熊不能遏止。飞行师王贯一、梁璧堂及乘客徐志摩遂同时遇难。办理善后事：后为津浦路警发觉，当即报告该地站长，遂由站长通知公司济南办事处，再由办事处电告公司，公司于昨晨接电后，即派美籍飞行师安利生乘飞机赴京，并转津浦车往出事地点，调查真相，以便办理善后。公司方面，并通知徐宅，徐宅方面，一方面既嘱公司代为办理善后，一方面亦已由徐氏亲属张公权君派中国银行人员赶往料理一切。公司损失，济南号机为司汀逊式，于十八年蓉沪航空公司管理处时向美国购入，马力三百五十匹，速率每小时九十英里，今岁始装换新摩托，甫于二月前完竣飞驶，不意偶遇重雾，竟致失事，机件全毁，不能复事修理，损失除邮件等外，计共五万余元……徐氏上星期乘京平线飞机来沪……才五六日，以教务纷繁，即匆匆拟返，不意竟罹斯祸……徐之乘坐飞机，系公司中保君建邀往乘坐，票亦公司所赠……票由公司赠送，盖保君方为财务组主任，欲借诗人之名以做宣传，徐氏留沪者仅五日。

二

我最初看见徐志摩是在一九二二年。那是在我从清华学校毕业的前一年。徐志摩刚从欧洲回来，才名极甚。清华文学社是学生组织的团体，想请他讲演，我托梁思成去和他接洽，他立刻答应了。记得是一个秋天，水木清华的校园正好是个游玩的好去处，志摩飘然而至，白白的面孔，长长的脸，鼻子很大，而下巴特长，穿着一件绸夹袍，加上一件小背心，缀着几颗闪闪发光的纽扣，足蹬一双黑缎皂鞋，风神潇洒，旁若无人。

清华高等科的小礼堂里挤满了人，黑压压的足有二三百人，都是慕名而来的听众。与其说"听众"不如说"观众"，因为多数人是来看而不是来听的。志摩登台之后，从怀里取出一卷稿纸，有六七张，用打字机打好的，然后坐下来开始宣读他的讲稿。在宣读之前，他解释说："我的讲题是'艺术与人生'Art and Life，我要按照牛津的方式，宣读我的讲稿。"观众并没有准备听英语讲演。尤其没有准备听宣读讲稿。在牛津，学术讲演是宣读讲稿的，尤其是"诗学讲座"，像柏拉德来教授的讲演，那讲稿异常精彩，代表着多年的研究心得，讲完之后即可汇集付印成书。可是在我国情形便不同了，尽管讲者的英语发音够标准，尽管听者的了解程度够标准，但是在一般学校里尚无此种习惯。那天听众希望的是轻松有趣的讲演，至少不是英语的宣读讲稿，所以讲演一开始，后排座的听众便慢慢"开闸"。我勉强听完，但是老实讲我没有听懂他读的是什么，后来这篇讲稿经由当时在北平逗留的郁达夫之手发表在《创造季刊》的第二期上，还是英文的。我读过之后，知道那是通俗性的文章，并没有学术研究的意味，实在不必采用"牛津的方式"。无可置疑的，这一回讲演是失败的，我们都很失望。

我第二次见到志摩是在一九二六年，我刚从美国回来。是年夏，我在北平家里，接到他的一张请柬。

这张请柬很是别致，不是普通宴会的性质，署名的是志摩、小曼，小曼是谁？夏历七月七日，那不是"牛郎会织女"的日子吗？打听之后，才知道这是志摩和陆小曼订婚日的宴客。我和志摩本不熟识，我回国后在酬酢中见过几面，在我未回国前曾投寄稿子到志摩主编的晨报副刊，而最重要的一点关系是我们有几位共同的朋友，如闻一多、赵太侔、余上沅，都是先我一年回国，而且与志摩是时常过从的，所以我一回国立刻就和志摩相识。他之所以寄给我一张请柬者以此。

北海有两个好去处，一个是濠濮间，曲折自然，有雅淡之趣，只是游人多了就没意思；另一个是北海董事会，方塘里一泓清水，有亭榭，有厅堂，因对外不开放，幽静宜人。那一天，可并不静，衣香钗影，士女如云，好像有百八十人的样子。在我这一辈中，我也许是最年纪小的一个（不，有一个比我还小两岁的，那便是叶公超，当时大家都唤他为"小叶"），在这一集会中我见到许多人，如杨今甫、丁西林、任叔永、陈衡哲、陈西滢、唐有壬、邓以蛰等。我忝陪末座，却喝了不少酒。

听人窃窃私议，有人说志摩、小曼真是才子佳人，天作之合，也有人在讥讽，说小曼是有夫之妇，不该撇了她的丈夫王赓（受庆，西点毕业生），再试与有妇之夫的徐志摩结合，我的看法很简单，结婚离婚都仅是当事男女双方之事，与第三者何干？而一般人最喜欢谈论者莫过于别人的婚姻离合，可是其中的实在情形并不见得是大家所熟知的。志摩和小曼的结合，自是他一生中一件大事，其中的曲折、变化、隐情，我根本不大清楚。外面的传说，花样就多了。有些话是无中生有，有些话是事出有因，而经过播讲者加盐加醋地走了原样。现在大家一提起徐志摩，好像立刻就联想到陆小曼。直到如今，志摩已死了二十多年，最近在台北的《联合报》副刊上还看见有关他们的记载：

　　最近看到几篇关于写徐志摩和陆小曼的文章，只是都很简略。而小曼的其人其事，实在不是简略概括得了的。现在笔者把个人所知道的事，来补充一些，当不致有蛇足之讥。

　　小曼幼时，异常聪慧活泼，他的父亲陆定，字建三，原籍武进，是前清举人，因其时废除科举，他就东渡日本，入帝国大学攻读，为日本名相伊藤博文的得意门生。他与曹汝霖、袁观澜、穆湘瑶等同班毕业。回国后，由同邑翰林汪洵介绍入度支部供职，先后任参事、赋税司长等二十余年，并参加国民党为党员。小曼生于上海，仅在上海幼稚园读过几年书，到八九岁时，才随了她的母亲到北平依其父度日，可是也没有进什么学校，这时候袁项城专政，严办党人，当风声紧急时，其父还把党证等物带在身上。有一天，他照例到部里去上班，小曼便说："证章证件，带在身边，恐怕会发生危险；今天还是摘下藏在别的地方吧。"不料这天才出大门，即被警厅传去软禁，到了晚上，并来大批宪警包围寓所，搜索之余，又讯问小曼家中情形。以为在女孩子口中，容易得到真相。不料小曼态度大方，相机应对，自始至终，不露破绽；警方见查不出什么证据，把他压了三五天后即予释放。当时南北各报都谣传陆定已于某日被袁项城枪决了。

小曼十二岁的时候，一天到晚和仆女们嬉戏，父母交代些做的功课，一样也不依，其父气极，便将小曼揍了几下，她也不哭；可是从此便循规蹈矩地读起书来，再不和人家胡扯了。其父见孺子可教，乃聘英籍女教员来家，给她教授英文。因为她悟性好，又肯用功，进步之快，真有一日千里之势。到她十五六岁，英文论文，英文信札，已能意到笔随，平时手不释卷，那些名人著作，十九都已读过。同时她兼习法文，因之英法语言，都讲得流利到极点，而面目也长得越发清秀端庄，朱唇皓齿，婀娜娉婷，在北平的大家闺秀里，是数一数二的名姝。

这时候北平的外交部常常举行交际舞会，小曼是跳舞能手，假定这天舞池里没有她的倩影，几乎阖座为之不欢，中外男宾，固然为之倾倒，就是中外女宾，好像看见了她也目眩神迷，欲与一言以为快。而她的举措既得体，发言又温柔，仪态万方，无与伦比，所以向她父母亲求婚的，先后不知多少，她父母总是婉言拒绝，不肯把这一颗掌上明珠轻易许人。一九二〇年，有一位美国留学生叫王赓的（字受庆），回国不久。王本宦家子，后家道中落，才发奋出国；在美国西点大学毕业，与现在美国总统艾森豪威尔为同班同学。此人学识优长，偶有一次代外交部翻译了几件长篇文件，顿时声誉鹊起，誉为文武全才。小曼之母，认王赓为东床坦腹，虽然王赓年龄长小曼七岁，她偏说这穷小子将来有办法。毫不迟疑地便把小曼许配了他。小曼听从父母之命，闪电与王赓订了婚。所有一切结婚用费，全由小曼的母家担任。从议婚至婚期，不到一个月，便在北平海军联欢社举行礼婚。仪式甚盛，单说女傧相就有九位之多。除曹汝霖、章宗祥、叶恭绰、赵椿年的小姐之外，还有英国小姐两位。中外来宾到场观礼的，足有好几千人；车水马龙，几乎把联欢社的房屋都挤破了。北平的社会，本来十分奢华，妇女衣着用品比上海还来得考究阔绰，所以那些要去吃喜酒的，个个都特定新装，争奇斗胜；而小曼更锦上添花，中西毕备。漫说自己穿的礼服，就是傧相也代定新衣，不知绞尽了多少家时装大师的脑汁，才算勉强称意。即此一端，也就可想见当日的排场了。

可是这位新郎的学问虽然优长，而应付女性却是完全外行，他有这样漂亮太太，还是手不释卷，并不分些工夫去温存一下。他在北大执了教鞭，整日埋头苦干。当局为了给他酬用，不久便发表他做了哈尔滨警察厅长；这虽是王赓平生最得意的时期，而小曼却依然住在北京母家，只是行动之间，已不像婚前拘谨。从前和她相识的，便得了机会，拼命地向她追求，其时，徐志摩便脱颖而出。徐是浙江硖石人，父亲徐申甫，是当地首富，兼在上海经商。志摩毕业于英国剑桥大学，回国后，在北京晨报当副刊主笔，颇负文名；与小曼见过几面，老早就拜倒石榴裙下，某一次义务演剧，内有"春香闹学"一阕，志摩饰老学究，小曼饰丫鬟，曲终人散，彼此竟种下情苗。志摩更利用王赓不善奉迎的罅隙，举凡王赓之短，他必续以所长，可恨侯门似海，两人不易见面，屡次干谒，均为门者挡驾。好在钱能通神，每次竟有行赂门公五百元，而谋一晤。丫鬟们又复环侍不去，甚至把进奉的巴黎香水名贵饰物，中途都为彼辈所匿，同时小曼送出去给志摩的情书，也被她们一并没收。小曼又无法启齿，只好在半夜里写好了英文信，乘隙自去投寄。他们的交往几经波折，彼此的热情，已臻不能遏止的程度，不但为小曼父母所知道，且也为王赓所略闻了。

有一天，王赓回家忽拔出手枪威胁小曼，要叫她说出这一段事实，小曼表面上当然只有屈服，唯双方感情，从此破裂。小曼父母，深恐闹出事来，想出先把志摩的交往遮断。遂决定带小曼暂回上海家中小住，乃相率南下；不料火车刚到上海北站，小曼等在这节车厢下车，而志摩亦在另节车厢下车。同行的家人，只有面面相觑。后来因小曼过不惯上海的生活，急欲北上。王赓在这一时期，也谋到了孙传芳五省联军总司令部参谋长一席，立时要去到差。小曼便跟母亲，又到北平。亲友们已知道她与志摩的关系，都认为与其将来麻烦，倒不如早些离异。而王赓到差未久，亦为小曼逾闲而搞得神魂颠倒，经办的一件军火大事，几乎出了岔子。后虽苟全生命，但已焦头烂额失脸抛官。此人亦有自知之明，他每说"小曼这种人才，与我是齐大非偶的"；所以回到北平，立时与小曼办好离婚手续，并面对志摩说："我们大家是知识分子，我纵和小曼离了婚，内心并没有什么成见；可是你此后对她务必始终如一，如果你三心两意，给我知道，我定以激烈手段相对的。"其内心之痛苦，也就可想而知了。一二八之役，国军已与日军接触，当局为慎重计，又派王赓到上海视察，他又没有办得好，几乎获罪。到抗战中期，他奉命参加中国派往美国的军事代表团，与熊式辉等联袂赴美途中病殁于开罗。

徐志摩是使君有妇的人，不但有妻，且已有子，他的前妻便是上海银行界鼎鼎大名并在政治舞台上煊赫一时的张嘉璈之妹。但到了此时，也只好狠狠心肠，与前妻仳离。志摩之父气愤之余，从此就吃了长斋，不再过问其事。

志摩各方面安排妥当，即与小曼举行婚礼，并请梁任公为证婚人。梁是志摩的老师，在婚礼进行中，他引经据典地大训大骂，志摩自然听得面红耳赤，就是旁人也觉得不好意思，同时均认为任公在这大庭广众之间发这一套威风未免过火。志摩只好忍着惭怍，亲自趋前，向老师服罪，并觳觫地说："请老师不要再讲下去了，顾全弟子一点面子吧。"梁听了这话，大概也觉得讲得过于不堪，也就趁此收煞。只是当天的婚礼状况，比之小曼与王赓婚礼，也不知道冷落了多少倍。好在一对新夫妇本来不过格于大礼，不能不举行这一个仪式，所以婚期一过，立时夫唱妇随地到上海去度蜜月。志摩好似舞台上的小丑，凡是小曼所喜欢的，固然唯命是从，就是小曼目使颐令只要他能力所及，就是肝脑涂地，也在所不惜。

小曼养尊处优。在北平就是出了名会花钱的小姐，既嫁志摩之后依然不事收敛，志摩只图娇妻心喜，当然也不肯稍有拂逆，向肩膀上负担，不由不一天天地加重起来。不久以后，志摩便在上海光华大学教授英文，同时在法租界花园别墅租好一座精致房屋，接小曼居住。行有余力，又赶写些诗文来换钱,一月所获,至少也有一千多元,而仍不敷日常所需与小曼的挥霍。亲戚朋友,都知道他入不敷出,同情他自己节俭,而太太会花钱。在北平的胡适博士,便邀他仍行北上,兼任他事,以增加收入。志摩为争取时间,即买好中国航空公司班机票,以便乘飞机往返。不料竟在济南上空的大雾中,误触高山,使这位年仅三十六岁近代数一数二的大诗人,与世长辞,这是大家所哀悼的。

小曼在未结婚前,上海已誉为交际花。后随志摩到沪,更是名满江南。当时有些阔太太,为募捐赈济而演义务戏,曾亲自登门,请她出来帮忙。首次出演于恩派亚大戏院,小曼先演昆戏中之《思凡》,后与江小鹣、李小虞合演《汾河湾》为大轴。嗣又在卡尔登大戏院演《玉堂春》,并与唐瑛等合演《贩马记》。在上海上流社会中,无分男女,闻小曼之名咸欲一睹颜色以为荣,而且每次义演,尽管有多少位名票在前,也必推她压轴,其实她于平剧一道,并无真实功夫,仅是在北平拾到一点牙慧,既没拜过老师,又没做过票友,这总是因生得漂亮,艳名轰传,先声夺人。唯她喜欢平剧倒是真事,尤喜欢捧坤伶,先后有小兰芬、容丽娟及马艳秋、马艳云姐妹,花翠兰、花玉兰姐妹,姚玉英、姚玉兰姐妹,袁美云、袁汉云姐妹等多人,均受过她的扶掖。其中马艳云、姚玉兰、袁美云,几乎全是她捧红的。她平日泼撒已惯,对于捧角,更是一掷千金,毫无吝啬。

她曾与唐瑛等在上海合资开过云裳服装公司,花样翻新,大多出自小曼的设计。她也喜欢绘事,曾师事贺天健。今日台湾,还有与她曾共砚席,研究丹青的人在。她十几岁时,便爱好音乐,其父为她请了一位英国音乐教师,在家中练习了多年,她很聪慧,所以有名乐章,十九都甚娴熟;故在志摩死后,她的胞弟效冰即很诚挚地对她说:"你的品貌、学问、才干、声誉,没一样不出人头地,为什么不贡献给社会?也等于散散心,免得郁郁寡欢。而且知道你的人太多,他们将欢迎之不暇,也不会使你委屈,而你还是名利双收。"小曼听了,只淡淡地答着说:"第一我不喜欢虚荣;第二我不会服侍人家。"盖其时已染有毒嗜，已渐入堕落之途。

王赓病殁开罗之后，他还有慈母在堂，王赓之妹，就是游弥坚的太太，因之这位老太太，便依其幼女度日。别的文章上说，志摩与小曼结婚时候，王赓曾在场做伴郎，引为笑话。其实，小曼的半生也就尽够戏剧化的了，如若把她编作电影的脚本，也是老少咸宜的一阕好戏，王赓虽称大度，却还不致在这一出戏中变成丑角的。

此文作者磊庵先生不知是谁，文中所记大致不错，也有些琐节不大正确，例如，上海的云裳公司根本与陆小曼无关，那是志摩的前夫人张幼仪女士创设主持的。我无意于此考证此文之疵缪，所以亦不必多赘。不过梁任公先生在证婚时把新郎新娘大骂一顿倒是真有其事，我是从瞿菊农先生听说的，他说任公先生那天声色俱厉，骂得志摩抬不起头，观礼的人也都为之大窘，其实任公先生事前已得志摩同意，要在士众面前以严师的姿态痛责他一番。"徐志摩，你这个人性情浮躁，所以在学问方面没有成就，你这个人用情不专，以至于离婚再娶……以后务要痛改前非，重新做人！"这些话骂得对，只有梁任公先生可以这样骂他，也只有徐志摩这样一个学生梁任公先生才肯骂。这真是别开生面的一场证婚。

志摩的婚姻问题还不这样简单。他和他的第一位夫人离婚，可是离婚之后还维持着相当好的友谊关系。这位原配张幼仪女士是张君劢、张嘉璈先生的胞妹，我在一九二六年夏天回国在上海访张嘉铸（禹九）先生未遇，听见楼上一位女士吩咐工友的声音："问清楚是找谁的，若是找八爷的，我来见。"我这是第一次见到这位二小姐。她是极有风度的一位少妇，朴实而干练，给人极好的印象。她在上海静安寺路开设云裳公司，这是中国第一个新式的时装公司，好像江小鹣先生在那里帮着设计，营业状况盛极一时，我带着季淑在那里做过一件大衣。在这期间，她住在海格路范园四号，在那里我常看见志摩出出进进，二小姐对他依然是嘘寒问暖，没有任何芥蒂的样子，大家都佩服她落落大方的态度。她有一个儿子，乳名叫阿欢，学名叫积锴，字如孙，长得和志摩一模一样，长长的脸尖下巴。阿欢现已长大成人，在美国，并且也娶妻生子了，这是我前年听胡适之先生说的。志摩的尊翁好像是一直把张二小姐视为他家的少奶奶，对于陆小曼似乎是抱着一种不承认态度。徐先生有时候也住在范园。志摩死后，张二小姐在上海曾任女子储蓄银行总经理，有一次路过青岛还来看过我。大陆解放后她在香港寓居，前几年报载她得她儿子的同意和一位旅居香港的中医某先生结婚了。凡是认识她的人没有不敬重她的，没有不祝福她的。她没写过文章，她没做过宣传，她没说过怨怼的话，她沉默坚强地度过她的岁月，她尽了她的责任，对丈夫的责任，对夫家的责任，对儿子的责任，然后她在自己的晚年寻得一个归宿。凡是尽了责任的人，都值得令人敬重。

三

徐志摩，名章垿，以字行，浙江硖石人。初就读于硖石开智学堂，十五岁入杭州府中学，后改名为杭州一中。他在二十岁的时候与张幼仪女士结婚于硖石。翌年入北京大学。

在北京大学，志摩读了两年书，于一九一八年到美国入克拉克大学社会学系。在途中志摩撰写了一文致诸亲友，充分表现了少年徐志摩的抱负，文曰：

> 诸先生既祖饯之，复临送之，其惠于摩者至，抑其期于摩者深矣。窃闻之，谋不出几席者，忧隐于眉睫，足不逾闾里者，知拘于蓬蒿。诸先生于志摩之行也，岂不曰国难方兴，忧心如捣，室如悬磬，野无青草，嗟尔青年，维国之宝，慎尔所习，以骍我脑。诚哉，是摩之所以引惕而自励也。传曰：父母在，不远游。今弃祖国五万里，违父母之养，入异俗之城，舍安乐而耽劳苦，固未尝不痛心欲泣，而卒不得已者，将以忍小剧而克大绪也。耻德业之不立，遑恤斯须之辛苦，悼邦国之殄瘁，敢恋晨昏之小节，刘子舞剑，良有以也，祖生击楫，岂徒然哉？唯以华夏文物之邦，不能使有志之士，左右逢源，至于跋涉间关，乞他人之糟粕，做无惭之妄想，其亦可悲而可悯矣。垂髫之年，辄抵掌慷慨，以破浪乘风为人生至乐，今日出海以来，身之所历，目之所触，皆足悲

哭呜咽，不自知涕之何从也，而何有于乐？我国自戊戌政变，渡海求学
者，岁积月增，比其返也，与闻国政者有之，置身实业者有之，投闲置
散者有之。其上焉者，非无宏才也，或蔽于利。其中焉者，非无积学
也，或绌于用。其下焉者，非鮒涸无援，即枉寻直尺。悲夫！是国之宝
也，而颠倒错乱若是。岂无志士，曷不急起直追，取法意大利之三杰，
而犹徘徊因循，岂待穷途日暮而后奋博浪之椎，效韩安之狙，须知世杰
秀夫不得回珠崖之飓，哥修士哥不获续波兰之祀，所谓青年爱国者何
如？尝试论之：夫读书至于感怀国难，决然远迈，方其浮海而东也，岂
不慨然以天下为己任，及其足履目击，动魄刿心，未尝不握拳呼天，油
然发其爱国之忱，其竟学而归，又未尝不思善用其所学，以利导我国
家。虽然，我徒见其初而已，得志而后，能毋徇私营利，犯天下之大不
韪者鲜为国宝者，咻咻乎不举其国而售之不止。即有一二英俊不诎之
士，号呼奔走，而大厦将倾，固非一木所能支，且社会道德日益滔滔，
庸庸者流引鸩自绝，而莫之止，虽欲不死得乎？窃以是窥其隐矣。游学
生之不竟，何以故？以其内无所确持，外无所信约。人非生而知之，固
将困而学之也。内无所持，故怯，故蔽，故易诱，外无所约，故贪，故
谲，故披猖，怯则畏难而耽安，蔽则蒙利而蔑义，易诱则天真日汨，嗜
欲日深，腐于内则溃其皮，丧其本，斯败其行，贪以求，谲以伎，放行
无忌，万恶骈生，得志则祸天下，委伏则乱乡党，如水就下，不得其道
则泛滥横溢，势也，不可得而御也。如之何则可，曰：疏其源，导其
流，而水为民利矣。我故曰：必内有所确持，外有所信约者，此疏导之
法也。庄生曰："内外捷。"朱子曰："内外交养。"皆是术也。确持
奈何？言致其诚，习其勤，言诚自不欺，言动自夙兴，庄敬笃励，意趣
神明，志足以自固，识足以自察，恒足以自立，若是乎，金石可穿，鬼
神可格，物虽欲厉之，容可得乎！信约奈何？人之生地，必有严师友督
饬之，而后能规化于善。圣人忧民生之无度也，为之礼乐以范之，伦常
以约之，方今沧海横流之际，固非一二人之力可以排算砥柱，必也集同
志，严誓约，明气节，革弊俗，积之深，而后发之大，众志成城，而后

可以有为于天下，若是乎，虽欲为不善，而势有所不能，而况益之以内养之功，光明灿烂，蔚为世表，贤者尽其才，而不肖者止于无咎，拔乾反正，雪耻振威，其在斯乎？其在斯乎？或曰：子言之易欤，行子之大者有之而未成也，奈何？然则必其持之未确也，约之未信也，偏于内则俭，骛于外则紊，世有英彦，必证吾言。况今日之世，内忧外患，志士贵兴，所谓时势造英雄也。时乎时乎，国运以苟延也今日，作波韩之续也今日，而今日之事，吾属青年实负其责，勿以地大物博，妄自夸诞，往者不可追，来者犹可谏。夫朝野之醉生梦死，固足自亡绝，而况他人之鱼肉我耶？志摩满怀凄怆，不觉其言之冗而气之激，瞻彼弁髦，惄如搗兮，有不得一吐其愚以商榷于我诸先进之前也。摩少鄙，不知世界之大，感社会之恶流，几何不丧其所操，而入醉生梦死之途，此其自为悲怜不暇，故益自奋勉，将悃悃愊愊致其忠诚，以践今日之言，幸而有成，亦所以答诸先生期望之心于万一也。

八月三十一日徐志摩在太平洋舟中记

这是少年徐志摩初出国门时的心情！爱国之心溢于言表，在文章上在思想上都可以看出梁任公先生的影响，这时候志摩是刚刚拜在任公先生门下，他对任公先生是极为崇拜的。老实讲，那一时代的青年，谁又不崇拜任公先生？我把这一篇文章全部引录在此，因为这是青年徐志摩最好的一幅自画像，而一般谈论徐志摩的人往往忽略了这一段。

志摩的原籍浙江硖石，是一个镇，在沪杭铁路线上。我每次乘车经过那里，只看见车站的背景有一段矮矮的乱石堆砌的山，似乎没有什么风景。我曾想，诗人从小居留的地方一定也有异于寻常的特点，"怪来诗思清入骨，门对寒流雪满山"好像是咏叹岑嘉州的句子，志摩的生身地谅必也风景不恶。我曾屡次对志摩提议，什么时得便陪我们到硖石一游，他很欣然应诺，但是始终没有实践诺言。志摩是个慷慨好客的人，我们大家都忙，如果催他一下，他一定会约我们去小做勾留，也许那地方无甚可观，所以就提不起兴趣。《志摩日记》一三七页有这样的一段：

　　首次在沪杭道上看见黄熟的稻田与错落的村舍，在一碧无际的天空下静着，不由得思想上感着一种解放：何妨赤了足，做个乡下人去，我自己想。但这暂时是做不到的，将来也许真有"退隐"的那一天。现在重要的事情是，前面说过的养字，对人对己的尽职，我身体也不见佳，像这样下去绝没有余力可以做事，我着实有了觉悟，此去乡下，我想找点儿事做。我家后面那园，现在糟得不堪，我想去收拾它，好在有老高与家麟帮忙，每天花它至少两个钟头，不是自己动手就督饬他们干净那块地，爱种什么就种什么，明年春天可以看自己手种的花，明年秋天也许可以吃到自己手植的果，那不有意思？

　　家后面还有偌大的园，想来是一个颇为富有的大宅子。志摩是希望将来有一天"退隐"到家园里来，写这日记时不过是偶然兴起"田园将芜"之思罢了。

　　志摩的尊君申如先生，我曾见过几次。记得有一天，志摩告诉我："喂，实秋，望平街一家素菜馆的'翡翠饭'可真好吃，明天午间我请你去尝一尝。"我第二天去了。

　　遇见徐老先生，在座的有张家的几位先生小姐。徐老先生胖胖的一位老者，头上没有几根发，花白色的，下巴也是很大，浑身肌肉有些松懈，尤其是腹部有些下垂，是典型的一位旧式的商业中人。好像他是茹素的。据说他在上海开设着票庄银号，在营业上颇为成功。

　　一个人的性格品质，以及在行为上的作风，与他的出身和门第是有相当关系的。例如，我们另外有一位朋友，风流潇洒，聪颖过人，受过最好的西方教育，英文造诣特佳，照理讲他应该能成为一个有成就的学者或文人，但是他爱慕的是虚荣和享受，一心的想要猎官，尤其是外交官，后来虽然如愿以偿，可是终归一蹶不振，蹭蹬无闻。据有资格批评他的一个人说，这一部分应该归咎于他的家世，良好的教育未能改变他的庸俗品质。他家在一个巨埠开设着一爿老牌的酱园。我不相信一个人的家世必能规范他的人格。但是我也不能否认家庭环境与气氛对一个人的若干影响。志摩出自一个富裕的商人之家，没有受过现实生活的煎熬，一方面可说是他的幸运，因为他无须为稻粱谋，他可以充分地把时间用在他所要致力的事情上去，另一方面也可说是不幸，因为他容易忽略生活的现实面，对于人世的艰难困苦不易有直接深刻的体验。《志摩日记》一九一八年十月十一日有这样的一段：

> 与适之经农，步行去民厚里一二一号访沫若，久觅始得其居。沫若自应门，手抱褪褓儿，跣足，敞服（旧学生服），状殊憔悴，然度额宽颐，怡和可识。入门时有客在，中有田汉，亦抱小儿，转顾间已出门引去，仅记其面狭长。沫若居至隘，陈设亦杂，小孩羼杂其间，倾倒须父抚慰，涕泗亦须父揩拭，皆不能说华语；厨下木屐声卓卓可闻，大约即其日妇。坐定寒暄已，仿吾亦下楼，殊不话谈，适之虽勉寻话端以济枯窘，而主客似有冰结，移时不涣。沫若时含笑睊视，不识何意。经农竟喋不吐一字，实亦无从启端。五时半辞出，适之亦甚讶此会之窘，云上次有达夫时，其居亦稍整洁，谈话亦较融洽。然以四手而维持一日刊，一月刊，一季刊，其情况必不甚愉适，且其生计亦不裕，或竟窘，无怪以狂叛自居。

创造社等人的生活状况，和志摩的，真是一个强烈的对比。这湫隘的住处，我也在一九二一年左右去过，民厚里是在哈同路，有民厚南里、民厚北里，里内支弄甚多，纵横通达，一律是一楼一底房，是上海标准的上等贫民窟，的确是很难寻觅其门。我记得有一年暑假，我初访其处，那情形和志摩所描写的一模一样，只是创造社的几位作者均在，坚留午餐，一日妇曳花布和服，捧上一巨盆菜，内容是辣椒炒黄豆芽，真正是食无兼味，当天晚上以宴我为名到四马路会宾楼狂吃豪饮，宾主尽醉，照例的由泰东书局的老板赵南公付账。困苦的生活所培养出来的一股"狂叛"精神，是很可惋惜的，但是席丰履厚的生活，所育煦出来的那种对"梦想的神圣境界"之追求，又何曾是健全的态度？二者都是极端，所以我说成一强烈的对比。

有人说志摩是纨绔子，我觉得这是不公道的。他专门学的学科最初是社会学，有人说后来他在英国学的是经济，无论如何，他在国文、英文方面的根底是很扎实的。他对国学有很丰富的知识，旧书似乎读过不少，他行文时之典雅丰赡即是明证。他读西方文学作品，在文字的了解方面没有问题，口说亦能达意。在语言文字方面能有如此把握，这说明他是下过功夫的。一个纨绔子能做得到吗？志摩在几年之内发表了那么多的著作，有诗，有小说，有散文，有戏剧，有翻译，没有一种形式他没有尝试过，没有一回尝试他没有出众的表现。这样辛勤的写作，一个纨绔子能做得到吗？志摩的生活态度，浪漫而不颓废。他喜欢喝酒，颇能划拳，而从没有醉过；他喜欢抽烟，有方便的烟枪烟膏，而他没有成为瘾君子；他喜欢年轻的女人，有时也跳舞，有时也涉足花丛，但是他没有在这里面沉溺。游山逛水是他的嗜好，他的友朋大部分是一时俊彦，他谈论的常是人生哲理或生活艺术，他给梁任公先生做门生，与胡适之先生为腻友，为泰戈尔做通译，一个纨绔子能做得到吗？总之，平心而论，他优裕的家境并不曾糟蹋了他，相反，他的文学上的成就，倒可以说是一部分得力于他的家境。至于他的整个思想趋势是否健全，他的为人态度是否严肃，那是另一问题了。

四

我数十年来奔走四方，遇见的人也不算少，但是还没见到一个人比徐志摩更讨人欢喜。讨人欢喜不是一件容易事，须要出之自然，不是勉强造作出来的。必其人本身充实，有丰富的情感，有活泼的头脑，有敏锐的机智，有广泛的兴趣，有洋溢的生气，然后才能容光焕发，脚步矫健，然后才能引起别人的一团高兴。志摩在这一方面可以说是得天独厚。

一九二七年春，国民革命军北伐，占领南京，当时局势很乱，我和季淑方在新婚，匆匆由南京逃到上海，偕行的是余上沅夫妇。同时北平学界的朋友们因为环境的关系纷纷离开故都。上海成为比较安定的地方，很多人都集中在这地方。"新月书店"便是在这情形下在上海成立的。"新月社"原是在北平创立的，是一种俱乐部的性质，是由一批银行界的开明人士及一些文人共同组织的，志摩当然是其中的主要分子，"新月"二字便是由泰戈尔诗集《新月集》套下来的。上海的新月书店和北平新月社，没有正式关联。新月书店的成立，当然是志摩奔走最力，邀集股本不过两千元左右，大股一百元，小股五十元，在环龙路环龙别墅租下了一幢房屋。余上沅夫妇正苦无处居住，便住在楼上，名义是新月书店经理，楼下营业发行。当时主要业务是发刊新月杂志。参加业务的股东有胡适之先生、志摩、上沅、丁西林、叶公超、潘光旦、刘英士、罗努生、闻一多、饶子离、张禹九和我。胡先生当然是新月的领袖，事实上志摩是新月的灵魂。我们这一群人，并无严密组织，亦无任何野心，只是一时际会，大家都多少有自由主义的倾向，不期然而然地聚集在一起而已。后来业务发展，便在四马路租下了铺面，正式经营出版业务，以张禹九为经理，我任编辑。

志摩的人缘好极了。胡适之先生在他死后为文纪念说："这十几天里，常有朋友到家里来，谈起来常常有人痛哭，在别处痛哭他的，一定还不少。志摩所以能使朋友这样哀念他，只因为他为人整个的只是一团同情心，只是一团爱。"叶公超先生说："他对于任何事，从未有过绝对的怨恨，甚至于无意中没有表示过一些憎嫉的神气。"陈通伯先生说："尤其朋友里缺不了他。他是我们的连索，他是黏着性的、发酵性的，在这七八年中，国内文艺界里起了不少的风波，吵了不少的架，许多很熟的朋友往往弄得不能见面。但我没有听见有人怨恨过志摩，谁也不能抵抗志摩的同情心，谁也不能避开他的黏着性。他才是和事的无穷的同情，他总是朋友中间的'连索'。他从没有疑心，他从不会妒忌。他使这些多疑善妒的人们十分惭愧，又十分羡慕。"这几位先生的见证都是非常恰当的。

我记得，在一九二八、一九二九年之际，我们常于每星期六晚在胡适之先生极斯菲尔路寓所聚餐，胡先生也是一个生龙活虎一般的人，但于和蔼中寓有严肃，真正一团和气使四座并欢的是志摩。他有时迟到，举座奄奄无生气，他一赶到，像一阵旋风卷来，横扫四座，又像是一把火炬把每个人的心都点燃，他有说，有笑，有表情，有动作，至不济也要在这个的肩上拍一下，那一个的脸上摸一把，不是腋下夹着一卷有趣的书报，便是袋里藏着一扎有趣的信札，传示四座，弄得大家都欢喜不置。他这种讨人欢喜的风度常使我忆起《世说新语》里所记载的王导：

王丞相拜扬州，宾客数百人，并加沾接，人人有说色。唯有临海一客，姓任，及数胡人，为未洽。公因便还到任边云："君出临海，便无复人。"任大喜说。因过胡人前，弹指云："兰阇、兰阇。"群胡同笑，四座并欢。

照顾宾客，使无一人向隅，这是精力充沛的表现。怪不得志摩到处受人欢迎，志摩有六朝人的潇洒，而无其怪诞。

新月杂志初办时，志摩过于热心，有时不免在手续上不大讲究，令人觉得他是在独断独行，颇引起一部分同仁不满。其实是毫无成见的。日子久了，接触多了，彼此之间的冰冷与误会都被他的热情给融化了。新月同仁一直和谐无间，从没有起过什么争执，一直到后来大家都离开上海以至无疾而终，大部分要归功于志摩的发生"连索"效用。

有一天志摩到我的霞飞路寓所来看我，看到桌上有散乱的围棋残局，便要求和我对弈，他的棋力比我高，下子飞快，撒豆成兵一般，常使我穷于应付，下至中盘，大势已定，他便托故离席，不计胜负。我不能不佩服他的雅量。他很少下棋，但以他的天资，我想他很容易成为此道中的寓羊，至少他的风度好。

志摩好动，他闲不得。有一天已夜晚十一时许，他乘兴来看我，只见门外的百叶长窗虚掩着，灯光自隙间外露，他想吓我一跳，突然把门拉开，大叫一声，拔腿便跑，据他说原来是他看到了有两个不相识的年轻人（一男一女）从一只单人沙发上受惊跃起。这时候我早已在楼上睡了。受惊的是楼下的一对，但是更受惊的该是志摩自己。他心头突突跳，信步走到我家附近的另一位单身朋友家，他从后门闪入，径自登楼，一看寝室里黑黝黝，心想这家伙睡了，来吓他一下，顺手把门框上电灯开关一拧，不觉又失声大叫，原来床上不仅是一个人在睡，这一惊非同小可，踉跄下楼，一口气跑回家，乖乖地自己去睡了。这件事他从未对外声张，只是事后悄悄地告诉了我，他说："以后我再也不敢在黑夜闯进人家去了。"我叙述这一件故事，以见其人之风趣的一斑。

一九二八年十二月，志摩欧游前一日给林语堂先生写白居易《新丰折臂翁》，林先生于一九三六年正月十三日跋云："志摩，情才，亦一奇才也，以诗著，更以散文著，吾于白话诗念不下去，独于志摩诗念得下去。其散文尤奇，运句措辞，得力于传奇，而参任西洋语句，了无痕迹。然知之者皆谓其人尤奇。志摩与余善，亦与人无不善，其说话爽，多出于狂叫暴跳之间，乍愁乍喜，愁则天崩地裂，喜则叱咤风云，自为天地自如。不但目之所痛，且耳之所过，皆非真物之伏，而志摩心中之所幻想之状而已。故此人尚游，疑神、疑鬼，尝闻黄莺惊跳起来，曰：'此雪莱之夜莺也。'"志摩的字颇娟秀，有时酷似郑孝胥。林语堂先生的描写亦颇传神。凡知志摩者，盖无不有一深刻之印象。

五

徐志摩是一个彻底的浪漫主义者。

胡适之先生对于徐志摩的总评是不错的。胡先生说："他的人生观真是一种'单纯信仰'，这里面只有三个大字，一个是爱，一个是自由，一个是美。他梦想这三个理想的条件能够会合在一个人生里，这是他的单纯信仰。他一生的历史，只是他追求这个'单纯信仰'的实现的历史。"不过，"三个大字，一个是爱，一个是自由，一个是美"的"单纯信仰"，如果真正恰如其分地加以解释，其内容并不简单。所谓爱，那是广大无边的，耶稣上十字架是为了爱，圣佛兰亚斯对鸟说教也是为了爱，中古骑士为了他的情人而赴汤蹈火也是为了爱。爱的对象、方式、意义，可能有许多的分别。至于自由，最高贵的莫过于内心选择的意志自由，最普通的是免于束缚的生活上的自由，放浪形骸之外而高呼"礼教岂为我辈设哉"！那也是企求自由。讲到美，一只匀称的希腊古瓶是美，蒙娜丽莎的微笑也是美，山谷间刘谷者的歌唱是美，平原上拾穗者佝偻着身子也是美，乃至于一个字的声音，一朵花的姿态，一滴雾水的闪亮，无一不是美。"爱、自由、美"所包括的东西太多，内涵太富，意义太复杂，所以也可说是太隐晦太含糊，令人捉摸不定，志摩的单纯信仰，据我看，不是"爱、自由与美"三个理想，而是"爱、自由与美"三个条件混合在一起的一个理想，而这一个理想的实现便是对于一个美妇人的追求。不要误会，以为我是指志摩为沉溺于"诗、酒、妇人"

的颓废派，不，任谁也可以看出志摩不是颓废的享受者。他喜欢享受，可是谁又不喜欢享受？志摩在实际生活上的享受是正常的，并不超越常轨，他不逸出他的身份。他于享受之外，还要求一点点什么，无以名之，名之为"理想"，那理想究竟是什么，能不能一加分析呢？志摩曾把自己一剖再剖，但始终没有剖析到他自己所那样珍视的理想。我们客观地看，无所文饰，亦无所顾忌，志摩的理想实际即等于是与他所爱的一个美貌女子自由地结合。

和一个心爱的美貌女子自由地结合，乃是一个最平凡的希望，随便哪一个男子都有这样的想头。择偶、结婚、传宗接代，这是最平凡的事。但是，如果像志摩那样把这种追求与结合视为"生命之曙光，不世之荣业"那样的夸张，可就不平凡了。志摩的单纯信仰，换个说法，即是"浪漫的爱"。

浪漫的爱，有一最显著的特点，就是这爱永远处于可望而不可即的地步，永远存在于追求的状态中，永远被视为一种极圣洁极高贵极虚无缥缈的东西。一旦接触实际，真个的与这样一个心爱的美貌女子自由结合，幻想立刻破灭。原来的爱变成了恨，原来的自由变成了束缚，于是从头来再开始追求心目中的"爱，自由与美"。这样周而复始地两次三番演下去，以至于死。在西洋浪漫派的文学家里，有不少这种"浪漫的爱"的实例，雪莱、拜伦、朋士（Burns）、Novas，乃至卢梭，都是一生追逐理想的爱的生活，而终于不可得。他们爱的不是某一个女人，他们爱的是他们自己内心中的理想。这样的人在英文叫作nympholept，勉强译作"狂想者"。

梁任公先生真不愧为一个目光如炬的稳健思想家。他于志摩、小曼结婚典礼中致严厉的训词，是不足为怪的，因为他在事前对于志摩已有诚挚的警告，他于一九二三年一月二日致函志摩：

其一，万不容以他人之苦痛，易自己之快乐。弟之此举其于弟将来之快乐能得与否，殆茫如捕风，然先已予多数人以无量之苦痛。

其二，恋爱神圣为今之少年所乐道。……兹事盖可遇而不可求。……况多情多感之人，其幻象起落鹘突，而得满足得宁帖也极难。所梦想之神圣境界恐终不可得，徒以烦恼终其身已耳。

　　呜呼，志摩，天下岂有圆满之宇宙？……当知吾侪以不求圆满为生活态度，斯可以领略生活之妙味矣。……若沉迷于不可必得之梦境，挫折数次，生意尽矣。郁悒侘傺以死，死为无名。死犹可也，最可畏者，不死不生而堕落至不复能自拔。呜呼，志摩，可无惧耶？可无惧耶？

　　任公先生的话是对的。事实证明他不幸而言中。但当时对于浪漫的爱之追求者，是听不入耳的。志摩的回答是："我之甘冒世之不韪，竭全力以斗者，非特求免凶惨之苦痛，实求良心之安顿，求人格之确立，求灵魂之救度耳。……我将于茫茫人海中访我唯一灵魂之伴侣；得之，我幸；不得，我命，如此而已！""灵魂"之为物，本来就玄妙，再要找"灵魂之伴侣"，岂不难上加难？我们自然佩服志摩之真诚与勇气，但是我们亦不能轻易表示同情于一个人之追求镜花水月。一个人要有理想以为生活之鹄的，但是那理想需要慎加分析，是否在现实的世界里有实现之可能。把自己的生命和前途，寄托在对"爱、自由、美"的追求上，而"爱、自由、美"又由一个美貌女子来作为象征，无论如何是极不妥当的一种人生观。

　　若说志摩之憧憬自由仅限于爱情方面，显然是不合事实的。像一切浪漫主义者一样，志摩向往一切方式的自由。下面这一段话是他最好的自白：

　　是人没有不想飞的。老是在这地面上爬着够多厌烦，不说别的。飞出这圈子，飞出这圈子！到云端里去，到云端里去！哪个心里不成天千百遍地这么想飞上天空去浮着，看地球这弹丸在太空里滚着，从陆地看到海，从海再看回陆地。凌空去看一个明白——这才是做人的趣味，做人的权威，做人的交代。这皮囊要是太重挪不动，就掷了它，可能的话，飞出这圈子，飞出这圈子！

　　的确是，想飞是人人有的愿望。我小时候常做梦，一做梦就是飞，一跺脚就离地一尺多高，再一扑通就过墙了，然后自由翱翔在天空里，非常适意。有时在梦里飞不起来，飞到三四尺高就掉下来，怎样挣扎也不中用，第二天早晨醒来便

头痛欲裂。这样想飞的梦，我足足做了有十年八年之久。虽说这只限于梦，虽说
这只是潜意识的活动，但也影响到我的思想。我译过巴利的《彼得·潘》，是一
部童话，也是只有成年人才能充分赏识的童话，里面的那个永远长不大的孩子彼
得·潘，真是令每一个成年人羡煞而又愧煞的角色！这一部《彼得·潘》撩起了
我对童年和纯洁天真的向往。其实哪一个人在人生的坎坷路途上不有过颠簸？哪
一个不曾憧憬那神圣自由的快乐境界？不过人生的路途就是这个样子，抱怨没有
用，逃避不可能，想飞也只是一个梦想。人生是现实的，现实的人生还需要现实
的方法去处理。偶然做个白昼梦，想入非非，任想象去驰骋，获得一时的慰安，
当然亦无不可，但是这究竟只是一时有效的镇定剂，可以暂时止痛，但不根本治
疗。人生的路途，多少年来就这样地践踏出来了，人人都循着这路途走，你说它
是蔷薇之路也好，你说它是荆棘之路也好，反正你得乖乖地把它走完。所以想飞
的念头尽管有，可是认真不得。如果真以为诗是有翅膀的，能把诗人带起到天
空，海阔天空地俯瞰这乌烟瘴气的人间世，而且能长久地凭虚御空，逍遥于昊天
之上，其结果一定是飞得越高，跌得越重，血淋淋地跌在人生现实的荆棘之上，
像徐志摩那样！这也是一切浪漫诗人的公式，不独志摩为然。

梁任公先生说过，人生最快乐的事莫过把应尽的责任尽完。他揭橥"责
任"二字为人生最重要的一件事，此事一毕，了无遗憾，真是一个最稳健的看
法。浪漫主义者的看法，恰恰与此相反。伯朗宁有一首小诗，名为《至善之境》
（Summum Bonum），他说：

真理，比宝石还光亮，

信任，比珍珠还纯洁——

宇宙间最光亮最纯洁的信任——我认为

全存在于一个女人的亲吻里。

把一个女人的亲吻放在一切伦理价值之上，实在是一个最大胆浪漫的夸张！
《志摩日记》在一九二五年八月十九日记载着："须知真爱不是罪（就怕爱不
真，做到真的绝对义才做到爱字），在必要时我们得以身殉，与烈士们爱国，

宗教家殉道，同是一个意思。""同是一个意思"，也许是的，但是在伦理价值上，能等量齐观吗？

浪漫的梦经不起现实的打击。志摩是一个绝顶聪明的人，并且不是一个没有胆量认错的人，所以他很快地承认了他的失败，胡适之先生曾指出下面一首《生活》的诗为他自承失败的证据：

> 阴沉，黑暗，毒蛇似的蜿蜒，
>
> 生活逼成了一条甬道；
>
> 一度陷入，你只可向前，
>
> 手扪索着冷壁的黏潮，
>
> 在妖魔的脏腑内挣扎，
>
> 头顶不见一线的天光，
>
> 这魂魄，在恐怖的压迫下，
>
> 除了消灭更有什么愿望？

这几行诗是纪实的，志摩临死前几年的生活确是濒临腐烂的边缘，不是一个敏感的诗人所能忍受的，所以他毅然决然地离开上海跑到北平。谁又想得到希望有"一个真的复活的机会"的人，竟根本丧掉了生命，永远不能得到机会呢？

六

志摩的作品，最大的成就是在新诗方面。他的第一部诗集《志摩的诗》，是他自己印的，中华书局出版，连史纸，中式线装，仿宋体的字，古色古香。以后几部诗集，《翡冷翠的一夜》《猛虎集》《云游》，都是在上海新月书店印的。《志摩的诗》最先出，也是比较最弱的，以后的作品渐臻于成熟之境。

志摩有天生的诗人气质。他对于生活的兴趣异常浓厚，他看见什么东西都觉得有意思。所以他的诗取材甚广。他爱都市，也爱乡野，喜欢享受物质文明，也喜欢徜徉于山水之间,他描写丑陋的。他常常流连在象牙之塔里,但是对社会政治也偶然有正义的流露。这是最好的诗人气质,能这样才能充实,"充实之谓美"。

志摩的诗之异于他人者,在于他丰富的情感之中带着一股不可抵拒的"媚"。这妩媚,不可形容,你不会觉不到,它直诉诸你的灵府。从表面上看,这妩媚的来源可能是他的文字运用之巧妙。陆小曼说:"他的诗比一般的来得俏皮,真是像活的一样,字用得特别美,神仙似的句子,叫人看了神往,忘却人间有烟火气。"这话是对的,我还嫌不够。志摩的诗是他整个人格的表现,他把全副精神都注入了一行行的诗句里,所以我们觉得在他诗的字里行间有一个生龙活虎的人在跳动,他的音容、声调、呼吸,都历历如在目前。他的诗不是冷冰冰的雕凿过的大理石,是有情感的热烘烘的曼妙音乐。他平常说话就是惯用亲昵热情的腔调,所以笔底下也是一派撩人的妩媚。

再别康桥

轻轻地我走了,
正如我轻轻地来;
我轻轻地招手,
作别西天的云彩。

那河畔的金柳,
是夕阳中的新娘;
波光里的艳影,
在我的心头荡漾。

软泥上的青荇,
油油地在水底招摇;
在康河的柔波里,
我甘心做一条水草。

那榆荫下的一潭，

不是清泉，是天上的虹，

揉碎在浮藻间，

沉淀着彩虹似的梦。

寻梦？撑一支长篙，

向青草更青处漫溯，

满载一船星辉，

在星辉斑斓里放歌。

但我不能放歌，

悄悄是别离的笙箫，

夏虫也为我沉默，

沉默是今晚的康桥！

悄悄地我走了，

正如我悄悄地来，

我挥一挥衣袖，

不带走一片云彩。

这一首诗是许多人所欣赏的。我的一位美国朋友Mr.Ediard Connynkam最近曾把此诗译为英文如下：

On Leaving Cambridge Again

Quietly I leave,

Just as I quietly came;

I quietly wave,

Saying goodbye to the bright clouds of the Western sky.

The river banks golden willows,

Like brides in a setting sun;

Beautiful shadows in bright waves,

Waving in my heart.

The soft mud's green grasses,

Bright green, waving on the river bottom；

World I were a blade of water grass,

In the river Cam's gentle waves.

That lake under the Elm shadow,

Not a clear fountain but a rainbow in heaven,

Twisted into flouting weeds,

precipitating rainbow dreams.

Dream searching? push a long boat pole,

Upstream towards green grass and an even greener place,

A boat filed with starlight.

Let loose a song midst pointed starlight.

But I cannot sing，

It is quiet like a parting Hsiao；

The summer insects are also quiet for me,

Cambridge tonight is silent.

Quietly I leave,

Just as I quietly came;

My steeves are waving,

Not taking away a single cloud.

  志摩的诗之另一特点是，在白话中夹杂着不少文言的辞藻。姑以大家习知的《再会吧康桥》一诗为例，里面就有这样多的字眼："浪迹""渺茫明灭""理惬归家""枉费无补""钧天妙乐""燕子归来""新秋凉绪""迂道西回""星明有福""素愿竟酬""爬梳洗涤""沐日月光辉""哺啜古今不朽""鱼跃虫蚁""长垣短堞""黛薄茶青""轻柔暝色""垂柳婆娑""寸芥残垣""临行怫怫""谎盲"，等等。有人也许以为这是毛病，白话诗里何以要羼入这样多的文言辞藻？我倒不这样想。我以为，中国人以中国文字写诗，不可能完全摒弃前人留下的美妙的辞藻。白话诗和文言的旧诗，不可能有个一刀两断的分界线。——须知白话里面也有成色之分，"引车卖浆"之流有他们的白话，缙绅大夫也有他们的白话。各人教育程度不同，所使用的白话就有不同的辞藻。我并不要在其间强分优劣。有时候使用粗浅的口语颇能传神，有时候要使用较雅驯的词句方能适当地表达意境。诗人手段高强，便能推陈出新，他有搪取文言辞藻的自由。一味地使用粗浅的口语，并不一定就是成功作品的保证。志摩使用文言辞藻，我们不嫌其陈腐，因为他善于运用。他的国文有根底，有那么多的辞藻供他驱使，新词旧语，无往不宜。当然，他也有很多诗篇，完全是使用较浅近的口语的。

  有一首诗我特别喜欢，我曾在这首诗初在《新月》发表时告诉过志摩，他表示惊讶，也许是因为他自以为这不是得意之作，这首诗题目是"这年头活着不易"：

    昨天我冒着大雨到烟霞岭下访桂；

    南高峰在烟霞中不见，

    在一家松茅铺的屋檐前

    我停步，问一个村姑今年

    翁家山的桂花有没有去年开得媚。

那村姑先对着身上细细地端详：

活像只羽毛浸瘪了的鸟，

我心想，她定觉得蹀踱，

在这大雨天单身走远道，

倒来没来头地问桂花今年香不香。

"客人，你运气不好，来得太迟又太早；

这里是有名的满家弄，

往年这时候到处香得凶，

这几天连绵的雨，外加风，

弄得这稀糟，今年的早桂就算完了。"

果然这桂子林也不能给我点子欢喜；

枝上只见焦萎的细蕊，

看着凄惨，唉，无妄的灾！

为什么这到处是憔悴？

这年头活着不易！这年头活着不易！

　　据志摩讲，他到满家弄访桂，原意是希望在那漫山的桂林当中拣一个路边的茶座坐下，吃一碗新鲜桂花煮的新鲜栗子汤——闷热的，喷香的，甜滋滋的栗子汤！没想到扑个空，感而赋此。感的是人生凋敝，世事纷纭，真可说是"人犹如此，木何以堪"了。这首诗末尾带着一点子悲观气味，容易令人联想起哈代（Thomas Hardy）特有的作风，就是诗的形式和那平易的语调，也都颇似哈代。是的，志摩受哈代的影响很大，他曾在英国访问过这位诗翁，也曾译过他的若干首短诗。哈代的小诗常常是一个小小的情节，平平淡淡，在结尾处缀上一个悲观的讽刺。这是哈代的独特作风，志摩颇能得其神韵。志摩说"老头难得让他的思想往光亮处转"，即是指哈代的悲观。《新月》月刊第一期，有志摩介绍哈代的文章及译哈代诗。

另一个人多少影响到志摩的诗,是泰戈尔。这一位老人是印度人,爱和平,爱山水,带着宗教神秘的气息,于第一次大战后大家诅咒西方物质文明声中,卓然成为一个角色。他在一九二四年四月里到中国来,到各处讲演,颇极一时之盛,尤其是在北平天坛开的欢迎会,当时曾有人做如下之记载:

> 林小姐(徽因)人艳如花,和老诗人挟臂而行,加上长袍白面郊寒岛瘦的徐志摩,有如苍松竹梅的一幅三友图。徐氏在翻译泰戈尔的英语演说,用了中国语汇中最美的修辞,以硖石官话出之,便是一首首的小诗,飞瀑流泉,淙淙可听。(吴咏《天坛史话》)

泰戈尔的思想在中国没有留下影响,在文学方面他的散文诗以及自由诗之类倒是引起了一些人的注意。志摩的第一部诗集里面有若干首或者是受泰戈尔影响的。不过,新月社的命名,无疑是由泰戈尔诗集的暗示。志摩在上海的寓所三楼亭子间有一精舍,屋里没有桌椅,只是地上铺着厚厚的毯子,有几个软靠枕,据说这是印度式,进门即可随意在地上翻滚,别有情趣。这也许是受泰戈尔的影响吧?

七

志摩死了,至今没有人给他编印《全集》,我认为这是一件非常可惜的事。陆小曼在《志摩日记序》里说:

> 十年前当我同家璧一起在收集他的文稿准备编印《全集》时,有一次我在梦中好像见到他,他便叫我不要太高兴,《全集》绝不是像你想象般容易出版的,不等九年十年绝不会实现。我醒后,真不信他的话,我屈指算来,《全集》一定会在几个月内出书,谁知后来固(果)然受

到了意想不到的打击。一年一年地过去，到今年整整的十年了，他到五十了，《全集》还是没有影儿，叫我说什么？怪谁？怨谁？

这是一九四七年写的。至今又已十多年了。《全集》还是没有影儿！小曼所说到的"意想不到的打击"，我们不知究何所指。已出版的作品编印为《全集》，应该没有什么困难。未刊行的作品，以及书信之类的搜集，可能有困难。但这困难似乎应该没有什么不可克服的道理；况且全集不一定要"全"，以后还可陆续地补。这"意想不到的打击"究竟是什么呢？何以小曼要发出"怨谁？怪谁？"的感叹呢？听说，志摩有一大堆文字在林徽因手里，又有一大堆在另外一位手里。两方面都拒不肯交出，因此《全集》的事延搁下来。我不知道这传说是否正确。总之，志摩全集没有印出来，凡是他的朋友都有一份责任。

台北坊间出现的《志摩诗文选集》一共十一册，割裂凌乱，一部分影印的尚无错误，一部分新排的则错误太多，最不可原谅的是任意编排而冠以新的书名，每册有编者写的甚不高明的序文，尤为可厌。

我这一篇小文，既不是传记，也不是评论，只是一篇拉杂的回忆而已。

徐志摩年谱里录了若干悼志摩的挽联，一并录后：

考史诗所载，沉湘捉月，文人横死，各有伤心，
尔本超然，岂期邂逅罡风，亦遭惨劫！
自襁褓以来，求学从师，夫妇保持，最怜独子，
母今逝矣，忍使凄凉老父，重赋招魂？

徐申如

万里快鹏飞，独憾翳云遽失路，
一朝惊鹤化，我怜弱息去招魂。

张幼仪

红妆齐下泪，青冀早成名，最怜落拓

奇才，遗爱新诗双不朽。

小别竟千秋，高谈犹昨日，凭吊飘零

词客，天荒地老独飞还。

杨杏佛（铨）

太息浮生同落叶。

本来才调是飞仙。

郑午昌（昶）

新诗传宇宙，竟尔乘风归去，同学同庚，老友如君先宿草。

华表托精灵，何当化鹤重来，一生一死，深闺有妇赋招魂。

两卷新诗，廿年旧友，相逢同时天涯，只为佳人难再得。

一声河满，几点齐烟，化鹤重归华表，应愁高处不胜寒。

郁达夫

有志竟成，借甚声名蜚北海。

斯文将丧，褒然冠冕毁南州。

朱丹九（起凤）

归神于九霄之间，直看嚅籍成诗，更忆拈花微花貌。

北来无三日不见，已诺为余编剧，谁怜推枕失声时。

梅兰芳

独创新吟，奇死亦饶诗意。

雄飞失坠，阴霾竟葬青年。

汪亚尘

粉碎向虚空，昆山真炼成并尽。

文章憎命达，云鹏应悔不高飞。

叶恭绰

器利国滋昏，事同无定河边，虾种横行，壮志奈何斋粉化。

文章交有道，忆到南皮宴上，龙头先去，新诗至竟结缘难。

章士钊

豪情跌宕，文采风流，新月新诗广陵散。

逸兴遄飞，黄泉碧落，奇人奇死破天荒。

钱新之（永铭）

叹君风度比行云，来也飘飘，去也飘飘。

嗟我哀歌吊诗魂，风何凄凄，雨何凄凄。

李惟建　黄庐隐

继往开来，卷帙永留人世。

瞻前顾后，诗魂常绕泰山。

何家槐

数年相知，情同手足。刹那惨别，痛彻肺腑！

张欣海

温柔诚挚乃朋友中朋友，

纯洁天真是诗人中诗人。

韩湘眉

陆小曼的山水长卷

最近看到陈从周先生的一篇文章，《含泪中的微笑——记陆小曼画山水长卷》。陈先生和徐志摩有姻娅关系，有关志摩与小曼的事情他知道得最多。陈先生这篇文章，含有我们前所未知的资料，弥足珍贵。谨先就陈先生所提供的资料择要抄述于后。

陆小曼是常州人，生于一九〇三年农历九月十九日，卒于一九六五年四月三日，享年六十三岁。她临终时把三件东西交付给陈从周先生，一是《徐志摩全集》的一份样本，一箱纸版；二是梁启超为徐写的一副长联；三是她自己画的山水长卷。陈先生把全集送给了北京图书馆，梁联及画卷交给浙江博物馆，总算保存了下来。可惜的是全集纸版归还了徐家，在所谓"十年内乱"期间于抄家中失去了。

山水长卷是小曼的早期作品，结婚后在上海拜贺天健为师学画，陈先生许为"秀润天成"。此画作于一九三一年春，时小曼二十九岁。这长卷由志摩于夏间携去北京，托邓以蛰（叔存）先生为之装裱。装成，邓有跋语说明。胡适之先生在下面题了一首诗，诗曰：

> 画山要看山，画马要看马。
> 闭门造云岚，终算不得画。
> 小曼聪明人，莫走这条路。
> 拼得死功夫，自成真意趣。

小曼学画不久，就作这山水大幅，功力可不小！我是不懂画的，但我对于这一道有一点很固执的意见，写成韵语，博小曼一笑。

适之、二十、七、八、北京

陈先生说，胡适这一个观点是以前没有发表过的。杨铨（杏佛）先生题了一首唱反调的诗：

> 手底忽现桃花源，胸中自有云梦泽，
> 造化游戏成溪山，莫将耳目为桔桎。

小曼作画，适之讥其闭门造车，不知天下事物，皆出意匠，过信经验，必为造化小儿所笑也。质之适之，小曼、志摩为如何？

二十年七月二十五日杨铨

小曼的老师贺天健后来也题了一首诗：

> 东坡论画鄙形似，懒瓒云山写意多；
> 摘得骊龙颔下物，何须粉本拓山阿。

梁鼎铭先生也有一段题识，他说：

……只是要有我自己，虽然不像山，不像马，确有我自己在里头就得了。适之说，小曼聪明人，我也如此说，她一定能知道的。适之先生以为如何？……

较长的题跋是陈蝶野先生的，他说：

……今年春予居湖上，三月归，访小曼，出示一卷，居然崇山叠岭，云烟之气缭绕楮墨间，予不知小曼何自得此造诣也。志摩携此卷北上，归而重展，居然题跋名家缀满纸尾。小曼天性聪明，其作画纯任自然，自有其价值，固无待于名家之赞扬而后显。但小曼决不可以此自满。为学无止境，又不独为画然也。

蝶野

这一幅山水长卷，徐志摩随带在身，一九三一年夏，预备到北京再请人加题，不料坠机而亡，但是这幅画却未毁掉，小曼一直保存到死。陈从周先生在题记中说："历劫之物，良足念也。"如果不是他把这幅画送交浙江博物馆，恐此画早已被劫。

以上是抄述陈先生的大文。兹略述感想。

陆小曼是聪明人，大家所公认。她一向仅仅被人视为交际场中的一个名人，这是不公道的，她有她较为高尚的一面。沉溺在鸦片烟的毒雾里，因而过了一段堕落糜烂的生活，这也是事实。胡适之先生曾对朋友说："志摩如果再在上海住下去，他会被毁了的。"所以他把他请到北京去教书。但是志摩没有对小曼绝望，他还是鼓励她向上。看这幅山水长卷，就是在堕落糜烂期间完成的。她并不自甘于堕落。听说后来她戒绝了鸦片，在绘画方面颇为用功，证之陈从周先生所说"她画的山水，秀润天成，到晚年则渐入苍茫之境"，更足以令我们相信她已脱胎换骨，有了完全不同的风貌。

小曼在二十九岁学画不久，就能画出这样的一幅山水长卷，难怪胡适之先生要说"功力可不小"！言外之意可能是不信她有此功力。这张画我没见过，就我所见陈先生大文附刊的图片而论，虽然模糊不清，但也可以看出布局的大概。在用笔用墨方面还看不出造诣的深浅，大概是走的纤细工整的路子。一般人学画都是从临摹入手，即使没有机会临摹古人的真迹，往往也有粉本可资依据。小曼此画是否完全出自机杼，我们不能臆断。

撇开陆小曼的画不论，胡适之先生的题诗及其引起的反调，倒是颇有趣味的一个论题。胡先生是一贯的实验主义者，涉及文艺方面他就倾向于写实。所以他说："画山要看山，画马要看马。"有物在眼前，画起来才不走样。这话不是没有道理。尤其是对于初学画者，须先求其形似，然后才能摆脱形迹挥洒自如。西洋画就是这样，初学者就是要下死功夫白描石膏。即使功夫已深，画人物一大部分仍然要有模特儿。其实我们中国画家也不是不知道这一番道理。赵子昂画马不是自己也趴在地上揣摹马的各种姿态吗？中国的山水画家哪一个不喜欢遨游天下名山大川？我从前胆大妄为，曾摹画过一张"蜀山图"，照猫画虎，不相信天下真有那样重峦叠嶂峰回路转的风景，后来到了四川，登剑门，走栈道，才知道古人山水画皆有所本，艺术模仿自然，诚然不虚。甚至看了某些风景居然入画，所谓"天开图画即江山"，省悟到"自然模仿艺术"之说亦非妄作。大抵画家到了某一境界，胸中自有丘壑，一山一水一石一木，未必实有其境，然皆不悖于理，此之谓创作。

怀 念 陈 慧

前几天在华副师大文学周的某一期里看到邱燮友先生的一篇文章，提到陈慧，我读了心里很难过，因为陈慧已在十多年前自杀了。

陈慧本名陈幼睿，广东梅县人，在海外流浪，以侨生名义入师范大学国文系，毕业后又入国文研究所，取得硕士学位。在报刊上他不时地有新诗发表，有些首写得颇有情致。某一天他写信来要求和我谈谈。到时候他来到安东街我家，这是我第一次和他会面，谈的是有关诗的问题，以及他个人的事。他身材修长，清癯消瘦的脸苍白得可怕，头发蓬松，两只大眼睛呆滞地向前望着，一望而知他是一个抑郁寡欢的青年。年轻的学生们常有一些具有才气而性格奇特的畸人，不知为什么我和他们有缘，往往一见如故，就成为朋友。陈慧要算是其中一个。从他的言谈里我知道他有深沉的乡愁，素念他的家乡，而且孝思不匮，特别想念他的老母。他说话迟缓，近于木讷，脸上常带笑容，而那笑不是欢笑。我的客厅磨石子地，没有地毯，打蜡之后很亮很滑，我告他不必脱鞋，我没有拖鞋供应。他坚持要脱，露出了前后洞穿得脏破的袜子。他也许自觉甚窘，不断地把两脚往沙发底下伸，同时不停地搓着手。每次来都是这样。

他的硕士论文我记得是《〈世说新语〉的研究》，《世说新语》正好是我所爱读的一部书，里面问题很多，文字方面难解之处亦复不少，因此我们也得互相切磋之益。但是他并不重视他的论文，因为他不是属于学院派的那个类型，对于考据校勘的工作不大感兴趣，认为是枯燥无味，他喜欢欣赏玩味《世说新语》所含有的那些隽永的哲理和晶莹的词句。论文写好之后曾拿来给我看，厚厚的一大本，确实代表了他所投下的大量的功夫。他自己并不觉得满意，也不曾企图把它发表。

他对于学校里某些老师颇有微词，以为他们坚持有志于学的生员必须履行旧日拜师的礼节，乃是不合理的事，诸如三跪九叩、点蜡烛、摆香案、宴宾客等。他尤其不满意的是，对于不肯这样拜师的人加以歧视，对于肯行礼如仪的人也并不传授薪火，最多只是拿出几本递相传授的曾经批点过的古书手稿之类予以展示。陈慧很倔强，不肯磕头拜师，据他说这是他毕业之后不获留校做助教讲师的根由。我屡次向他解说，磕头拜师是旧日传统礼仪，其基本动机是尊师重道，无可厚非，虽然在学校读书已有师生之分，无须于今之世再度补行旧日拜师之礼，而且叠床架屋，转滋纷扰。不过开设门庭究竟是师徒两厢情愿之事，也并不悖尊师重道之旨，大可不必耿耿于怀。我的解释显然不能使他释怀，他的忧郁有增无减。

他的恋爱经验更添加了他的苦楚。他偶然在公车上邂逅一位女郎，一头秀发披肩，他讶为天人。攀谈之下，原是同学，从此往来遂多，而女殊无意。他坠入苦恼的深渊不克自拔。暑假开始，他要去狮头山小住，一面避暑，一面以小说体裁撰写其失恋经过，以摅发他心中的烦闷。他邀我同行，我愧难以应。他独自到了狮头山上，住进最高峰的一个尼姑庵里。他来信说，他独居一大室，空空洞洞，冷冷清清，经声梵响，发人深省，一夕室内剥啄之声甚剧，察视并无人踪，月黑风高，疑为鬼物为祟，惊骇欲绝，天明时才发现乃一野猫到处跳踉。庵中茹素，但鲜笋风味极佳，频函促我前去同享，我婉谢之。山居这一段期间可能是他最快乐的时间。下山归来挟小说稿示我：袞然巨帙，凡数十万言。但仆仆奔走，出版家不可得，这对他又是一项打击。

他的恋爱一波未平一波又起。据他告诉我这一回不是浪漫的爱，是脚踏实地的步步为营。对方是一位南洋女侨生，毕业后将返回马来西亚侨居地，于是他也想追踪南去。几经洽求，终于得到婆罗洲文莱的一所侨校的邀聘。他十分高兴地偕同他的女友来我家辞行，我祝福他们一帆风顺。他抵达文莱之后，兴致很高，择期专赴近在咫尺的吉隆坡，用意是拜访女友家长，期能同意他们的婚事。万没想到晤谈之后竟遭否决。好事难谐，废然而退。这是他再度的失败。他觉得在损伤之外又加上了侮辱。他没有理由再在文莱勾留，决心要到美国去发展。不幸的是又在签证上发生了波折，美国领事拒绝签证，他和领事发生了剧烈的争吵，最后还是签证了，他气愤地到了纽约。这一段经过他有长函向我报告，借唠叨的叙述发泄他的积郁，我偶然也复他一信安慰他一番。

他在纽约茫茫人海，举目无亲，原意入大学研究所，继续研读中国文学，但美国大学之讲授中国文学，其对象为美国人士，需操英语，他的条件不具备，因此被拒。穷途无聊，乃入中国餐馆打工，生活可以维持，情绪则非常低落。他买了几件小小礼物，托人带给我，并附长信，谓流落外邦，伤心至极，孤独惶恐，走投无路，愿我为他指点迷津。我看他满纸辛酸，而语意杂乱，征营慑悸之情跃然纸上，恐将近于精神崩溃。我乃驰书正颜相告："为君之计，既不能入学读书，又无适当职业可得，曷不早归？"以后遂无音讯。

约半年后，以跳楼自杀闻。只是听人传说，尚未敢信，一九七〇年四月我偕眷旅游纽约，遇师大同学陈达遵先生，经他证实确有此事，而且他和陈慧相当熟识。

莎士比亚的《仲夏夜之梦》第五幕第一景有这样一段：

> 情人与疯子都是头脑滚热，想入非非，所以能窥见冷静的理智所永不能明察的东西。疯子、情人、诗人，都完全是用想象造成的：一个人若看见比地狱所能容的更多的鬼，那便是疯子；情人，也全是一样的狂妄，在一个吉卜赛女人脸上可以看出海伦的美貌；诗人的眼睛，在灵感的热狂中只消一翻，便可从天堂看到人世，从人世看到天堂……

疯子、情人、诗人，三位一体，如果时运不济，命途边遭，其结果怎能不酿成悲剧？陈慧天性厚道，而又多愁善感，有诗人的禀赋。但是他的身世仪表地位又不足以使他驰骋情场得心应手，同时性格又不够稳定，容易激动。终于走上绝途，时哉命也！

我手边没有存留他的信笺诗作，现在提笔写他，他的音容，尤其是他的那两只茫然的大眼睛，恍然如在目前。

关 于 老 舍

最近我到美国去，无意中看到我的女儿文蔷收藏的一个小册，其中有一页是老舍的题字。这是四十多年前的事了，当时老舍和我都住在四川北碚。老舍先是住在林语堂先生所有的一栋小洋房的楼上靠近楼梯的一小间房屋，房间很小，一床一桌，才可容身。他独自一人，以写作自遣。有一次我问他写小说进度如何，他说每天写上七百字，不多写。他身体不大好，患胃下垂，走路微微有些佝偻着腰，脸上显着苍老。他写作的态度十分谨严，一天七百字不是随便写出来的。他后来自己说："什么字都要想好久。"他的楼下住着老向一家，但是他们彼此往来并不太繁。老舍为人和蔼可亲，平易近人，但是内心却很孤独。

后来老舍搬离了那个地方，搬到马路边的一排平房中的一间，我记得那一排平房中赵清阁住过其中的另一间，李辰冬夫妇也住过另一间。这个地方离我的雅舍很近，所以我和老舍见面的机会较多。有一天我带着文蔷去看他，文蔷那时候就读沙坪坝南开中学初中，还是十来岁的小孩子。请人签名题字是年轻学生们的习气。老舍欣然提笔，为她写下"身体强学问好才是最好的公民"十三个字。虽然是泛泛的鼓励后进的话，但也可以看出老舍之朴实无华的亲切态度。他深知"身体强"的重要性。

在这个时候，老舍得了急性盲肠炎。当时罹盲肠炎的人很多，在朋友中我首开记录。由于当时缺乏消炎药剂，我两度剖腹，几濒于危，住院一个多月才抬回雅舍休养。老舍步我后尘，开刀也不顺利，据赵清阁传来消息，打开腹腔之后遍寻盲肠不得，足足花了个把钟头，才在腹腔左边找到，普通盲肠都在右边，老舍由于胃下垂之故，盲肠换了位置。行手术后，他的身体益发虚弱了。

抗战初，老舍和我一样，只身出走到后方，家眷由济南送到北平。他写信给朋友说："妻小没办法出来，我得向他们告别，我是家长，现在得把他们交给命运。"后来我曾问其夫人近况，他故作镇定地说："她的情况很好，现服务于一所民众图书馆——就是中央公园里那个'五色土'后面的那座大楼。"事实上，抗战到了末期的时候北平居民生活非常困苦，几近无以为生的地步。不久，老舍的夫人胡絜青女士来到了后方，在北碚住了不久便和老舍搬走，好像是搬到重庆附近什么乡下去了。他离去不久有一封信给我，附近作律诗六首。诗写得不错，可以从而窥见他的心情，他自叹中年喜静，无钱买酒，半老无官，文章为命，一派江湖流浪人的写照！

老舍之死，好久是一个谜，现在不是谜了。他死得惨，他的父亲也死得惨。胡絜青说：

> 八国联军攻入北京城的时候，他父亲死在南长街的一家粮店里。是舅舅家的二哥回来报的信，这个二哥也是旗兵……他败下阵来，路过那家粮店，进去找点水喝，正巧遇见了老舍的父亲。攻打正阳门的八国联军的烧夷弹把父亲身上的火药打燃，全身被烧肿，他自己爬到那个粮店等死。二哥看见他的时候，他已不能说话，遍身焦黑，只把一双因脚肿而脱下的布袜子交给了二哥。后来父亲的小小衣冠冢中埋葬的就是那双袜子。这时老舍不足两岁。
>
> 这段悲惨的家史是天然的小说题材，在老舍的一生中，不管走到哪里，它都一次又一次地回到他的记忆里，勾起他的无限辛酸和义愤。
>
> 历史不能重演，然而，历史又往往那么酷似。老舍的父亲牺牲在帝国主义的炮火之下，老舍本人竟惨死在"文艺黑线专政"论的毒箭之下；老舍的父亲孤单而受尽苦痛地死在一间小粮店里，老舍本人也同样孤单而受尽苦痛地死在一个小湖的岸边；老舍的父亲的墓冢中没有遗骨，只有一双布袜子，老舍本人的骨灰盒中也同样没有骨灰，只有一副眼镜和一支钢笔……（《正红旗下》代序）

老舍父子都是惨死，一死于八国联军，一死于"四人帮"的爪牙。前者以旗兵身份战死于敌军炮火之下，犹可说也，老舍一介文人，竟也死于邪恶的"文艺黑线专政"论的毒箭之下，真是惨事。我们的了解是，他不是溺死在一个小湖的水里，他是陈尸在一个小湖的岸边。他的尸首很快火化了，但是他的骨灰盒里没有骨灰！像老舍这样的一个人，一向是平正通达、与世无争的，他的思想倾向一向是个人主义者、自由主义者，他的写作一向是属于写实主义，而且是深表同情于贫苦的大众。何况他也因恪于形势而写出不少的歌功颂德的文章，从任何方面讲，他也不应该有那样的结局。然而，不应该发生的事居然发生了。我没有话说，我想起了胡适先生引述《豆棚闲话》所载明末时民间的一首《边调歌儿》：

> 老天爷，你年纪大，
>
> 耳又聋来眼又花。
>
> 你看不见人，听不见话。
>
> 杀人放火的享尽荣华，
>
> 吃素看经的活活饿杀！
>
> 老天爷，你不会做天，你塌了吧！
>
> 你不会做天，你塌了吧！

老舍最后一部小说是《正红旗下》。一九八〇年六月北京人民文学出版社出版，一百四十二页，九万七千字。

这部小说作于一九六一年底和一九六二年。据胡絜青的代序说，这部小说的遭遇很惨，经过也很曲折。小说以写满人为主，而且是清朝末年的满人，并且是以义和团那个时代的骚动为背景。所以在体裁上当然与所谓"现代体裁"不同。老舍所以敢动笔写这一部早就想写的小说，是因为他以为他已获得允许可以"在一定的大前提之下自由选择体裁"，但是他想错了。一九六二年下半年，起了一阵"现代文字狱妖风"，株连了一大批文艺工作者，"谁愿意莫名其妙地因写小说而被戴上'反党'的大帽子呢？""这些文艺政策上的不正常现象就构成了《正红旗下》既没写完，又没发表的原因。"

《正红旗下》原稿一百六十四页成了无法见天日的违禁品，"被藏在澡盆里、锅炉里、煤堆里，由这家转到那家，由城里转到郊区，仿佛被追捕的可怜的小鹿。"我们现在读这部《正红旗下》，真看不出对任何人有违碍之处，也许其唯一可议之处是缺乏合于某些时尚的标语口号。也许这部小说是忠于历史、忠于人性、忠于艺术的写实作品，而不是什么为谁服务的东西，于是犯了忌讳。总之是这部长篇小说刚刚开了一个头，介绍了故事中几个人物，刚刚要写到义和团事变，刚刚要写到他父亲的惨死，便停笔了，而且残稿一直没有能发表，直到老舍死后好久才得出版。

这部小说没有写完是一憾事。在作风上这部自传性质的小说和以往作品不同，态度较严肃，不再在口语文字方面的诙谐取巧。毫无隐避的这是自传性质的一部小说，不过究竟是小说，不是自传。人物是真的，背景是真的，故事穿插有真有假。从这部小说中我们可以明了老舍的身世。

老舍生于光绪二十四年腊月二十三日（西历一八九九年二月三日），正是糖瓜儿祭灶那一天。他本名舒庆春，旗人有名无姓，指名为姓，晚近多冠以汉姓，所以老舍到底原来是何姓氏，是不是姓舒，现无可考。对于老舍最有研究的胡金铨先生在他的《老舍和他的作品》一书中也说："舒字可能是排行……我们就暂定他姓舒。"我近阅崇彝著《道咸以来朝野杂记》（页四七），据说"满洲八大姓"之一是"舒穆鲁氏"，译姓舒。可能老舍姓舒，译自舒穆鲁，并不是名字之上冠以汉姓。这是我的猜测，无关宏旨。

老舍的出生地点，在《正红旗下》附录有详细的说明，是很有趣的。他出生"在一个顶小顶小的胡同里……一个很不体面的小院"，在西城护国寺附近的小杨家胡同（以前名为小羊圈，后嫌其不雅而改今名）。现在这小院的门牌是八号。这个"不见经传"的地方，在老舍笔下实际上已被描写过许多次，他告诉过我们："我们住的小胡同里，连轿车也进不来，一向不见经传"（《吐了一口气》），最窄处不过一米，最宽处不过一米半左右，唯因其不见经传，至今没有被拆掉，没有被铲了。"那里的住户都是赤贫的劳动人民，最贵重的东西不过是张大妈的结婚戒指（也许是白铜的），或李二嫂的一根银头簪。""在我还是个孩子的时候，我们的小胡同里……夏天佐饭的'菜'往往是盐拌小葱，冬天是腌白菜帮子，放点辣椒油。还有比我们更苦的，他们经常以酸豆汁度日。它是最便宜的东西，一两个铜板可以买很多。把所能找到的一点粮或菜叶子掺在里面，熬成稀粥，全家分而食之。从旧社会过来的卖苦力的朋友们都能证明，我说的一点不假！"（《勤俭持家》）在《正红旗下》里，特别是附录里，老舍诞生地的实在情形描写得更是详尽。我强调这个破落的大杂院，是要说明老舍出身是何等的清苦。老舍出生到长大，一直就是在这样一个穷苦的环境里打转，照理说他的所谓"成分"应该算是很好，然而他还不能免于文艺政策的歪风之一厄！

老舍是旗人。旗人就是满洲人。清太祖时，士卒分编为八旗，以黄、白、红、蓝四旗为左翼，镶黄、镶白、镶红、镶蓝为右翼，是为满洲八旗。太宗时添设蒙古八旗、汉军八旗，扩大编制，攻占全国。满、蒙、汉旗兵共约二十八万人，拱卫京师，并分驻国内重要地区。最初旗人都是旗兵，后来繁衍日众，旗人不必是兵。但是朝廷优遇旗人，每口按月发放饷银。从此旗人成为特权阶级，养尊处优，生活安逸。清朝并不像元朝那样的歧视汉人，元人以蒙古人为优先，色目人次之，汉人又次之，南人最下。满清比较开明，虽然满人、汉人之间显然仍有轩轾。尤其是旗人领饷一事，造成民间不平的现象，养成旗人懒惰的恶习，最为失策。满洲人本是优秀的民族，八旗兵本是勇悍的战士，但是到清朝晚年，大部分旗人已经不能维持其优越的生活水准，不待辛亥革命全面停发饷银，旗人早已沦为穷困的阶级了。老舍笔下的北京贫民，正是当时典型的旗人。

在清朝晚年，北京的旗人、汉人已经在生活习惯上大体互相影响，有融为一体之势。民族间的创痕经过几百年时间的冲淡，已经不复成为严重的课题。不过旗人与汉人之间究竟还有一些不同的地方。例如，旗人礼貌特别周到，繁文缛节也特别多，旗礼比汉礼要多很多讲究。旗人说话也特别委婉含蓄，声调和缓而爽朗，不时地带着一点诙谐打趣的味道。在生活享受的艺术上，旗人也是高人一等，不分贫富，常能在最简陋的条件下获致最大的享受。诸如此类，不胜枚举。道地的北京人能很快地辨识谁是旗人谁是汉人。可见汉满之间的分别尚未尽泯，满人的民族意识还是存在的。老舍对于旗人，尤其是赤贫的旗人，就很关切。他这一部《正红旗下》便是以全副力量描写他自己的身世，也同时描写那一时代的旗人生活状态。可惜的是他没写完。

一九六四年夏天老舍在河北密云县耧营大队住了约三个月。为什么老舍要到那地方去？是"劳动改造"？是"下放"？是自费旅游？是官方招待？我们不知道。老舍有一篇散文题名《下乡简记》，记他的耘营之旅，开头一段是这样的：

地点：密云县机关公社的耘营大队。耘营位于密云县城外，东西约五里。

原因：为什么要到耘营去？因为这里有不少满汉旗人。

在辛亥以前，满蒙旗人当兵吃粮为主要出路，往往是一人当兵，全家都吃那一份钱粮，生活很困难，赶到辛亥革命以后，旗兵钱粮停发，生活可就更困难了。旗兵只会骑马射箭，不会种地，没有手艺，钱粮一停，马上挨饿。他们的子弟呢，只有少数念过书，又不善于劳动，只有做一些小生意，往往连自己也养不活。原来，清朝皇帝对旗人的要求，就是只准报效朝廷，不许自谋生计，这就难怪他们不善于劳动了。辛亥革命呢，又有点笼统地仇视满人。这么一来，整整齐齐的耘营就慢慢地变成"叫花子营"了！有的人实在当无可当，卖无可卖，便拆毁了营房，卖了木料；有的甚至于卖儿卖女！拆、典、当、卖、死、走、逃、亡，悲惨万状。这里原有满蒙旗人二千户，是乾隆四十五年由北京调拨来的，担任皇帝到承德去避暑或狩猎的中途保护工作。到解放时，只剩下二百多户，都极穷困。因此，我要去看，他们今天是怎样活着呢。

老舍出生地小杨家胡同在北京城里，辇毂之下，在义和团时代即已堕落成那个样子，由北京调拨到密云县的耘营大队，情形还好得了吗？似乎不能怪辛亥革命之仇视满人。一大群人任事不做平白领饷，无论如何是说不过去的。满清最初也不是完全不重视八旗的教养，《清会典》："八旗都统，满洲八人，蒙古八人，汉军八人……掌八旗之政令，稽其户口，经其教养，序其官爵，简其军赋……"二十四位都统，还有四十八位副都统，在"经其教养"方面究竟做了些什么事？据《清会典》事例："雍正七年议准，满洲蒙古，每参领下各设学舍一所，十二岁以上幼丁均准入学"，是为"八旗义学"。又"顺治元年定，八旗各择官房一所，建为学舍，以教八旗子弟"，是为"八旗官学"。此外，八旗有公产，"不下数十万亩，详查八旗闲散人内，有正身情愿下乡种地者，上地给予一百亩，中地给予一百五十亩，下地给予二百亩，令携家口居乡耕种。初耕之年，量给牛种房屋之资"。又"雍正二年覆准，以二百余顷作为井田，将无产业之满洲蒙古汉军，共一百户，前往耕种，每户授田百亩，凡八百亩为私田，百亩为公田……设立村庄，盖土房四百间，给予种地人口粮耕牛籽种农具，以便耕种，并于八旗废官内拣选二人前往管理"。凡此种种法令设施，早年对于旗人福利之关切不可谓漫不经心，此后苟能本此精神认真办理，旗兵驻扎之地的后人应该不至于沦落为"叫花子营"。此则吾人读《正红旗下》之后，于表示同情之余，又不能不有的一番感慨。

老舍写《正红旗下》的真正主题，据胡絜青的说明，乃是"要告诉读者：清朝是怎样由'心儿里'烂掉的，满人是怎样向两极分化的，人民是怎样向反动派造反的，中国是一个何等可爱的由多民族组成的统一的大有希望的国家……"这一个伟大的主题，由于这部小说才写了一个开端便停止了，我们无法看到老舍怎样地去发挥。

老舍夫人胡絜青是一位画家，曾拜在齐白石门下，大笔纵横，饶有气魄，最近曾在香港展出她的作品，我看到她的精印的画册。

附印在文左她写的四个大字"健康是福"，我们不难从这四个字揣想她的心情，一个人能健康地活着便是幸福，这是人生起码的条件，然而也是很难得的理想啊！

胡适先生二三事

胡先生是安徽徽州绩溪县人，对于他的乡土念念不忘，他常告诉我们他的家乡的情形。徽州是个闭塞的地方。四面皆山，地瘠民贫，山地多种茶，每逢收茶季节茶商经由水路从金华到杭州到上海求售，所以上海的徽州人特多，号称徽帮，其势力一度不在宁帮之下。四马路一带就有好几家徽州馆子。民国十七八年间，有一天，胡先生特别高兴，请努生光旦和我到一家徽州馆吃午饭。上海的徽州馆相当守旧，已经不能和新兴的广东馆四川馆相比，但是胡先生要我们去尝尝他的家乡风味。

我们一进门，老板一眼望到胡先生，便从柜台后面站起来笑脸相迎，满口的徽州话，我们一点也听不懂。等我们扶着栏杆上楼的时候，老板对着后面厨房大吼一声。我们落座之后，胡先生问我们是否听懂了方才那一声大吼的意义。我们当然不懂，胡先生说："他是在喊：'绩溪老倌，多加油啊！'"原来绩溪是个穷地方，难得吃油大，多加油即是特别优待老乡之意。果然，那一餐的油不在少。有两个菜给我的印象特别深，一个是划水鱼，即红烧青鱼尾，鲜嫩无比，一个是生炒蝴蝶面，即什锦炒生面片，非常别致。缺点是味太咸，油太大。

徽州人聚族而居，胡先生常夸说，姓胡的、姓汪的、姓程的、姓吴的、姓叶的，大概都是徽州，或是源出于徽州。他问过汪精卫、叶恭绰，都承认他们祖上是在徽州。努生调侃地说："胡先生，如果再扩大研究下去，我们可以说中华民族起源于徽州了。"相与拊掌大笑。

吾妻季淑是绩溪程氏，我在胡先生座中如遇有徽州客人，胡先生必定这样地介绍我："这是梁某某，我们绩溪的女婿，半个徽州人。"他的记忆力特别好，他不会忘记提起我的岳家早年在北京开设的程五峰斋，那是一家在北京与胡开文齐名的笔墨店。

胡先生酒量不大，但很喜欢喝酒。有一次他的朋友结婚，请他证婚，这是他最喜欢做的事，筵席只预备了两桌，礼毕入席，每桌备酒一壶，不到一巡而壶告罄。胡先生大呼添酒，侍者表示为难。主人连忙解释，说新娘是 Temperance League（节酒会）的会员。胡先生从怀里掏出现洋一元交付侍者，他说："不干新郎新娘的事，这是我们几个朋友今天高兴，要再喝几杯。赶快拿酒来。"主人无可奈何，只好添酒。

事实上胡先生从不闹酒。民国二十年春，胡先生由沪赴平，道出青岛，我们请他到青岛大学演讲，他下榻万国疗养院。讲题是"山东在中国文化上的地位"，就地取材，实在高明之至，对于齐鲁文化的变迁，儒道思想的递嬗，讲得头头是道，娓娓不倦，听众无不欢喜。当晚青大设宴，有酒如渑，胡先生赶快从袋里摸出一只大金指环给大家传观，上面刻着"戒酒"二字，是胡太太送给他的。

胡先生交游广，应酬多，几乎天天有人邀饮，家里可以无须开伙。徐志摩风趣地说："我最羡慕我们胡大哥的肠胃，天天酬酢，肠胃居然吃得消！"其实胡先生并不欣赏这交际性的宴会，只是无法拒绝而已。民国二十年六月二十一日胡先生写信给我，劝我离开青岛到北大教书，他说："你来了，我陪你喝十碗好酒！"

胡先生住上海极司菲尔路的时候，有一回请"新月"一些朋友到他家里吃饭，菜是胡太太做的——徽州著名的"一品锅"。一只大铁锅，口径差不多有一英尺，热腾腾地端了上桌，里面还在滚沸，一层鸡，一层鸭，一层肉，点缀着一些蛋皮饺，紧底下是萝卜白菜。胡先生详细介绍这一品锅，告诉我们这是徽州人家待客的上品，酒菜、饭菜、汤，都在其中矣。对于胡太太的烹调本领，他是赞不绝口的。他认为另有一样食品也是非胡太太不办的，那就是蛋炒饭——饭里看不见蛋而蛋味十足，我虽没有品尝过，可是我早就知道其做法是把饭放在搅好的蛋里拌匀后再下锅炒。

胡先生不以书法名，但是求他写字的人太多，他也喜欢写。他做中国公学校长的时候，每星期到吴淞三两次，我每次遇见他都是看到他被学生们里三层外三层地密密围绕着。学生要他写字，学生需要自己备纸和研好的墨。他未到校之前，桌上已按次序排好一卷一卷的宣纸，一盘一盘的墨汁。他进屋之后就伸胳膊挽袖子，挥毫落纸如云烟，还要一面和人寒暄，大有手挥五弦目送飞鸿之势。胡先生的字如其人，清癯消瘦，而且相当工整，从来不肯作行草，一横一捺都拖得很细很长，好像是伸胳膊伸腿的样子。不像瘦金体，没有那一份劲逸之气，可是不俗。胡先生说起蔡孑民先生的字，也是瘦骨嶙峋，和一般人点翰林时所写的以黑大圆光著名的墨卷迥异其趣，胡先生曾问过他，以他那样的字何以能点翰林，蔡先生答说："也许是因为当时最流行的是黄山谷的字体吧！"

胡先生最爱写的对联是"大胆地假设，小心地求证；认真地做事，严肃地做人"。我常惋惜，大家都注意上联，而不注意下联。这一联有如双翼，上联教人求学，下联教人做人，我不知道胡先生这一联发生了多少效果。这一联教训的意味很浓，胡先生自己亦不讳言他喜欢用教训的口吻。他常说："说话而教人相信，必须斩钉截铁，咬牙切齿，翻来覆去地说，圣经里便是时常使用verily 以及Thou shalt 等字样。"胡先生说话并不武断，但是语气永远是非常非常坚定的。

赵瓯北的一首诗"李杜诗篇万口传，至今已觉不新鲜。江山代有才人出，各领风骚数百年"，也是胡先生所爱好的，显然是因为这首诗的见解颇合于提倡新文学者的口味。胡先生到台湾后，有一天我请他到师大讲演，讲的是 "中国文学的演变"，以六十八高龄的人犹能谈上两个钟头而无倦色。在休息的时间，《中国语文一月刊》请他题字，他题了三十多年前的旧句："山风吹散了窗纸上的松影，吹不散我心头的人影。"

胡先生毕生服膺科学，但是他对于中医问题的看法并不趋于极端，和傅斯年先生一遇到孔庚先生便脸红脖子粗的情形大不相同。（傅斯年先生反对中医，有一次和提倡中医的孔庚先生在国民参政会席上相对大骂几乎要挥老拳。）胡先生笃信西医，但也接受中医治疗。

民国十四年二月孙中山先生病危，从医院迁出，住进行馆，改试中医，由适之先生偕名医陆仲安诊视。这一段经过是大家知道的。陆仲安初籍籍无名，徽州人，一度落魄，住在绩溪会馆所以才认识胡先生，偶然为胡先生看病，竟奏奇效，故胡先生为他揄扬，名医之名不胫而走。事实上陆先生亦有其不平凡处，盛名固非幸致。十五六年之际，我家里有人患病即常延陆来诊。陆先生诊病，无模棱两可语，而且处方下药分量之重令人惊异。药必须要到同仁堂去抓，否则不悦。每服药必定是大大的一包，小一点的药锅便放不进去。贵重的药更要大量使用。他的理论是：看准了病便要投以重剂猛攻。后来在上海有一次胡先生请吃花酒，我发现陆先生亦为席上客，那时候他已是大腹便便、仆仆京沪道上专为要人治病的名医了。

胡先生左手背上有一肉瘤隆起，医师劝他割除，他就在北平协和医院接受手术，他告诉我医师们动手术的时候，动用一切应有的设备，郑重其事地为他解除这一小患，那份慎重将事的态度使他感动。又有一次乘船到美国去开会，医师劝他先割掉盲肠再做海上旅行，以免途中万一遭遇病发而难以处治，他欣然接受了外科手术。

我没看见过胡先生请教中医或服中药，可是也不曾听他说过反对中医中药的话。

胡先生从来不在人背后说人的坏话，而且也不喜欢听人在他面前说别人的坏话。有一次他听了许多不相干的闲话之后喟然而叹曰："来说是非者，便是是非人！"相反的，人有一善，胡先生辄津津乐道，真是口角春风。徐志摩给我的一封信里有"胡圣潘仙"一语，是因为胡先生向有"圣人"之称，潘光旦只有一条腿可跻身八仙之列，并不完全是戏谑。

但是誉之所至，谤亦随之。胡先生到台湾来，不久就出现了《胡适与国运》匿名小册子（后来匿名者显露了真姓名），胡先生夷然处之，不予理会。胡先生兴奋地说，大陆印出了三百万字清算胡适思想，言外之意《胡适与国运》太不成比例了。胡先生返台定居，本来是落叶归根非常明智之举，但也不是没有顾虑。首先台湾气候并不适宜。一九五七年十一月二十五日给陈之藩先生的信就说："请胸部大夫检查两次 X 光照片都显示肺部有弱点（旧的、新的）。此君很不赞成我到台湾的'潮冷'又'潮热'的气候去久住。"但是一九五六年十一月十八日给赵元任夫妇的信早就说过："我现在的计划是要在台中或台北……为久居之计。不管别人欢迎不欢迎，讨厌不讨厌，我在台湾是要住下去的。（我也知道一定有人不欢迎我长住下去。）" 可见胡先生决意来台定居，医生的意见也不能左右他，不欢迎他的人只好写写《胡适与国运》罢了。

一九六〇年七月十日胡先生在西雅图举行"中美文化合作会议"发表的一篇讲演，是很重要的文献，原文是英文的，同年七月廿一、廿二、廿三，中央日报有中文译稿。在这篇讲演里胡先生历述中国文化之演进的大纲，结论是："我相信人道主义及理性主义的中国传统，并未被毁灭，且在所有情形下不能被毁灭！"大声疾呼，为中国文化传统做狮子吼，在座的中美听众一致起立欢呼鼓掌久久不停，情况是非常动人。事后有一位美国学者称道这篇演讲具有"丘吉尔作风"。我觉得像这样的言论才算得是弘扬中国文化。当晚，在旅舍中胡先生取出一封复印信给我看，是当地主人华盛顿大学校长欧地嘉德先生特意复印给胡先生的。这封信是英文的，是中国人写的英文，起草的人是谁不问可知，是写给欧地嘉德的，具名连署的人不下十余人之多，其中有"委员"、有"教授"，有男有女。信的主旨大概是说：胡适是中国文化的叛徒，不能代表中国文化，此番出席会议未经合法推选程序，不能具有代表资格，特予郑重否认云云。我看过之后交还了胡先生，问他怎样处理，胡先生微笑着说："不要理他！"我不禁想起《胡适与国运》。

胡先生在师大讲演中国文学的变迁，弹的还是他的老调。我给他录了音，音带藏师大文学院英语系。他在讲词中提到律诗及平剧，斥为"下流"。听众中喜爱律诗及平剧的人士大为惊愕，当时面面相觑，事后议论纷纷。我告诉他们这是胡先生数十年一贯的看法，可惊的是他几十年后一点也没有改变。中国律诗的艺术之美，平剧的韵味，都与胡先生始终无缘。八股、小脚、鸦片，是胡先生所最深恶痛绝的，我们可以理解。律诗与平剧似乎应该属于另一范畴。

胡先生对于禅宗的历史下过很多功夫，颇有心得，但是对于禅宗本身那一套奥义并无好感。有一次朋友宴会饭后要大家题字，我偶然地写了"无门关"的一偈，胡先生看了很吃一惊，因此谈起禅宗，我提到日本铃木大拙所写的几部书，胡先生正色说："那是骗人的，你不可信他。"

闻一多在珂泉

闻一多在一九二二年出国，往芝加哥美术学院学习绘画。对于到外国去，闻一多并不怎样热心。那时候，他是以诗人和艺术家自居的，而且他崇拜的是唯美主义。他觉得美国的物质文明尽管发达，那里的生活未必能适合他的要求。对于本国的文学艺术他一向有极浓厚的兴趣。他对我说过，他根本不想到美国去，不过既有这么一个机会，走一趟也好。

一多在船上写了一封信来，他说：

> 我在这海上漂浮的六国饭店里笼着，物质的供奉奢华极了，但是我的精神乃在莫大的压迫之下。我初以为渡海的生涯定是很沉寂幽雅辽阔的；我在未上船以前，又时时在想着在汉口某客栈看见的一幅八仙渡海的画，又时时想着郭沫若君的这节诗——
>
> 无边天海呀！
>
> 一个水银的浮沤！
>
> 上有星汉湛波，
>
> 下有融晶泛流，
>
> 正是有生之伦睡眠时候。
>
> 我独披着件白孔雀的羽衣，
>
> 遥遥的，遥遥的，
>
> 在一只象牙舟上翘首。
>
> 但是既上船后，大失所望。城市生活不但是陆地的，水上也有城市生活。我在烦闷时愈加渴念我在清华的朋友。这里竟连一个能与谈话的人都找不着。他们不但不能同你讲话，并且闹得你起坐不宁。走到这里是"麻雀"，走到那里又是"五百"，散步他拦着你的道路，静坐扰乱

你的思想。我的诗被他们戕害到几底于零，到了日本海峡及神户之布引泷等胜地，我竟没有半句诗的赞叹歌讴。不是到了胜地一定得作诗，但是胜地若不能引起诗兴，商店工厂还能吗？……

他到了美国之后八月十四日自芝加哥写的一封信，首尾是这样的：

> 在清华时，实秋同我谈话，常愁到了美国有一天被碾死在汽车轮下。我现在很欢喜地告诉他，我还能写信证明现在我还没有碾死。但是将来死不死我可不敢担保。……
>
> ……
>
> 啊！我到芝加哥才一个星期，我已厌恶这生活了。

他虽厌恶芝加哥的烦嚣，但他对美国的文化却很震惊，他在这第一封信里就说："美国人审美的程度是比我们高多了。讲到这里令我起疑问了。何以机械与艺术两个绝不相容的东西能够同时发展到这种地步呢？"

一多在芝加哥的生活相当无聊，学画画是些石膏素描，顶多画个人体，油画还谈不上。图画最要紧的是这一段苦功，但是这与一多的个性不能适合。他在九月十九日来信说：

> 实秋：
>
> 阴雨终朝，清愁如织；忽忆放翁"欲知白日飞升法，尽在焚香听雨中"之句，即起焚香，冀以"雅"化此闷雨。不料雨听无声，香焚不燃，未免大扫兴会也。灵感久渴，昨晚忽于枕上有得，难穷落月之思，倘荷骊珠。

可见他对于中国文学未能忘情。他于翌年二月十五日来信说：

> 我不应该做一个西方的画家，无论我有多少的天才！我现在学西方

的绘画是为将来做一个美术批评家，我若有所创作，定不在纯粹的西画里。但是我最希望的是做一个艺术的宣道者，不是艺术的创造者。

可见他对于绘画之终于不能专心，是早已有了预感，又因为青春时期只身远游，感触亦多，他不能安心在芝加哥再住下去。他于五月二十九日来信说：

芝加哥我也不想久居。本想到波士顿，今日接到你的信，忽又想起陪你上Colorado住个一年半载，也不错。你不反对吧？

我想他既要学画，当然应该在芝加哥熬下去。虽然我也很希望他能来珂泉和我一起读书，但是我并不愿妨碍他的图画学习。所以我并不鼓励他到珂泉来。

我在一九二三年秋到了珂泉（Colorado Springs），这是一座西部的小城，有一个大学在此地，在一些西部小规模的大学里，这算是比较好的一个。这里的风景可太好了，因为这城市就在落基山下，紧靠在那终年积雪的派克峰的脚下，到处是风景区。我到了这里之后，买了十二张风景片寄给一多，未署一字，我的意思只是报告他我已到了此地，并且用这里的风景片挠他一下。没想到，没过一个星期的工夫，一多提着一只小箱子来了。

一多来到珂泉，是他抛弃绘画专攻文学的一个关键。

科罗拉多大学有美术系，一多是这系里唯一的中国人。系主任利明斯女士，姐妹两个都是老处女，一个教画，一个教理论。美国西部人士对于中国学生常有好感，一多的天才和性格都使他立刻得到了利明斯女士的赏识。我记得利明斯有一次对我说："密斯特闻，真是少有的艺术家，他的作品先不论，他这个人就是一件艺术品，你看他脸上的纹路，嘴角上的笑，有极完美的节奏！"一多的脸是有些线条，显然节奏我不大懂。一多在这里开始画，不再画素描，却画油彩了。他的头发养得很长，披散在头后，黑领结，那一件画室披衣，东一块红，西一块绿，水渍油痕到处皆是，揩鼻涕，抹桌子，擦手，御雨，全是它。一个十足的画家！

我们起先在一个人家里各租一间房。房东是报馆排字工人，昼伏夜出，我们过了好几个月才知道他的存在。房东太太和三个女儿天天和我们一桌上吃饭。这一家人待我们很好，但都是庸俗的人。更庸俗的是楼上另外两个女房客，其中一个是来此养病的纽约电话接线生，异性的朋友很多，里面有一位还是我们中国学生，几乎每晚拿着一只吹奏喇叭来奏乐高歌，有时候还要跳舞。于是我们搬家。为了省钱，搬到学校宿舍海格门楼。这是一座红石建的破败不堪的楼房，像是一座堡垒。吃饭却成了问题。有时候烧火酒炉子煮点咖啡或清茶，买些面包，便可充饥。后来胆子渐渐大了，居然也可炒木须肉之类。有一次一多把火酒炉打翻，几乎烧着了窗帘，他慌忙中燃了头发眉毛烫了手。又有一次自己煮饺子，被人发现，管理员来干涉了，但见我们请他吃了一个之后，他不说话了，直说好吃。他准许我们烧东西吃，但规模不可太大。

一多和我的数学根底原来很坏，大学一定要我们补修，否则不能毕业。我补修了，一多却坚持不可。他说不毕业没有关系，却不能学自己所不愿学的课程。我所选的课程有一门是"近代诗"，一共讲二十几个诗人的代表作品。还有一门是"丁尼生与勃朗宁"。一多和我一同上课。他在这两门课程里得到很大的益处。教授戴勒耳先生是很称职的，他的讲解很精湛。一多的《死水》，在技术方面很得力于这时候的学习。在节奏方面，一多很欣赏吉卜林，受他的影响不小。在情趣方面，他又沾染了哈代与霍斯曼的风味。我和一多在这两门功课上感到极大兴趣，上课听讲，下课自己阅读讨论。一多对于西洋文学的造诣，当然不止于此，但正式的有系统的学习是在此时打下一些根基。

我们在学校里是被人注意的，至少我们黄色的脸便令人觉得奇怪。有一天，学生赠的周刊发现了一首诗，题目是*Sphinx*，作者说我们中国人的脸沉默而神秘，像埃及人首狮身的怪物，他要我们回答他，我们是在想些什么。这诗并无恶意，但是我们要回答，我和一多各写了一首小诗登在周刊上。这虽是学生时代的作品，但是一多这一首写得不坏，全校师生以后都对我们另眼看待了。一多的诗如下：

ANOTHER "CHINEE" ANSWERING

My face is Sphinx-like,

It puzzles you,you say,

You wish that my lips were articulate,

You demand my answer.

But what if my words are riddles to you?

You who would not sit down

To empty a cup of tea with me,

With slow, graceful, intermittent sips,

who would not set your thoughts afloat

on the reeling vapors

Of a brimming tea-cup， placid and clear—

You who are so busy and impatient

Will not discover my moaning.

Even my words might be riddles to you,

 so I choose to be silent.

But you hailed to me,

I love your child-like voice,

Innocent and half-bashful

We shall be friends.

Still I choose to be silent before you.

In silence I shall bear you

The best of presents.

I shall bear you a jade tea-cup,

Translucent and thin,

Green as the dim light in a bamboo grove;

I shall bear you an embroidered gown

Charged with strange, sumptuous designs——

Harlequin in lozenges,

Bats and butterflies，

Golden-bearded, saintly dragons

Braided into iridescent threads of dream;

I shall bear you sprays.

Of peach-blossoms, plum-blossoms， pear-blossoms；

I shall bear you silk-bound books

In square， grotesque characters.

Silently and with awe

I shall bear you the best of presents.

Through the companion with my presents

You will know me——

You will know cunning,

Vice,

Or wisdom only.

But my words nights be riddles to you,

So I choose to be silent.

　　一多画画一直没有停，有一天利明斯教授告诉他纽约就要举行一年一度的画展，选择是很严的，劝他参加。一多和我商量，我也怂恿他加入竞赛。一多无论做什么事，不做便罢，一做便忘寝废食。足足有一个多月，他锁起房门，埋头苦干，就是吃饭也是一个人抽空溜出去，如中疯魔一般地画。大致画完了才准我到他屋里去品评。有一幅人物，画的是一个美国侦探，非常有神。还缺少一张风景画。我建议由我开车送他到山上去写生。他同意了。

一清早，我赁到一辆车，带着画具食品，兴高采烈地上山了。这是我学会开车后的第三天，第一次上山，结果如何是可以想见的。先到了"仙园"，高大的红石笋矗立着，那风景不是秀丽，也不是雄伟，是诡怪。我们向着曼尼图公园驶去，越走越高，忽然走错了路，走进一条死路，尽头处是巉岩的绝崖，路是土路，有很深的辙，只好向后退。两旁是幽深的山涧，我退车的时候手有些发抖。噗的一声，车出了辙，斜叉着往山涧里溜下去了，只听得耳边风忽忽地响，我已经无法控制，一多大叫。忽然咔嚓一声车停了，原来是车被两棵松树给夹住了。我们往下看，乱石飞泉，令人心悸。车无法脱险，因为坡太陡。于是我们爬上山，老远看见一缕炊烟，跑过去一看果然有人，但是，他说西班牙语，戴着宽边大帽，腰上挂一圈绳。勉强做手势达意之后，这西班牙人随着我们去查看，他笑了。他解下腰间的绳子一端系在车上，一端系在山上一棵大树上。我上车开足马力，向上走一尺，他和一多就掣着绳子拉一尺，一尺一尺地车上了大路，西班牙人和我们点点头就走了，但是我再不敢放胆开车，一多的画兴也没有了，我们无精打采地回去了。

风景何必远处求？学校宿舍旁边就很好，正值雪后，一多就临窗画了一幅雪景，他新学了印象派画法，用碎点，用各种颜色代替阴影。这一幅画很精彩。

一共画了十几幅，都配了框，装箱，寄往纽约。在这时候，一多给我画了一张像，他立意要画出我的个性，也要表示他手底的腕力，他不用传统的画法，他用粗壮的笔调大勾大抹，嘴角撇得像瓢似的，表示愤世嫉俗的意味，头发是葱绿色，像公鸡尾巴似的竖立着，这不知是表现什么。这幅像使他很快意。我带回国，家里孩子们看着害怕，后来就不知怎样丢掉了。

纽约的回信来了，只有美国侦探那幅画像得了一颗银星，算是"荣誉的提名"，其他均未入选。这打击对于一多是很严重的。以我所知，一多本不想做画家，但抛弃绘画的决心是自此时始。他对我讲过，中国人画西洋画，很难得与西方人争一日之短长。因为我们的修养背景性格全受了限制。实在是的，我们中国人习西洋画的，成功者极少，比较成功的往往后来都改画中国画了。其实这不仅于绘画为然，即以文学而论，学习西洋文学的人不也是很多人终于感到彷徨而改走中国文学的道路吗？所以一多之完全抛弃西画，虽然是由于这一次的挫折，其实以他那样的性格与兴趣，即使不受挫折，我相信他也会改弦易辙的，不过是时间的早晚而已。

　　我和一多在珂泉整整住了一年。暑假过后，我到波士顿去，他到纽约去。临别时我送了他一只珐琅的香炉，他送了我一部霍斯曼的诗集。

悼齐如山先生

精神矍铄谈笑风生

抗战期间，国立编译馆有一组人员从事平剧修订工作（后来由正中书局出版修订平剧选若干集），我那时适在北碚遂兼主其事，在剧本里时遇到许多不易解决的问题，搔首踟蹰，不知如何落笔。同仁都是爱好戏剧的朋友，其中有票友，也有戏剧学校毕业的，但是没有真正科班出身的，因此对平剧的传统规矩与艺术颇感认识不足，常常谈到齐如山先生，如果能有机会向他请益，该有多好。

胜利后我到北平，因陈纪滢、王向辰两位先生之介得以拜识齐老先生，谈起来才知道齐老先生和先严在同文馆是同班同学，不过一是德文班一是英文班。齐老先生精神矍铄，谈笑风生，除了演剧的事情之外，他的兴趣旁及于小说及一切民间艺术，民间生活习惯以及风俗沿革掌故均能谈来头头是道，如数家珍。以知齐老先生是一个真知道生活艺术的人，对于人生有一份极深挚的爱，这种禀赋是很不寻常的。

年逾七十健壮如常

齐先生收藏甚富，包括剧本、道具、乐器、图书、行头等，抗日军兴，他为保护这一批文献颇费了一番苦心，装了几百只大木箱存在一个比较安全的地方，胜利之后才取了出来。这时节"中国国剧学会"恢复，先生的收藏便得到了一个展览的地方。我记得是在东城皇城根一所宫殿式的房子，原属于故宫，有三间大殿作为展览室，有一座亭子作为客厅。院里有汉白玉的平台和台阶，平台有十来块圆形的大石头，中间有个窟窿，据说是插灯笼用的，我看有一块妨碍行路，便想把它搬开，岂知分量甚重，我摇撼一下便不再尝试。齐老先生走过来就给搬开了，脸不红气不喘，使我甚为惭愧。还有一次在齐先生书斋里，齐先生表演"打飞脚"，一个转身，一声拍脚声，干净利落，我们不由得喝彩，那时在座的有老伶工尚和玉先生，不觉技痒，起身打个飞脚，按说这是他的行当出色的拿手，不料拖泥带水欹里歪斜的几乎跌倒，有人上前把他扶住。那时候齐先生已有七十多岁，而尚健康如此。

提倡国剧不遗余力

中国国剧学会以齐先生为理事长，陈纪滢、王向辰和我都是理事，此外还延请了若干老伶工参加，如王瑶卿、王凤卿、尚和玉、侯喜瑞、萧长华、郝寿臣等，徐兰沅也在内。因为这个关系，我得有机会追随齐老先生之后遍访诸位伶工，听他们谈起内廷供奉，以及当年的三庆四喜，梨园往事，真不禁令人发思古之幽情。由于我们的建议，后来在青年会开了一次国剧晚会，请老伶工十余位分别登台随意讲说他们演剧的艺术，这些老人久已不与观众见面，故当时盛况空前。我们为国剧学会提出了许多工作计划，在齐先生领导之下，我们不时地研讨如何整理、研究、保藏、传授国剧的艺术。我在一九四八年冬离平赴粤，随后接到齐老先生自基隆来信，附有纪游小诗二首，我知道他老先生已到台湾，深自为他庆幸，也奉和了两首歪诗。一九四九年我到台湾，因为事忙，很少机会趋候问安，但是经常看到他的写作，年事已高而笔墨不辍，真是惭愧后生，最近先生所著《国剧艺术汇考》出版，承赐一册，并在电话中嘱我批评，我不敢有负长辈厚意，写读后一文交《中国一周》，不数日而先生遽归道山！

钻研学问既专且精

先生对于国剧之贡献已无须多赘。我觉得先生治学为人最足令人心折之处有二：一是专精的研究精神，一是悠闲的艺术生活。

我们无论研究哪一门学问，只要持之以恒，日积月累即有可观，这点道理虽是简单，实行却很困难。齐先生之于国剧是使用了他的毕生精力，看他从年轻的时候热心戏剧起一直到倒在剧院里，真是始终如一的生死以之。他搜求的资料是第一手的，是从来没经人系统地整理过的，此中艰辛真是不足为外人道，而求学之乐亦正在于此。齐先生的这种专精精神，是可以做我们的楷模的。

享受生活随遇而安

齐先生心胸开朗，了无执着，所以他能享受生活，把生活当作艺术来享受，所以他风神潇洒，望之如闲云野鹤。他并不是穷奢极侈地去享受耳目声色之娱，他是随遇而安地欣赏社会人生之形形色色。他有闲情逸致去研讨"三百六十行"，他不吝与贩夫走卒为伍，他肯尝试各样各种的地方小吃。有一次他请我们几个人吃"豆腐脑"，在北平崇文门外有一家专卖豆腐脑的店铺，我这北平土著都不知道有这等的一个地方，果然吃得很满意。他的儿媳黄瑗珊女士精于烹调，有一部分可能是由于齐先生的指点。齐先生生活丰富，至老也不寂寞。他有浓烈守旧的乡土观念，同时有极开通的自由想法，看看他的家庭，看看他的生活方式，我们不能不钦佩他的风度。

老成凋谢，哲人其萎，怀想风范，不禁唏嘘！

悼朱湘先生

偶于报端得知朱湘先生死耗，但尚不知其详。文坛又弱一个，这是很令人难过的。我和朱先生幼年同学，近年来并无交往，然于友辈处亦当得知其消息，故于朱先生平素为人及其造诣，亦可以说略知一二。朱先生读书之勤，用力之专是很少见的。可惜的是他的神经从很早的时候就有很重的变态现象，这由于早年家庭环境不良，抑是由于遗传，我可不知道。他的精神变态，愈演愈烈，以至于投江自尽，真是极悲惨的事。关于他的身世遭遇理解最深者在朋友中无过于闻一多、饶子离二位。我想他们一定会写一点文字，纪念这位亡友的。

在上海申报自由谈（十二月十七日、十九日）有两篇追悼朱湘先生的文章略谓："他的死，可说完全是受社会的逼迫。固然，他的性情，不免孤僻，这是他的一般朋友所共知，不过生活的不安，社会对他的漠视，即是他自杀的近因，他不知道现在社会，只认得金钱，只认得势利，只认得权力，天才的诗人，贫苦女士，在它的眼下！朱湘先生他既不会蝇营狗苟，亦不懂得争权夺利，所以在这黑暗的社会中，只得牺牲一生了。我恐怕现在在社会的压迫下，度着困苦的生活，同他一样境遇的，还不知道有多少呢？朱湘先生之自杀，正是现代社会黑暗的反映，也正是现代社会不能尊重文人的表现。"（余文伟）

"这件事报纸上面好像没有什么记载，其实是很值得注意的，因为他的意义并不限于朱湘一个人。这位诗人的性情据说非常孤傲，自视很高。据他想象他这样一个诗人，虽然不能像外国的桂冠诗人一样，有什么封号；起码也应该使他生活得舒服一点，使他有心情写诗，可是这个混乱的中国社会，不但不给他舒服的生活，而且简直不给他生活，这样冷酷他自然是感到的。他不能认识社会，了解社会，既不承认能够纵容他，把他像花草一样培养起来的某种环境已经崩溃，更不相信那个光明灿烂的时期真会实现，所以他只看到一片深沉的黑暗。这种饮命的绝望，使他没有生活下去的勇气，使他不得不用自杀来解决内心的苦闷。朱湘

已经死了，跟他选上这条死路的，恐怕在这大批彷徨践路的智识群中，还有不少候补者吧。"（何家槐）

这两位作者认定朱先生之自杀"完全是受社会的逼迫"，这个混乱的中国社会，"简直不给他生活"。对于死人，照例是应该说好话的。对于像朱先生这样有成绩的文人之死，自然格外地值得同情。不过，余何两位的文章，似乎太动了情感，一般不识朱先生的人，读了将起一种不十分正确的印象，就以为朱先生之死，一股脑儿地由"社会"负责。

中国社会之"混乱"自然是一件事实，在这社会中而要求"生活得舒服一点"的确是不容易。不过以朱湘先生这一个来说，我觉得他的死应由他自己的神经错乱负大部分责任，社会之"冷酷"负小部分责任。我想凡认识朱先生的将同意于我这判断。朱先生以"留学生"、"大学教授"的资格和他的实学而要求"生活得舒服一点"不是不可能的。不幸朱先生的脾气似乎太孤高了一点，不客气地说，太怪僻了一点，所以和社会不能调谐。若说"社会"偏偏要和文人作对，偏偏不给他生活，偏偏要逼他死，则我以为社会的"冷酷"，尚不至于"冷酷"至此！

文人有一种毛病，即以为社会的待遇太菲薄。总以为我能作诗，我能写小说，我能做批评，而何以社会不使我生活得舒服一点。其实文人也不过是人群中之一部分，凭什么他应该要求生活得舒适？他不反躬问问自己究竟贡献了多少？譬如，郁达夫先生一类的文人，报酬并不太薄，终日花天酒地，过的是中级的颓废生活，而提起笔来，辄拈酸叫苦，一似遭了社会的最不公待遇，不得已才沦落似的。这是最令人看不起的地方。朱湘先生，并不是这样的人，他的人品是清高的，他一方面不同污合流地摄取社会的荣利，他另一方面也不嚷穷叫苦取媚读者。当今的文人，最擅长的是"以贫骄人"，好像他的穷即是他的过人长处，此真无赖之至。若以为朱先生之死完全由于社会的逼迫，岂非厚诬死者？

本来靠卖文为生是很苦的，不独于中国为然。在外国因为读书识字的人多，所以出版事业是盈利的大商业，因之文人的报酬亦较优厚，然试思十八世纪之前，又几曾听说有以卖文为生的文学家？大约除了家中富有或蒙贵人赏拔的人才能专门从事著述。从近代眼光看来，受贵人赏拔是件可耻的事。在我们中国文人一向是清苦的，在如今凋敝的社会里自然是更要艰窘。据何家槐君所说：

他的文章近几年来发表得很少，而且诗是卖不起钱的，要想靠这个维持生活真是梦想。听说有家杂志要他的诗稿，因他要求四元一行，那位素爱揩油的编辑就很生气地拒绝刊登。

我所怪的不是编辑先生之"拒绝刊登"，而是朱先生的"要求四元一行"，当然那位编辑先生之"很生气"是大可不必的。文学只好当作副业，并且当作副业之后对于文学并无妨。有些诗人以为能写十行八行诗之后便自命不凡地以为其他职业尽是庸俗，这实在是误解。我们看古往今来的多少文学家，有几人以文学为职业？当今有不少的青年，对于文学富有嗜好，而于为人处世之道遂不讲求，这不是健康的现象。我于哀悼朱湘先生之余，不禁得想起了这些话说。

朱先生之死是否完全由于社会逼迫，抑是还有其他错综的情形，尚有待于事实的说明，知其是精神错乱，他自己当然也很难负责，只能归之于命运，不过精神并未错乱的文人们，应该知道自爱，应该有健康的意志、理性和毅力，来面对这混乱的社会吧！

还有一点，写诗是和许多别种工作一样，并不见得一定要以"生活舒服一点"为先决条件的，饿了肚子当然是不好工作的，"穷而后工"也不过是一句解嘲的话。然而，若谓"生活得舒服一点"以后才能"有心情写诗"，这种理论我是不同意的。现下的诗人往往写下四行八行的短诗，便在后面缀上"于莱茵河边""于西子湖畔"，这真令人作呕。诗是在什么地方都可以写的，不必一定要到风景美的地方去。诗在什么时候都可以写的，不必一定要在"舒服"的时候。所谓"有心情写诗"，那"心情"不是视"舒服"与否而存减的。诗人并没有理由特别地要求生活舒适。社会对诗人特别推崇与供养，自然是很好的事，可是在诗人那方面并不该怨天尤人地要求供养。要做诗人应先做人。这并非是对朱湘先生的微词，朱湘先生之志行高洁是值得我们尊敬的，他的自杀是值得我们哀悼的。不过生活着的文人们若是借着朱先生之死而发牢骚，那是不值得同情的。

悼念道藩先生

道藩先生于一九三〇年在青岛任国立青岛大学教务长，住家在鱼山路一个小小的山坡上，我是他的邻居，望衡对宇，朝夕过从。我到他家里去拜访，看见壁上挂着他的油画作品，知道他原来是学美术的。校长杨振声先生私下对我说："道藩先生一向从事党务工作，由他来主持教务，也可以加强学校与中央的联系。"这话说得很含蓄。

青岛虽然是个有山有水的好地方，但是诚如闻一多所说，缺少文化。何以解忧，唯有杜康。我们几个朋友戏称为酒中八仙，其中并不包括道藩，部分原因是他对杯中物没有特别的偏爱。他偶然也参加我们的饮宴，他也能欣赏我们酒酣耳热的狂态。他有一次请假返回贵州故乡，归时带来一批茅台酒，分赠我们每人两瓶。那时候我们不曾听说过茅台的名字，看那粗陋的瓶装就不能引起好感，又据说是高粱酿制，益发不敢存奢想，我们都置之高阁。是年先君来青小住，一进门就说有异香满室，启罐品尝，乃赞不绝口。于是，我把道藩分赠个人的一份尽数索来，以奉先君。从此我知道高粱一类其醇郁无出茅台之右者。以后茅台毁于兵燹，出品质劣，徒有其名，无复当年风味。

一九三一年，九一八变起，举国惶惶。平津学生罢课南下请愿，要求对日宣战，青岛大学的学生也受了影响，集队强占火车，威胁行车安全。学校当局主张维持纪律，在校务会议中闻一多有"挥泪斩马谡"的表示，决议开除肇事首要分子。开除学生的布告刚贴出去，就被学生撕毁了，紧接着是包围校长公馆，贴标语，呼口号，全套的示威把戏。学生由一些左派分子把持，他们的集合地点便是校内的所谓"区党部"，在学生宿舍楼下一间房里。学校里面附设党的组织，在国内是很平常的事，有时也会因此而和学校当局龃龉。胡适之先生在上海中国公学时，就曾和校内党部发生冲突。区党部和学校当局分庭抗礼，公然行文。青岛大学的区党部情形就更进一步了，"左倾"分子以党部为庇护所，制造风潮，反抗学校当局。后来召请保安警察驱逐捣乱分子，警察不敢进入党部捉人。这时节激怒了道藩先生，他面色苍白，两手抖颤，率领警察走到操场中心，面对着学生宿舍，厉声宣告："我是国民党中央委员，我要你们走出来，一切责任我负担。"由于他的挺身而出，学生气馁了，警察胆壮了，问题解决了。事后他告诉我："我从来不怕事；我两只手可以同时放枪。"我们都知道，如果没有他明辨是非坚忍不拔的精神，那场风波不容易那样平复下去。

他在青岛大学服务不久，被调往浙江任教育厅长。我下一次看见他是在南京，他所创办的国立戏剧专科学校第一届毕业生公演《威尼斯商人》，我应邀请前去参观。道藩先生对于戏剧的热心是无以复加的，几十年来未曾稍杀。国立剧专在余上沅先生主持之下办得有声有色，但是在背后默默做有力支持的是道藩先生，这件事我知道得最清楚。

抗战军兴，我应聘参加国民参政会，由香港转到汉口，这时候道藩先生任教育部次长，在汉口办公，因此几乎每天晚上我们都有机会见面。道藩先生很健谈，喜欢交游。有一天他告诉我，马当失守，政府决定迁往重庆，要我一起入川。教育部设教科书编辑委员会，道藩任主任委员，约我担任中小学教科书组主任，于是我衔着这使命搭乘国民参政会的专轮到了重庆。中小学教科书的供应在当时是一个大问题，因为时势变迁，旧的已不适用，非重编重印不足以应后方之需要。抗战前，杨振声先生受国防会议之托主编了一套中学教科书，尚未竣事，其中包括有沈从文编辑的国文，吴晗的历史等，虽然也很精彩，仍嫌不合时代要求，我担任这个职务，虽是完全义务性质，深感责任重大，幸赖道藩先生的领导及副主任李清悚先生的全力主持，得以应付了抗战时期后方中小学的需要。

教科书编辑委员会因敌机轰炸疏散到北碚后，改由许心武先生任主委，后又并入了国立编译馆。于是我和编译馆开始发生了关系。道藩先生常来北碚，在北碚对岸黄桷树的复旦大学有他不少朋友。如孙寒冰、但荫荪、梁宗岱、吴南轩诸位。蒋碧微女士虽然服务于国立编译馆，却卜居在黄桷树。由重庆到北碚，汽车要走两小时。由北碚到黄桷树，要搭小木船渡过激流的嘉陵江。道藩先生便这样风尘仆仆地无间寒暑地度他的周末，想嘉陵江边的鹅卵石和岸上青青的野草都应该熟悉了他的脚步声。

在台湾，道藩先生主持文奖会，参加审稿的有王平陵、赵友培、侯佩尹等几位，我亦会滥竽其间，平日分别阅稿，每月集会一次。这个组织虽嫌基金太少，但是起了不少的号召作用，多少作者获得了鼓励。其中绝对没有私心，没有门户之见。文奖会结束之后，他曾兴奋地对我说："我得到了一项支援，将创建一座小型剧院。"不幸他困于胃病和失眠，体力日衰，此事竟无下文。

道藩先生最后一次公开露面是在去年《莎士比亚全集》译本出版庆祝会上，他即席致辞，精神还很愉快，但病象已深，不匝年而终于不治。数十年来他待我甚厚，谈笑如昨，遽成九泉之客，临文悼念，为之黯然。

悼念陈通伯先生

我初识通伯先生是在民国十五年夏，那时候他正在《现代评论》上写《闲话》，和鲁迅先生打笔墨战正殷。鲁迅的文笔泼辣刻薄，通伯的文字冷静隽雅，一方面是偏激侥幸，一方面是正人君子。翌年新月书店在上海成立，《西滢闲话》一直是新月的一部畅销书，不仅内容丰富，其文笔之优美也是引人入胜的。通伯惜墨如金，《闲话》之后搁笔甚久，新月陆续给他印了《梅立克短篇小说集》和《少年歌德之创造》。最善催稿挤稿的徐志摩遇到通伯也无法可想。《新月》杂志上只发过他两篇通讯。他就是这样的一个人，有话说时他可以滔滔不断地讲，没有话说时他宁可保持沉默。不轻发言，言必有中。

通伯在海外甚久，我们难得一面。他和叔华都曾回过台湾，晤谈甚欢。我提议在台湾把《闲话》重印，他欣然同意，并且答应我寻觅原书影印。后来他果然从大英博物院图书馆借到原书，删除其中一部分，由我洽商书店影印行世。他要我撰写序文，我义不容辞地写了。删去的一部分，其实是很精彩的一部分，只因事过境迁，对象已不存在，他认为无须再留痕迹，这是他忠厚处。以视"临死咽气的时候一个敌人也不饶"的那种人，真不可同日而语了。

通伯在海外的生活，精神上相当苦痛，老病之身和横逆的环境抗争，国内的人士很难体会其中的艰苦。叔华告诉我他在巴黎我大使馆独力支撑危局的情形，令人听了心酸。通伯退休后，如果不是因为多病，早已返国定居，不料一代文宗，遂做九泉之客！彩云易散，天道宁论！

悼念夏济安先生

夏济安先生在出国的前一天来看我，告诉我他明天动身飞美。饯行是来不及了。我问他几时回来。他眨眨眼，把身体移到椅子的边缘上，吞吞吐吐地说："别人问我，我都回答说半年后回来，梁先生问我，我得讲实话，我不回来了，能够不回来我就不回来了。"我听了并不太吃惊，因为我早已听说他有这样的意思，但是我当时还是怔了一下，勉强地说："在那边多住一些时也好，还是希望你早点回来。"就这样分别了。

三年前我在西雅图遇到他，风采依旧。他问我来此何为，我说："前来抓你，押解回国。"他好像很吃惊，连忙说："此处不是谈话处，等一下我请你吃饭。"他开着汽车载着我和马逢华先生到中国城一家餐馆去，我在途中说："你自己开车，不知保过寿险否？请你注意，我可是没有保寿险。"这是笑话，他其实开车很稳当。席间他把他近来的生活状况约略告我，我觉得他生活大致安定，应该为他高兴。匆匆别后就没有再通过音讯。

想不到没有几年的工夫，济安先生遂做九泉之客！他信守诺言，真个不再回来了！

我和济安先生缔交是在台湾。一九五六年秋间他主编《文学杂志》，往来始勤。一个人难得在"才、学、品"三方面都能出众。济安先生既不写诗，亦不写小说，但是看他写的批评文字就可以看出他卓有见识，并不俯仰随人，这就是才气。他住在温州街的学校宿舍里，斗室之内，獭祭殆满，直令人无就坐处。检其左右鳞次的图书，则中西兼蓄。看这间屋子就知道这屋子的主人是怎样的一个学人。济安先生无家室之累，居恒喜欢饮宴，风流倜傥，好整以暇，有"游于艺"的风度，但是和他相处较久的人都知道他宅心忠厚，待人以诚。他说话有一点口吃，但是在熟朋友之间嬉笑谑浪，他有他的风趣。自古以来，患口吃的有时文笔特别好，例如韩非子，《史记》就描写他说："为人口吃，不能道说，而善著书。"在英国近代文人中有高尔斯密,说话时嗫嚅不能出诸口,而才笔绝世。济安先生在朋友群中是很有人缘的一位。

《文学杂志》在第一卷第一期的卷末《致读者》一文是济安先生的手笔。《文学杂志》是台湾极少数的纯文艺杂志之一,可惜没能维持太久,我手边还存留了一套残缺不全的《文学杂志》,偶再翻阅,觉得济安先生主编这个刊物实在费了不少力量。《致读者》一文是表白他编辑的旨趣,节录纲要如次:

> 我们不想在文坛上标新立异,我们只想脚踏实地,用心写几篇好文章。……
>
> 我们虽然身处动乱时代,我们希望我们的文章并不动乱。我们所提倡的是朴实、理智、冷静的作风。
>
> 我们不想逃避现实。……
>
> 我们不想提倡"为艺术而艺术"。……
>
> 我们认为:宣传作品中固然可能有好文学,文学不可尽是宣传,文学有它千古不灭的价值在。
>
> 我们并非不讲求文字的美丽,不过我们觉得更重要的是:让我们说老实话。
>
> 孔子的道理,在很多地方,将是我们的指南针。因为我们向往孔子开明的,合理的,慕道的,非常认真可是又不失其幽默感的作风。

话说得很平正,也很含蓄。说穿了即是一面反对逃避,一面不肯沦为宣传。这虽然不算高调,却是天下滔滔中不常听到清醒的呼声。从事文学工作,不能学时髦,不能凑热闹,不能视为一种工具而去追求急功近利,文学家多多少少总有些孤特之处。世间最骇世震俗之事莫过于"说老实话",最滑稽最可笑者亦莫过于"说老实话"。济安先生主编《文学杂志》以"说老实话"为标榜,用心深矣。

可惜杂志如昙花一现,人亦如昙花一现。但是三千大千世界中又有哪一事物不是昙花一现呢?

悼叶公超先生

我在民国十五年留学归来，在北平就认识了公超。他原名叶崇智，在当时一般朋友里年纪最小，大家都叫他"小叶"，带有一点亲昵的意思。他的英文造诣特深，说写都很出色，因为他是在美国读完高中才进入艾默斯特大学。在北大外文系教书，颇负盛名。

民国十六年他来到上海，他和郑洪年先生是世交，郑先生是他的叔父叶玉虎先生的好友。郑先生接长国立暨南大学，聘他为外文系主任兼图书馆长。他就在图书馆楼下辟一小室居住其间，坐拥书城，引以为荣。此时我由龚业光、谢征孚先生之介，亦已接受暨南之聘，遂与公超成为同事。我一星期去真茹三次，上课之前之后总是到图书室和公超聊天。我从图书室借到一本《彼得·潘》译成了中文，交新月书店出版，请公超写了一篇序。他不轻易落笔，凡有所作必定事先博览群籍搜求资料，所以这篇序写得非常出色，他特别兴趣所在是英美近代诗。

《新月》杂志这时候在上海刊行，公超是最初创办者之一，虽然写稿不多，但是都很有分量。本来他不擅中文，而且对于中国文化的认识也不够深。闻一多先生尝戏谑地呼他为"二毛子"，意思是指他精通洋文而不懂国故。公超虽不以为忤，但是我冷眼观察，他却受了刺激，于英国文学之外对于中国文学艺术猛力进修，不久即翻然变了一副面目，成为十足的中国文人。郑洪年先生曾讥诮他为"外国名士派"，他也是因此而深自警惕。公超的国学认知是自修得来的。

叶家本是书香世家，而叶玉虎先生之书画收藏极富，至今公超仍拥有大量字画。玉虎先生的字，遒劲而媚，公超的书法于无意中颇似乃叔。据公超告我，赵之谦是他的祖外公，源渊有自，可见风流遗韵相当久远。

公超于十九年左右赴清华任教，住藤荷西馆，与吴雨僧为比邻。一浪漫，一古典，而颇为相得。公超尝以雨僧先生种种逸事趣闻相告。我在北大教书，与公超不常晤面，嗣后抗战军兴，公超与我相偕由平赴津，颇为狼狈，旋至南京，我又与公超、杨今甫几位奉命同登"岳阳丸"直开长沙待命。我与公超先是住青年会，后与樊逵羽先生等会合迁居韭菜园办事处，无所事事，苦闷非常。嗣后公超赴昆明联大，我则辗转入川，遂隔离甚久。公超又远走英伦，从此步入外交界，不相存问者久之。

公超自美国返回台湾，情况相当落寞。政府虽仍借重其长才，实则甚为悒悒。他开始认真写字绘画，尝谓余曰："怒写竹，喜写兰。"其写竹盖多于写兰。曾以小幅墨竹贻我。老年孤独，其心情可想而知。偶于集会中遇见公超，见其手策扶老，老态可掬。不意竟尔一蹶不起。数十年旧交，遂为九泉之客，哀哉哀哉！

想我的母亲

父母对子女的爱，子女对父母的爱，是神圣的。我写过一些杂忆的文字，不曾写过我的父母，因为关于这个题目我不敢轻易下笔。小民女士逼我写几句话，辞不获已，谨先略述二三小事以应，然已临文不胜风木之悲。

我的母亲姓沈，杭州人。世居城内上羊市街。我在幼时曾侍母归宁，时外祖母尚在，年近八十。外祖父入学后，没有更进一步的功名，但是课子女读书甚严。我的母亲教导我们读书启蒙，尝说起她小时苦读的情形。她同我的两位舅父一起冬夜读书，冷得腿脚僵冻，取大竹篓一，实以败絮，三个人伸足其中以取暖。我当时听得惕然心惊，遂不敢荒嬉。我的母亲来我家时年甫十八九，以后操持家务尽瘁终身，不复有暇进修。

我同胞兄弟姊妹十一人，母亲的劬育之劳可想而知。我记得我母亲常于百忙之中抽空给我们几个较小的孩子们洗澡。我怕肥皂水流到眼里，我怕痒，总是躲躲闪闪，总是咯咯地笑个不住，母亲没有工夫和我们纠缠，随手一巴掌打在身上，边洗边打边笑。

北方的冬天冷，屋里虽然有火炉，睡时被褥还是凉似铁。尤其是钻进被窝之后，脖子后面透风，冷气顺着脊背吹了进来。我们几个孩子睡一个大炕，头朝外，一排四个被窝。母亲每晚看到我们钻进了被窝，吱吱喳喳地笑语不停，便走过来把油灯吹熄，然后给我们一个个地把脖子后面的棉被塞紧，被窝立刻暖和起来，不知不觉地就睡着了。我不知道母亲用的是什么手法，只知道她塞棉被带给我无可言说的温暖舒适，我至今想起来还是快乐的，可是那个感受不可复得了。

我从小不喜欢喧闹。祖父母生日照例院里搭台唱傀儡戏或滦州影戏。一过八点我便掉头而去进屋睡觉。母亲得暇便取出一个大簸箩，里面装的是针线剪尺一类的缝纫器材，她要做一些缝缝补补的工作，这时候我总是一声不响地偎在她的身旁，她赶我走我也不走，有时候竟睡着了。母亲说我乖，也说我孤僻。如今想想，一个人能有多少时间可以偎在母亲身旁？

在我的儿时记忆中，我母亲好像是没有时候睡觉的。天亮就要起来，给我们梳小辫是一桩大事，一根一根地梳个没完。她自己要梳头，我记得她用一把抿子蘸着刨花水，把头发弄得锃光大亮。然后她就要一听上房有动静便急忙前去当差。盖碗茶、燕窝、莲子、点心，都有人预备好了，但是需要她去双手捧着送到祖父母跟前，否则要儿媳妇做什么？在公婆面前，儿媳妇是永远站着，没有座位的。足足地站几个钟头下来，不是缠足的女人怕也受不了！最苦的是，公婆年纪大，不过午夜不安歇，儿媳妇要跟着熬夜在一旁侍候。她困极了，有时候回到房里来不及脱衣服倒下便睡着了。虽然如此，母亲从来没有发过一句怨言。到了民元前几年，祖父母相继去世，我母亲才稍得清闲，然而主持家政教养儿女也够她劳苦的了。她抽暇隔几年返回杭州老家去度夏，有好几次都是由我随侍。

母亲爱她的家乡。在北京住了几十年，乡音不能完全改掉。我们常取笑她，例如，北京的"京"，她说成"金"，她有时也跟我们学，总是学不好，她自己也觉得好笑。我有时学着说杭州话，她说难听死了，像是门口儿卖笋尖的小贩说的话。

我想一般人都会同意，凡是自己母亲做的菜永远是最好吃的。我的母亲平常不下厨房，但是她高兴的时候，尤其是父亲亲自到市场买回鱼鲜或其他南货的时候，在父亲特烦之下，她也欣然操起刀俎。这时候我们就有福了。我十四岁离家到清华，每星期回家一天，母亲就特别疼爱我，几乎很少例外地要给我炒一盘冬笋木耳韭菜黄肉丝，起锅时浇一勺花雕酒，这是我最喜欢的一道菜。但是这一盘菜一定要母亲自己炒，别人炒味道就不一样了。

我母亲喜欢在高兴的时候喝几盅酒。冬天午后围炉的时候，她常要我们打电话到长发叫五斤花雕，绿釉瓦罐，口上罩着一张毛边纸，温热了倒在茶杯里和我们共饮。下酒的是大落花生，若是有"抓空儿的"，买些干瘪的花生吃则更有味。我和两位姐姐陪母亲一顿吃完那一罐酒。后来我在四川独居无聊，一斤花生一罐茅台当作晚饭，朋友们笑我吃"花酒"，其实是我母亲留下的作风。

我自从入了清华，以后和母亲在一起的时候就少了。抗战前后各有三年和母亲住在一起。母亲晚年喜欢听平剧，最常去的地方是吉样，因为离家近，打个电话给卖飞票的，总有好的座位。我很后悔，我没能分出时间陪她听戏，只是由我的姐姐弟弟们陪她消遣。

我父亲曾对我说，我们的家所以成为一个家，我们几个孩子所以能成为人，全是靠了我母亲的辛劳维护。一九四九年以后，音讯中断，直等到恢复联系，才知道母亲早已弃养，享寿九十岁。西俗，母亲节佩红康乃馨，如不确知母亲是否尚在则佩红白康乃馨各一。如今我只有佩白康乃馨的份儿了，养生送死，两俱有亏，惨痛惨痛！

槐园梦忆

槐 园 梦 忆

一

　　季淑于一九七四年四月三十日逝世，五月四日葬于美国西雅图之槐园（Acacia Memorial Park）。槐园在西雅图市的极北端，通往包泽尔（Bothell）的公路的旁边，行人老远地就可以看见那一块高地，芳草如茵，林木蓊郁，里面的面积很大，广袤百数十亩。季淑的墓在园中之桦木区（Birch Area），地号是16-C-33，紧接着的第十五号是我自己的预留地。这个墓园本来是共济会所创建的，后来变为公开，非会员亦可使用。园里既没有槐，也没有桦，有的是高大的枞杉和山杜鹃之属的花木。此地墓而不坟，墓碑有标准的形式与尺寸，也是平铺在地面上，不是竖立着的，为的是便利机车割草。墓地一片草皮，永远是绿茸茸，经常有人修剪浇水。墓旁有一小喷水池，虽只喷涌数尺之高。但汩汩之泉其声呜咽，逝者如斯，发人深省。往远处看，一层层的树，一层层的山，天高云谲，瞬息万变。俯视近处则公路蜿蜒，车如流水，季淑就是在这样的一个地方长眠千古。

　　"圣人忘情，最下不及情，情之所钟，正在我辈"，这是很平实的话。虽不必如荀粲之惑溺，或蒙庄之鼓歌，但夫妻伉俪，一旦永诀，则不能不中心惨淡。"美国华盛顿大学心理治疗系教授霍姆斯设计一种计点法，把生活中影响我们的变异，不论好坏，依其点数列出一张表。"（见一九七四年五月份《读者文摘》中文版）在这张表上"丧偶"高列第一，一百点，依次是离婚七十三点，判服徒刑六十三点，等等。丧偶之痛的深度是有科学统计的根据的。我们中国文学里悼亡之作亦屡屡见，晋潘安仁有《悼亡诗》三首：

　　　　荏苒冬春谢，寒暑忽流易。

之子归穷泉，重壤永幽隔！
私怀谁克从，淹留亦何益？
僶俛恭朝命，回心反初役，
望庐思其人，入室想所历，
帏屏无仿佛，翰墨有余迹，
流芳未及歇，遗挂犹在壁，
恬恍如或存，回遑忡惊惕。
如彼翰林鸟，双栖一朝只；
如彼游川鱼，比目中路析。
春风缘隙来，晨霤承檐滴，
寝息何时忘，沉忧日盈积，
庶几有时衰，庄缶犹可击。

皎皎窗中月，照我室南端，
清商应秋至，溽暑随节阑，
凛凛凉风升，始觉夏衾单。
岂曰无垂纩，谁与同岁寒？
岁寒无与同，朗月何胧胧！
辗转盼枕席，长簟竟床空！
床空委清尘，室虚来悲风，
独无李氏灵，仿佛睹尔容！
抚襟长叹息，不觉涕沾胸，
沾胸安能已，悲怀从中起。
寝兴目存形，遗音犹在耳。
上惭东门吴，下愧蒙庄子，
赋诗欲见志，零落难具纪。
命也可奈何，长戚自令鄙。

曜灵运天机，四节代迁逝。

凄凄朝露凝，烈烈夕风厉。

奈何悼淑俪，仪容永潜翳！

念此如昨日，谁知已卒岁！

改服从朝政，哀心寄私制；

茵帻张故房，朔望临尔祭。

尔祭讵几时，朔望忽复尽。

衾裳一毁撤，千载不复引。

叠叠期月周，戚戚弥相愍，

悲怀感物来，泣涕应情陨。

驾言陟东阜，望坟思纡轸，

徘徊墟墓间，欲去复不忍。

徘徊不忍去，徙倚步踟蹰，

落叶委埏侧，枯荄带坟隅。

孤魂独茕茕，安知灵与无？

投心遵朝命，挥涕强就车。

谁谓帝宫远，路极悲有余！

这三首诗从前读过，印象不深，现在悼亡之痛轮到自己，环诵再三，从"重壤永幽隔"至"徘徊墟墓间"，好像潘安仁为天下丧偶者道出了心声。故录此诗于此，代摅我的哀思。不过古人为诗最重含蓄蕴藉，不能有太多细腻写实的描述。例如，我到季淑的墓上去，我的感受便不只是"徘徊不忍去"，亦不只是"孤魂独茕茕"，我要先把鲜花插好（插在一只半埋在土里的金属瓶里），然后灌满了清水；然后低声地呼唤她几声，我不敢高声喊叫，无此需要，并且也怕惊了她；然后我把一两个星期以来所发生的比较重大的事报告给她，我不能不让她知道她所关切的事；然后我默默地立在她的墓旁，我的心灵不受时空的限制，飞跃出去和她的心灵密切吻合在一起。如果可能，我愿每日在这墓园盘桓，回忆既往，没有一个地方比槐园更使我时时刻刻地怀念。

死是寻常事，我知道，坠地之时，死案已立，只是修短的缓刑期间人各不同而已。但逝者已矣，生者不能无悲。我的泪流了不少，我想大概可以装满罗马人用以殉葬的那种"泪壶"。有人告诉我，时间可以冲淡哀思。如今几个月已经过去，我不再泪天泪地地哭，但是哀思却更深了一层，因为我不能不回想五十多年的往事，在回忆中好像我把如梦如幻的过去生活又重新体验一次，季淑没有死，她仍然活在我的心中。

二

季淑是安徽省徽州绩溪县人。徽州大部分是山地，地瘠民贫，很多人以种茶为业，但是皖南的文风很盛，人才辈出。许多人外出谋生，其艰苦卓绝的性格大概和那山川的形势有关。季淑的祖父程公讳鹿鸣，字苹卿，早岁随经商的二伯父到了京师。下帷苦读，场屋连捷，后实授直隶省大名府知府，勤政爱民，不义之财一芥不取，致仕时囊橐以去者仅万民伞十余具而已。其原配逝时留下四女七子，长子讳佩铭字兰生即季淑之父，后再续娶又生二子，故程府人丁兴旺，为旅食京门一大家族。季淑之母吴氏，讳浣身，安徽歙县人，累世业茶，寄籍京师。季淑之父在京经营笔墨店程五峰斋，全家食者浩繁，生活所需皆取给于是，身为长子者为家庭生计而牺牲其读书仕进。季淑之母位居长嫂，俗云"长嫂比母"，于是操持家事艰苦备尝，而周旋于小姑小叔之间其含辛茹苦更不待言。科举废除之后，笔墨店之生意一落千丈，程五峰斋终于倒闭。季淑父只身走关外，不久殁于客中，时季淑尚在髫龄，年方九岁，幼年失怙打击终身。季淑同胞五人，大姐孟淑长季淑十一岁，适丁氏，抗战期间在川尚曾晤及，二姐仲淑、兄道立、弟道宽则均于青春有为之年死于肺痨。与母氏始终相依为命者，唯季淑一人。

季淑的祖父，六十岁患瘫痪，半身不遂。而豪气未减，每天看报，看到贪污枉法之事，就拍桌大骂声震屋瓦。雅好美食，深信"七十非肉不饱"之义，但每逢朔望则又必定茹素为全家祈福，茹素则哽咽不能下咽，于是非嫌油少，即怪盐多。有一位叔父乘机进言："盍不请大嫂代表茹素，双方兼顾？"一方是"心到神知"之神，一方是非肉不饱的老者。从此我的岳母朔望代表茹素，直到祖父八十寿终而后已。叔父们常常宴客，宴客则请大嫂下厨，家里虽有厨师，佳肴仍需亲自料理，灶前伫立过久，足底生茧，以至老年不良于行。平素家里用餐，长幼有别，男女有别，媳妇孙女常常只能享受一些残羹剩炙。有一回一位叔父扫除房间，命季淑抱一石屏风至户外拂拭，那时她只有十岁光景，出门而踣，石屏风破碎，叔父大怒，虽未施夏楚，但苛责之余复命长跪。

季淑从小学而中学而国立北京女高师之师范本科，几乎在饔飧不继的情形之下靠她自己努力奋斗而不辍学，终于一九二一年六月毕业。从此她离开了那个大家庭，开始她独立的生活。

三

季淑于女高师的师范本科毕业之后，立刻就得到一份职业。由于她的女红特佳，长于刺绣，她的一位同学欧淑贞女士任女子职业学校校长，约她去担任教师。我就是在这个时候认识她的。

我们认识的经过是由于她的同学好友黄淑贞（湘翘）女士的介绍，"取妻如何，匪媒不得"。淑贞的父亲黄运兴先生和我父亲是金兰之交，他是湖南沅陵人，同在京师警察厅服务，为人公正率直而有见识，我父亲最敬重他。我当初之投考清华学校也是由于这位父执之极力怂恿。其夫人亦是健者，勤俭耐劳，迥异庸流。淑贞在女高师体育系，和季淑交称莫逆，我不知道她怎么想起把她的好友介绍给我。她没有直接把季淑介绍给我。她是浼她母亲（父已去世）到我家正式提亲做媒的。我在周末回家时在父亲书房桌上信斗里发现一张红纸条，上面恭楷写着"程季淑，安徽绩溪人，年二十岁，一九〇一年二月十七日寅时生"。我的心一动。过些日我去问我大姐，她告诉我是有这么一回事，并且她说已陪母亲到过黄家去相亲，看见了程小姐。大姐很亲切地告诉我说："我看她人挺好，蛮斯文的，双眼皮大眼睛，身材不高，腰身很细，好一头乌发，绾成一个髻堆在脑后，一个大篷覆着前额，我怕那篷下面遮掩着疤痕什么的，特地搭讪着走过去，一面说着'你的头发梳得真好',一面掀起那发篷看看。"我赶快问："有什么没有？"她说："什么也没有。"我们哈哈大笑。

事后想想，这事不对，终身大事须要自作主张。我的两个姐姐和大哥都是凭了媒妁之言和家长的决定而结婚的。这时候是五四运动后两年，新的思想打动了所有的青年。我想了又想，决定自己直接写信给程小姐问她愿否和我做个朋友。信由专差送到女高师，没有回音，我也就断了这个念头。过了很久，时届冬季，我忽然接到一封匿名的英文信，告诉我"不要灰心，程小姐现在女子职业学校教书，可以打电话去直接联络……"等语。朋友的好意真是可感。我遵照指示大胆地拨了一个电话给一位素未谋面的小姐。

季淑接了电话，我报了姓名之后，她一惊，半晌没说出话来，我直截了当地要求去见面一谈，她支支吾吾地总算是答应我了。她生长在北京，当然说的是道地的北京话，但是她说话的声音之柔和清脆是我所从未听到过的。形容歌声之美往往用"珠圆玉润"四字，实在是非常恰当。我受了刺激，受了震惊，我在未见季淑之前先已得到无比的喜悦。莎士比亚在《李尔王》五幕三景有一句话：

Her voice was ever soft,

Gentle and low, an excellent thing in woman.

她的言语总是温和的，

轻柔而低缓，是女人最好的优点。

好不容易熬到会见的那一天！那是一个星期六午后，我只有在周末才能进城。由清华园坐人力车到西直门，约一小时，我特别感觉到那是漫漫的长途。到西直门换车进城。女子职业学校在宣武门外珠巢街，好荒凉而深长的一条巷子，好像是从北口可以望到南城根。由西直门走了半个多小时，终于找到了这条街上的学校。看门的一个老头儿引我进入一间小小的会客室。等了相当长久的时间，一阵唧唧哝哝的笑语声中，两位小姐推门而入。这两位我都是初次见面。黄小姐的父亲我是见过多次的，她的相貌很像她的父亲，所以我立刻就知道另一位就是程小姐。但是黄小姐还是礼貌地给我们介绍了。不大的工夫，黄小姐托故离去，季淑急得直叫"你不要走，你不要走"！我们两个互相打量了一下，随便扯了几句淡。季淑确是有一头乌发，如我大姐所说，发髻贴在脑后，又圆又凸，而又亮晶晶的，一个松松泡泡的发篷覆在额前。我大姐不轻许人，她认为她的头发确实处理得好。她的脸上没有一点脂粉，完全本来面目，她若和一些浓妆艳抹的人出现在一起会令人有异样的感觉。我最不喜欢上帝给你一张脸面你自己另造一张。季淑穿的是一件灰蓝色的棉袄，一条黑裙子，长抵膝头。我偷眼往桌下一看，发现她穿着一双黑绒面的棉毛窝，上面凿了许多眼，系着黑带子，又暖和又舒服的样子。衣服、裙子、毛窝，显然全是自己缝制的。她是百分之百的一个朴素的女学生。我那一天穿的是一件蓝呢长袍，挽着袖口，胸前挂着清华的校徽，穿着一双棕色皮鞋。好多年后季淑对我说，她喜欢我那一天的装束，也因为那是普通的学生样子。那时候我照过一张全身立像，我举以相赠，季淑一直偏爱这张照片，后来到了台湾她还特为放大，悬在寝室，我在她入殓的时候把这张照片放进棺内，我对着她的尸体告别说："季淑，我没有别的东西送给你，你把你所最喜爱的照片拿去吧！它代表我。"

短暂的初次会晤大约有半小时。屋里有一个小火炉，阳光照在窗户纸上，使小屋和暖如春。这是北方旧式房屋冬天里所特有的一种气氛。季淑不是健谈的人，她有几分矜持，但是她并不羞涩。我起立告辞，我没有忘记在分手之前先约好下次会面的时间与地点。

下次会面是在一个星期后，地点是中央公园。人类的历史就是由一个男人一个女人在一个花园里开始的。中央公园地点适中，而且有许多地方可以坐下来休息。唯一讨厌的是游人太多，像来今雨轩、春明馆、水榭，都是人挤人、人看人的地方，为我们所不取。我们愿意找一个僻静的亭子、池边的木椅，或石头的台阶。这种地方又往往为别人捷足先登或盘踞取闹。我照例是在约定的时间前十五分钟到达指定的地点。和任何人邀约，我也不愿迟到。我通常是在水榭的旁边守候，因为从那里可以望到公园的门口。等人是最令人心焦的事，一分一秒地耗着，不知看多少次手表，可是等到你所期待的人远远地姗姗而来，你有多少烦闷也丢到九霄云外去了。季淑不愿先我而至，因为在那个时代一个年轻女子只身在公园里踱着是会引起麻烦来的。就是我们两个并肩在路上行走，也常有些不三不四的人在吹口哨。

有时候我们也到太庙去相会，那地方比较清静，最喜的是进门右手一大片柏树林，在春暖以后有无数的灰鹤停驻在树梢，嘹唳的声音此起彼落，有时候轰然振羽破空而去。在不远处设有茶座，季淑最喜欢鸟，我们常常坐在那里对着灰鹤出神。可是季节一过，灰鹤南翔，这地方就萧瑟不堪，连坐的地方也没有了。北海当然是好去处，金鳌玉蝀的桥我们不知走过多少次数。漪澜堂是来往孔道，人太杂沓，五龙亭最为幽雅。大家挤着攀登的小白塔，我们就不屑一顾了。电影偶然也看，在真光看的飞来伯主演的《三剑客》，丽琳吉施主演的《赖婚》至今印象犹新，其余的一般影片则我们根本看不进去。

清华一位同学戏分我们一班同学为九个派别，其一曰"主日派"，指每逢星期日则精神抖擞整其衣冠进城去做礼拜，风雨无阻，乐此不倦，当然各有各的崇拜偶像，而其衷心向往虔心归主之意则一。其言虽谑，确是实情。这一派的人数不多，因为清华园是纯粹男性社会，除了几个洋婆子教师和若干教师眷属之外看不到一个女性。若有人能有机缘进城会晤女友，当然要成为令人羡慕的一派。我自度应属于此派。可怜现在事隔五十余年，我每逢周末又复怀着朝圣的心情到槐园墓地捧着一束鲜花去做礼拜！

不要以为季淑和我每周小聚是完全无拘无束的享受。在我们身后吹口哨的固不乏人，不吹口哨的人也大都对我们投以惊异的眼光。这年轻轻的一男一女，在公园里彳亍而行，喁喁而语，是做什么的呢？我们格于形势，只能在这些公开场所谋片刻的欢晤。季淑的家是一个典型的大家庭，人多口杂。按照旧的风俗，一个二十岁的大姑娘和一个青年男子每周约会在公共场所出现，是骇人听闻的事，罪当活埋！冒着活埋的危险在公园里游憩啜茗，不能说是无拘无束。什么事季淑都没瞒着她的母亲，母亲爱女心切，没有责怪她，反而殷殷垂询，鼓励她，同时也警诫她要一切慎重，无论如何不能让叔父们知道。所以季淑绝对不许我到她家访问，也不许寄信到她家里。我的家简单一些，也没有那么旧，但是也没有达到可以公开容忍我们的行为的地步。只有我的三妹绣玉（后改亚紫）知道我们的事，并且同情我们、帮助我们。她们很快地成为好友，两个人合照过一张相，我保存至今。三妹淘气，有一次当众戏呼季淑为二嫂，后来季淑告诉我，当时好窘，但是心里也有一丝高兴。

事有凑巧，有一天我们在公园里的四宜轩品茗。说起四宜轩，这是我们毕生不能忘的地方。名为四宜，大概是指四季皆宜，"春有百花秋有月，夏有凉风冬有雪"。四宜轩在水榭对面，从水榭旁边的土山爬上去，下来再钻进一个乱石堆成的又湿又暗的山洞；跨过一个小桥，便是。轩有三楹，四面是玻璃窗。轩前是一块平地，三面临水，水里有鸭。有一回冬天大风雪，我们躲在四宜轩里，另外没有一个客人，只有茶房偶然提着开水壶过来，在这里我们初次坦示了彼此的爱。现在我说事有凑巧的一天是在夏季，那一天我们在轩前平地的茶座休息，在座的有黄淑贞，我突然发现不远一个茶桌坐着我的父亲和他的几位朋友。父亲也看见了我，他走过来招呼，我只好把两位小姐介绍给他，季淑一点也没有忸怩不安，倒是我觉得有些局促。我父亲代我付了茶资随后就离去了。回到家里，父亲问我："你们是不是三个人常在一起玩？"我说："不，黄淑贞是偶然遇到邀了去的。"父亲说："我看程小姐很秀气，风度也好。"从此父亲不时地给我钱，我推辞不要，他说："拿去吧，你现在需要钱用。"父亲为儿子着想是无微不至的。从此父亲也常常给我劝告，为我出主意，我们后来婚姻成功多亏父亲的帮助。

一九二二年夏，季淑辞去女职的事，改任石驸马大街女高师附属小学的教师。附小是季淑的母校，校长孙世庆原是她的老师，孙校长特别赏识她，说她稳重，所以聘她返校任职。季淑果不负他的期望，在校成为最肯负责的教师之一，屡次得到公开的褒扬。我常到附小去晤见季淑，然后一同出游。我去过几次之后，学校的传达室工友渐感不耐，我赶快在节关前后奉上银饼一枚，我立刻看到了一张笑逐颜开的脸，以后见了我，不等我开口就说："梁先生您来啦，请会客室坐，我就去请程先生出来。"会客室里有一张鸳鸯椅，正好容两个人并坐。我要坐候很久，季淑才出来，因为从这时候起她开始知道修饰，每和我相见必定盛装。王右家是她这时候班上的学生之一。抗战爆发后我在天津罗努生、王右家的寓中下榻旬余日，有一天右家和我闲聊，她说：

"实秋你知道吗，你的太太从前是我的老师？"

"我听内人说起过，你那时是最聪明美丽的一个学生。"

"哼，程老师是我们全校三十几位老师中之最漂亮的一位。每逢周末她必定盛装起来，在会客室晤见一位男友，然后一同出去。我们几个学生就好奇地麇集在会客室的窗外往里窥视。"

我告诉右家，那男友即是我。右家很吃一惊。我回想起，那时是有一批淘气的女孩子在窗外叽叽嘎嘎。我们走出来时，也常有蹦蹦跳跳的孩子们追着喊"程老师，程老师"！季淑就拍着她们的脑袋说："快回去，快回去！"

"你还记得程老师是怎样的打扮吗？"我问右家。

右家的记忆力真是惊人。她说："当然。她喜欢穿的是上衣之外加一件紧身的黑缎背心，对不对？还有藏青色的百褶裙。薄薄的丝袜子，尖尖的高跟鞋。那高跟足有三寸半，后跟中细如蜂腰，黑绒鞋面，鞋口还锁着一圈绿丝线……"

我打断了她的话："别说了，别说了，你形容得太仔细了。"于是我们就泛论起女人的服装。右家说："一个女人最要紧的是她的两只脚。你没注意吗，某某女士，好好的一个人，她的袜子好像是太松，永远有皱褶，鞋子上也有一层灰尘，令人看了不快。"我同意她的见解，我最后告诉她莎士比亚的一句名言："她的脚都会说话。"（见《脱爱勒斯与克莱西达》第四幕第五景）右家提起季淑的那双高跟鞋，使我忆起两件事。有一次我们在公园里散步，后面有几个恶少紧随不舍，其中有一个人说："嘿，你瞧，有如风摆荷叶！"虽然可恶，我却觉得他善于取譬。后来我填了一首《卜算子》，中有一句"荷叶迎风舞"，即指此事。又有一次，在来今雨轩后面有一个亭子，通往亭子的小径都铺满了鹅卵石，季淑的鞋跟陷在石缝中间，扭伤了踝筋，透过丝袜可以看见一块红肿，在亭子里休息很久我才搀扶着她回去。

五四以后，写白话诗的风气颇盛。我曾说过，一个青年，到了"怨黄莺儿作对，怪粉蝶儿成双"的时候，只要会说白话，好像就可以写白话诗，我的第一首情诗，题为"荷花池畔"，发表在《创造》季刊，记得是第四期，成仿吾还不客气地改了几个字。诗没有什么内容，只是一团浪漫的忧郁。荷花池是清华园里唯一的风景区，有池有山有树有石栏，我在课余最喜欢独自一个在这里徘徊。诗共八节，每节四行，居然还凑上了自以为是的韵。我把诗送给父亲看，他笑笑避免批评，但是他建议印制自己专用的诗笺，他负责为我置办，图案由我负责。这是对我的一大鼓励。我当即参考图籍，用双钩饕餮纹加上一些螭虎，画成一个横方宽宽的大框，框内空处写诗。由荣宝斋精印，图案刷浅绿色。朋友们写诗的人很多，谁也没见过这样豪华的壮举。诗，陆续作了几十首，我给我的朋友闻一多看，他大喜若狂，认为得到了一个同道的知己。我的诗稿现已不存，只是一多所作《冬夜评论》一文里引录了我的一首《梦后》，诗很幼稚，但是情感是真的。

> 吾爱啊！
> 你怎又推荐那孤单的枕儿，
> 伴着我眠，偎着我的脸？
> 醒后的悲哀啊！
> 梦里的甜蜜啊！
>
> 我怨雀儿，
> 雀儿还在檐下蜷伏着呢！
> 他不能唤我醒——
> 他怎肯抛了他的甜梦呢？
>
> 吾爱啊！
> 对这得而复失的馈礼，
> 我将怎样的怨艾呢？
> 对这缥缈浓甜的记忆，
> 我将怎样的咀嚼哟！
>
> 孤零零的枕儿啊！
> 想着梦里的她，
> 舍不得不偎着你；
> 她的脸儿是我的花，
> 我把泪来浇你！

不但是白话，而且是白描。这首诗的故事是起于季淑赠我一个枕套，是她亲手缝制的，在雪白的绸子上她用抽丝的方法在一边挖了一朵一朵的小花，然后挖出一串小孔穿进一根绿缎带，缎带再打出一个同心结。我如获至宝，套在我的枕头上，不大不小正合适。伏枕一梦香甜，矍然惊觉，感而有作。其实这也不过是《诗经》所谓"寤寐无为，辗转伏枕"的意思。另外还有一首咏丝帕，内容还记得，字句记不得了。我与季淑约会，她从来不曾爽约，只有一次我候了一小时不见她到来。我只好懊丧地回去，事后知道是意外发生的事端使她迟到，她也是怏怏而返。我把此事告诉一多，他责备我未曾久候，他说："你不知道尾生的故事吗？《汉书东方朔传》注：'尾生，古之信士，与女子期于桥下，待之不至，遇水而死。'"这几句话给了我一个启示，我写一首长诗《尾生之死》，惜未完成，仅得片段。

四

两年多的时间过得好快，一九二三年六月我在清华行毕业礼，八月里就要放洋，这在我是一件很忧伤的事。我无意到美国去，我当时觉得要学文学应该留在中国，中国的文学之丰富不在任何国家之下，何必去父母之邦？但是季淑见事比我清楚，她要我打消这个想法，毅然准备出国。

行毕业礼的前些天，在清华礼堂晚上演了一出新戏《张约翰》，是顾一樵临时赶编的。戏里面的人物有两个是女的，此事大费踌躇，谁也不肯扮演女性。最后由吴文藻和我自告奋勇才告解决。我把这事告诉季淑，她很高兴。在服装方面向她请教，她答应全力帮助，她亲手为我缝制，只有鞋子无法解决，季淑的脚比我小得太多。后来借到我的图画教师美籍黎盖特小姐的一双白色高跟鞋，在鞋尖处塞了好大一块棉花才能走路。我邀请季淑前去观剧，当晚即下榻清华，由我为她预备一间单独的寝室。她从来没到过清华，现在也该去参观一次。想不到她拒绝了。我坚请，她坚拒。最后她说："你若是请黄淑贞一道去，我就去。"我才知道她需要一个伴护。那一天，季淑偕淑贞翩然而至。我先领她们绕校一周，在荷花池畔徘徊很久，在亭子里休息，然后送她们到高等科大楼的楼上我所特别布置的一间房屋，那原是学生会的会所，临时送进两张钢丝床。工友送茶水，厨房送菜饭，这是一个学生所能做到的最盛大的招待。在礼堂里，我保留了两席最优的座位。戏罢，我问季淑有何感受，她说："我不敢仰视。"我问何故，她笑而不答。我猜想，是不是因为"良人者所仰望而终身也，今若是"！好久以后问她，她说不是，"我看你在台上演戏，我心里喜欢，但是我不知为什么就低下了头，我怕别人看我！"

清华的留学官费是五年，三年期满可以回国就业实习，余下两年官费可以保留，但实习不得超过一年。我和季淑约定，归来结婚。所以我的父母和我谈起我的婚事，我便把我和季淑的成约禀告。我的父母问我要不要在出国之前先行订婚，我说不必，口头的约定有充足的效力。也许我错误了。也许先有订婚手续是有益的，可以使我安心在外读书。

季淑的弟弟道宽在师大附中毕业之后，叔父们就忙着为他觅求职业，正值邮局招考服务人员，命他前去投考，结果考取了。季淑不以为然，要他继续升学。叔父们表示无力供给，季淑就说她可以担负读书费用。事实上季淑在女师附小任教的课余时间尚兼两个家馆，在董康先生、钟炳芬先生家里都担任过西席，宾主相得，待遇优厚，所以她有余力一面侍奉老母一面供给弟弟，虽然工作劳累，但她情愿独力担起弟弟就学的负担。但是叔父们不赞成，明言要早日就业，分摊家用。他本人也不愿累及胞姐，乃决定就业。那份工作很重，后来感染结核之后力疾上班，终于不起。道宽就业不久，更严重的问题逼人而来。叔父们要他结婚，季淑乃挺身抗议，以为他的年纪尚小，健康不佳，应稍从缓。叔父们的意见以为授室之后才算是尽了提携侄辈的天职，于心方安。同时冷言讥诮："是不是你自己想在你弟弟之先结婚？"道宽怯懦，禁不起大家庭的压迫，遂遵命结婚。妻李氏，人很贤淑，不幸不久亦感染结核症相继而逝。

也许是一年多来我到石驸马大街去的回数太多了一点，五六十次总是有的。学生如王右家只注意到了程老师的漂亮，同事当中有几位有身世之感的人可就觉得看不顺眼。渐渐有人把话吹到校长孙世庆的耳里。孙先生头脑旧一些，以为青年男女胆敢公然缔交出入黉舍，纵然不算是大逆不道，至少是有失师道尊严，所以这一年夏天季淑就没收到续聘书。没得话说，卷铺盖。不同时代的人，观念上有差别，未可厚非。季淑也总承疏忽，不该贪恋那张鸳鸯椅，我们应该无间寒暑地到水榭旁边去见面。所以我们对于孙世庆没有怨言，倒是他后来敌伪时期做了教育局长晚节不终，似至于明正典刑，我们为他惋惜。季淑决定乘我出国期间继续求学，于是投考国立美术专科学校，专习国画，晚间两个家馆的收入足可维持生活，榜发获捷，我们都很欢喜。

除了一盒精致信笺信封以外，我从来没送过她任何东西，我深知她的性格，送去也会被拒。那一盒文具，也是在几乎不愉快的情形之下才被收纳的。可是在长期离别之前不能不有馈赠，我在廊房头条太平洋钟表店买了一只手表，在我们离别之前最后一次会晤时送给了她。我解下她的旧的，给她戴上新的，我说："你的手腕好细！"真的，不盈一握。

季淑送我一幅她绣的"平湖秋月图"。是用乱针方法绣的，小小的一幅，不过7寸×10.2寸，有亭有水有船有树，是很好的一幅图画，配色尤为精绝。在她毕业于女高师的那一年夏天，她们毕业班曾集体做江南旅行，由南京、镇江、苏州、无锡、上海，以至杭州，所有的著名风景区都游览殆遍。我们常以彼此游踪所至作为我们谈话的资料。我们都爱西湖，她曾问我西湖八景之中有何偏爱，我说我最喜"平湖秋月"，她也正有同感。所以她就根据一张照片绣成一幅图画给我。那大片的水，大片的天，水草树木，都很不容易处理。我把这幅绣画带到美国，被一多看到，大为击赏，他引我到一家配框店选择了一个最精美而又色彩最调和的框子，悬在我的室中，外国人看了认为是不可想象的艺术作品。可惜半个世纪过后，有些丝线脱跳，色彩褪了不少，大致还是完好的。

我在八月初离开北京。临行前一星期我请季淑午餐，地点是劝业场三楼玉楼春。我点了两个菜之后要季淑点，她是从来不点菜的，经我逼迫，她点了"两做鱼"，因为她偶然听人说起广和居的两做鱼非常可口，初不知是一鱼两做。饭馆也恶作剧竟选了一条一尺半长的活鱼，半烧半炸，两大盘子摆在桌上，我们两个面面相觑，无法消受。这件事我们后来说给我们的孩子听，都不禁哈哈大笑。文蔷最近在饭馆里还打趣地说："妈，你要不要吃两做鱼？"这是我们年轻时候的韵事之一。事实上她是最喜欢吃鱼的，如果有干烧鲫鱼佐餐，什么别的都不想要了。在我临行的前一天，她在来今雨轩为我饯行，那一天又是风又是雨。我到了上海之后，住在旅馆里，创造社的几位朋友天天来访，逼我给《创造周报》写点东西，辞不获已，写了一篇《凄风苦雨》，完全是季淑为我饯行时的忠实记录，文中的陈淑即是程季淑（全文附载《秋室杂忆》），其中有这样的一段：

　　雨住了。园里的景象异常清新，玳瑁的树枝缀着翡翠的树叶，荷池的水像油似的静止，雪氅黄喙的鸭子成群地叫。我们缓步走出水榭，一阵土湿的香气扑鼻；沿着池边小径走上两旁的甬道。园里还是冷清清的，天上的乌云还在互相追逐着。

　　"我们到影戏院去吧，天雨人稀，必定还有趣……"她这样提议。我们便走进影戏院。里面观众果似晨星般稀少，我们便在僻处紧靠着坐下。铃声一响，屋里昏黑起来，影片像逸马一般在我眼前飞游过去，我的情思也跟着像机轮旋转起来。我们紧紧地握着手，没有一句话说。影片忽地一卷演讫，屋里光线放亮了一些，我看见她的乌黑眼珠正在不瞬地注视着我。"你看影戏了没有？"

　　她摇摇头说："我一点也没有看进去，不知是些什么东西在我眼前飞过……你呢？"

　　我笑着说："同你一样的！……"

　　我们便这样的在黑暗的影戏院里度过了两小时。

　　我们从影戏院出来的时候，蒙蒙细雨又在落着，园里的电灯全亮起来了，照得雨湿的地上闪闪发光。远远地听到钟楼当当的声音，似断似续地波送过来，只觉得凄凉黯淡……我扶着她缓缓地步入餐馆。疏细的雨点——是天公的泪滴，洒在我们身上。

　　她平时是不饮酒的，这天晚上却斟满一盏红葡萄酒，举起杯来低声地说："祝你一帆风顺，请尽这一杯！"

　　我已经泪珠盈睫了，无言地举起我的一杯，相对一饮而尽。餐馆的侍者捧着盘子在旁边诧异地望着我们。

我们就这样开始了我们的三年别离。

五

一九二三年九月一日我到达美国，随即前往科罗拉多泉去上学。那是一个山明水秀的风景地，也有的是恻兮燎兮的人物，但是我心里想的是：

> 出其东门，有女如云。虽则如云，匪我思存。缟衣綦巾，聊乐我员。
> 出其闉阇，有女如荼。虽则如荼，匪我思且，缟衣茹藘，聊可与娱。

人心里的空间是有限的，一经塞满便再也不能填进别的东西。我不但游乐无心，读书也很勉强。

季淑来信报告我她顺利入学的情形，选的是西洋画系，很久时间都是花在素描上面。天天面对着石膏像，左一张右一张地炭画。后来她积了一大卷给我看，我觉得她画得相当好。她的线条相当有力，不像一般女子的纤弱。一多告诉我，素描是绘画的基本功夫，他在芝加哥一年也完全是炭画素描。季淑下半年来信说，她们已经开始画裸体模特儿了，男女老少的模特儿都有，比石膏像有趣得多。我买了一批绘画用具寄给她，包括木炭、橡皮、水彩、油料等。这木炭和橡皮，比国内的产品好，尤其是那海绵似的方块橡皮松软合用。国内学生用面包代替橡皮，效果当然不好。季淑用我寄去的木炭和橡皮，画得格外起劲，同学们艳羡不止，季淑便以多余的分赠给她的好友们。油画，教师们不准她们尝试，水彩还可以勉强一试。季淑有了工具，如何能不使用？偕了同学外出写生，大家用水彩，只有她有油料可用。她每次画一张画，都写信详告，我每次接到信，都仔细看好几遍。我写信给她，寄到美专，她特别关照过学校的号房工友，有信就存在那里，由她自己去取，有一次工友特别热心，把我的信转寄到她家里去。信放在窗台上，幸而没有被叔父们撞见，否则拆开一看必定天翻地覆。

天翻地覆的事毕竟几乎发生。大约我出国两个月后，季淑来信，她的叔父们对她母亲说："大嫂，三姑娘也这么大了，老在外面东跑西跑也不像一回事，我们打算早一点给她完婚。××部里有一位科员，人很不错，年龄嘛……男人大个十岁八岁也没有关系。"这是通知的性质，不是商酌，更不是征求同意。这种情况早在我们料想之中，所以季淑按照我们预定计划应付，第一步是把情况告知黄淑贞，第二步是请黄家出面通知我的父母，由我父母央人出面正式做媒，同时由我作书禀告父母请求做主，第三步是由季淑自己出面去恳求比较温和开通的八叔（缵丞先生）惠予谅解。关键在第三步。她不能透露我们已有三年的交往，更不能说已有成言，只能扯谎，说只和我见过一面，但已心许。八叔听了觉得好生奇怪，此人既已去美，三年后才能回来，现在订婚何为？假使三年之后有变化呢？最后他明白了，他说："你既已心许，我们也不为难你，现在一切作为罢论，三年以后再说。"这是最理想的结果，由于季淑的善于言辞，我们原来还准备了第四步，但是不需要了。可是此一波折，使我心情久久不能平复。

北京国立八校的教职员因政府欠薪而闹风潮，美专奉令停办。季淑才学了一年素描即告失学。一九二四年夏，我告别了风景优美的科罗拉多泉而进入哈佛研究院，季淑离开了北京而就教职于香山慈幼院。一九一七年熊希龄凭其政治地位领有香山全境，以风景最佳之"双清"为其别墅，以放领土地之收入举办慈幼院，由其夫人主持之。因经费宽裕校址优美，慈幼院在北京颇有小名。季淑受聘是因为她爱那个地方。凡是名山胜水，她无不喜爱，这是她毕生的嗜好。在香山两年她享尽了清福，虽然那里的人事复杂，一群蝇营狗苟的势利之辈环拱着炙手可热的权贵人家。季淑除了教书之外一切不闻不问。她的宿舍离教室很远，要爬山坡，并且有数百级石阶，上下午各走一趟，但不以为苦。周末常约友好骑驴，游踪遍及八大处。西山一带的风景，她比我熟，因为她在香山有两年的勾留。

季淑的宿舍在山坡下，她的一间是在一排平房的中间，好像是第三个门。门前有一条廊檐。有一天阴霾四合，山雨欲来，一霎间乌云下坠，雨骤风狂。在山地旷野看雨，是有趣的事。季淑独在檐下站着，默默地出神，突然一声霹雳，一震之威几乎使她仆地，只见熊熊一团巨火打在离她身边不及十余尺的石桌石凳之上，白石尽变成黑色，硫黄的臭味历久不散。她说给我听，犹有余悸。

我们通信全靠船运，需十余日方能到达，但不必嫌慢，因为如果每天写信隔数日付邮，差不多每隔三两天都可以收到信。我们是每天写一点，积一星期可得三数页，一张信笺两面写，用蝇头细楷写，这样的信收到一封可以看老大半天。三年来我们各积得一大包。信的内容有记事，有抒情，有议论，无体不备。季淑把我的信收藏在一个黑漆的首饰匣里，有一天忘了锁，钥匙留插在锁孔里，大家唤作小方的一位同事大概平素早就留心，难逢的机会焉肯放过，打开匣子开始阅览起来，临走还带了几封去。小方笑呵呵地把信里的内容背诵几段，季淑才发现失窃。在几经勒索要挟之下才把失物赎回。我曾选读"伯朗宁与丁尼生"一门功课，对伯朗宁的一首诗 *One Word More* 颇为欣赏，我便摘了下列三行诗给季淑看：

God be thanked, the meanest of his creatures
Boasts two soul-sides, one to face the world with,
one to show a woman when he loves her.

感谢上帝，他的最卑微的生人
也有两面的灵魂，一面对着世人，
一面给他所爱的女人看。

不过伯朗宁还是把他的情诗公诸于世了。我的书信不是预备公开的，于一九四八年冬离家时付之一炬。小方看过其中的几封信，不知道她看的时候心中有何感受。

六

三年的工夫过去了。一九二六年七月间"麦金莱总统号"在黎明时抵达吴淞口外抛锚候潮，我听到青蛙鼓噪，我看到滚滚浊流，我回到了故国。我拿着梅光迪先生的介绍信到南京去见胡先辅先生，取得国立东南大学的聘书，就立刻北上天津。我从上海致快函给季淑，约她在天津会晤，盘桓数日，然后一同返京，她不果来，事后她向我解释，"名分未定，行为不可不检"，我觉得她的想法对，不能不肃然起敬。约翰·邓恩（John Donne）有一首诗《出神》（*The Extasie*），其中有两节描写一对情侣的关系真是恰如分际：

Our hands were firmly cemented

With a fast balm, which thence did spring.

Our eye-beams twisted and did thred

Our eyes，upon one double string；

So to'entergraft our hands, as yet

Was all the meanes to make us one，

And pictures in our eyes to get

Was all our propagation.

我们的手牢牢地握着，

手心里冒出黏黏的汗，

我们的视线交缠，

拧成双股线穿入我们的眼；

两手交接是我们当时

唯一途径使我们融为一体，

眼中倩影是我们

所有的产生出来的成绩。

久别重逢，相见转觉不能交一语。季淑说："华，你好像瘦了一些。"当然，怎能不瘦？她也显得憔悴。我们所谈的第一桩事是商定婚期，暑假内是不可能，因为在八月底我要回到南京去授课，遂决定在寒假里结婚。这时候有人向香山慈幼院的院长打小报告："程季淑不久要结婚了，下半年的聘书最好不要发给她。"季淑不欲在家里等候半年，需要一个落脚处。她的一位朋友孙亦云女士任公立第三十六小学校长，学校在北新桥附近府学胡同，承她同情，约请季淑去做半年的教师。

我到香山去接季淑搬运行李进城是一件难忘的事。一清早我雇了一辆汽车，车身高高的，用曲铁棍摇半天才能发动引擎的那种汽车，出城直奔西山，一路上汽车喇叭呜呜叫，到达之后她的行李早已预备好，一只箱子放进车内，一个相当庞大的铺盖卷只好用绳子系在车后。我们要利用这机会游览香山。季淑引路，她非常矫健，身轻似燕，我跟在后面十分吃力，过了双清别墅已经气喘如牛，到了半山亭便汗流浃背了。季淑把她撑着的一把玫瑰紫色的洋伞让给我，也无济于事。后来找到一处阴凉的石头，我们坐了下来。正喘息间，一个卖烂酸梨的乡下人担着挑子走了过来，里面还剩有七八只梨，我们便买了来吃。在口燥舌干的时候，烂酸梨有如甘露。抬头看，有小径盘旋通往山巅，据说有十八盘，山巅传说是清高宗重阳登高的所在，旧名为重阳亭，实际上并没有亭子，如今俗名为"鬼见愁"。季淑问我有无兴趣登高一望，我说鬼见犹愁，我们不去也罢。她是去过很多次的。

我们在西山饭店用膳之后，时间还多，索性尽一日之欢，顺道前往玉泉山。玉泉山是金、元、明、清历代帝王的行宫御苑，乾隆写过一篇《玉泉山记》，据说这里的水质优美饮之可以长寿，赐名为"天下第一泉"。如今宫殿多已倾圮，沦为废墟，唯因其已荒废，掩去了它富丽堂皇的俗气，较颐和园要高雅得多。我们一进园门就被一群穷孩子包围，争着要做向导，其实我们不须向导，但是孩子们嚷嚷着说："你们要喝泉水，我有干净杯子；你们要登玉峰塔，我给你们领取钥匙……"无可奈何，拣了一个老实相的小孩子。他真亮出一只杯子，在那细石流沙绿藻紫荇历历可数的湖边喷泉处舀了一杯泉水，我们共饮一杯，十分清洌。随后我们就去登玉峰塔。塔在山顶，七层九丈九尺，盘旋拾级而上，嘱咐小孩在下面静候。我们到达顶层，就拂拂阶上的尘土，坐下乘凉，真是一个好去处。好像不大的工夫，那孩子嗵嗵嗵地蹿上来了，我问他为什么要上来，他说他等了好久好久不见人下来，所以上来看看。于是我们就拾级而下，我对季淑说："你不记得我们描过的红模子吗？'王子去求仙，丹成上九天，洞中方七日，人世几千年。'塔上面和塔下面时间过得快慢原不相同。"相与大笑。回到城里，我送季淑到黄淑贞家把行李卸下我就走了，以后我们几次晤见是在三十六小学。

暑假很快地过去，我到南京去授课。在东南大学校门正对面有一条小巷，蓁巷，门牌四号是过探先教授新建的一栋平房，招租。一栋房分三个单位，各有四间。房子不肯分租，我便把整栋房子租了下来，一年为期。我自占中间一所，右边一所分给余上沅、陈衡粹夫妇，左边一所分给张景钺、崔芝兰夫妇，三家均摊房租，三家都是前后准备新婚。我搬进去的第一天，真是家徒四壁，上沅和我天天四处奔走购置家具等物。寝室墙刷粉红色，书房淡蓝色。有些东西还需要设计定制。足足忙了几个月，我写信给季淑："新房布置一切俱全，只欠新娘。"房子有一大缺点，寝室后边是一大片稻田，施肥的时候必须把窗紧闭。生怕这一点新娘子感到不满。

南京冬天也相当冷，屋里没有取暖的设备。季淑用蓝色毛绳线给我织了一条内裤，邮寄来。一排四颗黑扣子，上面的图案是双喜字。我穿在身上说不出的温暖，一直穿了几十年，这半年季淑很忙，一面教书一面筹备妆奁，利用她六年来的积蓄置办了四大楠木箱的衣物，没有一个人帮她一把忙。

七

我们结婚的日子是一九二七年二月十一日，行礼的地点是北京南河沿欧美同学会。这是我们请出媒人正式往返商决的。婚前还要过礼，亦曰放定，言明一切从简，那两只大呆鹅也免了，甚至许多人所期望的干果饼饵之类也没有预备。只有一具玉如意，装在玻璃匣里，还有两匣首饰，由媒人送以女家。如意是代表什么，我不知道，有人说像灵芝，取其吉祥之意，有人则说得很难听。这具如意是我们的传家之宝，平常高高地放在上房条案上的中央，左金钟，右玉磬，永远没人碰的。有了喜庆大事，才拿出来使用，用毕送还原处。以我所知，在我这回订婚以后还没有使用过一次。新娘子服装照例由男家准备，我母亲早已胸有成算，不准我开口。母亲带着我大姐到瑞蚨祥选购两身衣料，一身上衣与裙是粉红色的缎子，行婚礼时穿，一身上衣是蓝缎，裙子是红缎，第二天回门穿。都是全身定制绣花。母亲说若是没有一条红裙子便不能成为一个新娘子。她又说冬天冷，上衣非皮毛不可，于是又选了两块小白狐。衣服的尺寸由女家开了送来，我母亲一看大惊："一定写错了，腰身这样小，怎穿得上！"托人再问，回话说没错，我心中暗暗好笑，我早知道没错。棉被由我大姐负责缝制，她选了两块被面，一床洋妃色，一床水绿色，最妙的是她在被的四角缝进了干枣、花生、桂圆、栗子四色干果，我在睡觉的时候硌了我的肩膀，季淑告诉我这是取吉利，"早生贵子"之意。季淑不知道我们备了枕头，她也预备了一对，枕套是白缎子的，自己绣了红玫瑰花在角上，鲜艳无比，我舍不得用，留到如今。她又制了一个金质的项链，坠着一个心形的小盒，刻着我们两个的名字。这时候我家住在大取灯胡同一号，新房设在上屋西套间，因为不久要到南京去，所以没有什么布置，只是换了新的窗幔，买了一张新式的大床。

结婚那天，晴而冷。证婚人由我父亲出面请了贺履之（良朴）先生担任，他是我父亲一个酒会的朋友，年高有德，而且是山水画家，当时一位名士。本来熊希龄先生奋勇愿为证婚，我们想想还是没有劳驾。张心一、张禹九两位同学是男傧相，季淑的美专同学孪生的冯棠、冯棣是女傧相。两位介绍人，只记得其一姓翁。主婚人是我父亲和季淑的四叔梓琴先生。

婚礼定在下午四时举行，客人差不多到齐了，新娘不见踪影。原来娶亲的马车到了女家，照例把红封从门缝塞进去之后，里面传话出来要递红帖，"没有红帖怎行？我们知道你是谁？"事先我要求亲迎，未被接纳，实不知应备红帖。僵持了半天，随车的人员经我父亲电话中指示临时补办，到荣宝斋买了一份红帖请人代书，总算过了关。可是彩车到达欧美同学会的时候暮霭渐深。这是意外事，也是意中事。

我立在阶上看见季淑从二门口由两人扶着缓缓地沿着旁边的游廊走进礼堂，后面两个小女孩牵纱。张禹九用胳膊肘轻轻触我说："实秋，嘿嘿，娇小玲珑。"我觉得好像有人在我耳边吟唱着彭斯（Robert Burns）的几行诗：

She is a winsome wee thing,

She is a handsome wee thing,

She is a lo'esome wee thing,

This sweet wee wife o'mine.

她是一个媚人的小东西，

她是一个漂亮的小东西，

她是一个可爱的小东西，

我这亲爱的小娇妻。

事实上凡是新娘没有不美的。萨克林（Sir John Suckling）的一首《婚礼曲》
（*A Ballad upon a Wedding*）就有几节很好的描写：

The maid——and thereby hangs a tale,

For such a maid no Whitsun-ale

Could ever yet produce;

No grape, that's kindly ripe, could be

So round, so plump, so soft a she,

Nor half so full of juice.

Her finger was so small the ring.

Would not stay on, which they did bring;

It was too wide a peck;

And to say truth（for out it must）,

It looked like the great collar（just）

About our young colt's neck.

Her feet beneath her petticoat,

Like little mice stole in and out,

As if they feared the light;

But oh, she dances such a way,

No sun upon an Easter day

Is half so fine a sight!

Her cheeks so rare a white was on.

No daisy makes comparison;

（Who sees them is undone），

For streaks of red were mingled there,

Such as are on a Katherine pear

（The side that's next the sun）.

Her mouth so small, when she does speak,

Thou'dst swear her teeth her words did break,

That they might passage get;

But she so handled still the matter,

They came as good as ours, or better,

And are not spent a whit.

Her lips were red, and one was thin,

Compared to that was next her chin

（Some bee had stung it newly）;

But, Dick, her eyes so guard her face

I durst no more upon them gaze,

Than on the sun in July.

讲到新娘（说来话长），

像她那样的姑娘，
圣灵降临的庆祝会里尚未见过；
没有树熟的葡萄像她那样红润，
那样圆，那样丰满，那样细嫩，
汁浆有一半那样的多。

她的手指又细又小，
戒指戴上去就要溜掉，
因为太松了一点；
老实说（非说不可），
恰似小驹的颈上套着
一只大的项圈。

她裙下露出两只脚，
老鼠似的出出进进地跑，
像是怕外面的光亮；
但是她的舞步翩翩，
太阳在复活节的那一天
也没有那样美的景象！

她的两颊白得出奇，
没有雏菊能和她相比；
（令人一见魂儿飞上天了），
因为那白里还带着红色，
活像是枝头的小梨一个，
（朝着太阳的那一边）。

她的嘴好小，说起话来，

她的牙齿要把字儿咬碎，

以便从嘴里挤送出去；

但是她处理得很得法，

谈吐不比我们差，

而且一点也不吃力。

她的唇是红的；一片很薄，

挨近下巴的那片就厚得多

（必是才被蜜蜂蜇伤）；

但是，狄克，她的两眼保护着脸

我不敢多看一眼，

有如对着七月的太阳。

　　季淑那天头上戴着茉莉花冠。脚上穿的一双高跟鞋，为配合礼服，是粉红色缎子做的，上面缝了一圈的亮片，走起路来一闪一闪。因戒指太松而把戒指丢掉的不是她，是我，我不知在什么时候把戒指甩掉了，她安慰我说："没关系，我们不需要这个。"

　　证婚人说了些什么话，根本就没有听进去，现在一个字也不记得。我只记得赞礼的人喊了一声礼成，大家纷纷拥向东厢入席就餐。少不了有人向我们敬酒，我根本没有把那小小酒杯放在眼里。黄淑贞突然用饭碗斟满了酒，严肃地说："季淑，你以后若是还认我做朋友，请尽此碗。"季淑一声不响端起碗来汩汩地喝了下去，大家都吃一惊。

　　回到家中还要行家礼，这是预定的节目。好容易等到客人散尽，两把太师椅摆在堂屋正中，地上铺了红毡子，请父母就座，我和季淑双双跪下磕头，然后闹哄到午夜，父母发话："现在不早了，大家睡去吧。"

　　罗塞蒂（D. G. Rossetti）有一首诗《新婚之夜》（*The Nuptial Night*），他说他一觉醒来看见他的妻懒洋洋地酣睡在他身旁，他不能相信那是真的，他疑心是在做梦。梦也好，不是梦也好，天刚刚亮，季淑一骨碌爬了起来，梳洗毕换上一身新装，蓝袄红裙，红缎绣花高跟鞋，在穿衣镜前面照了又照，侧面照，转身照。等父母起来她就送过去两盏新沏的盖碗茶。这是新媳妇伺候公婆的第一幕。早餐罢，全家人聚在上房，季淑启开她的箱子把礼物一包一包地取出来，按长幼顺序每人一包，这叫作开箱礼，又叫作见面礼，无非是一些帽鞋日用之物，但是季淑选购甚精，使得家人皆大欢喜。我袖手旁观，说道："哎呀！还缺一份！——我的呢？"惹得哄堂大笑。

次一节目是我陪季淑"回门"。进门第一桩事是拜祖先的牌位，一个楠木龛里供着一排排的程氏祖先之神位多到不可计数，可见绩溪程氏确是一大望族，我们纳头便拜，行最敬礼。好像旁边还有人念念有词，说到三姑娘三姑爷什么什么的，我当时感觉我很光荣地成了程家的女婿。拜完祖先之后便是拜见家中的长辈，季淑的继祖母尚在，其次便是我的岳母，叔父辈则有四叔、七叔（荫庭先生）、九叔（荫轩先生），八叔已去世。婶婶则四婶就有两位，然后六婶、七婶、八婶、九婶。我们依次叩首，我只觉得站起来跪下去忙了一大阵。平辈相见，相互鞠躬。随后便是盛筵款待，我很奇怪季淑不在席上，不知她躲在哪里，原来是筵席以男性为限。谈话间我才知道，已去世的六叔还曾留学俄国，编过一部《俄华字典》刊于哈尔滨。

第三天，季淑病倒，腹泻。我现在知道那是由于生活过度紧张，睡了两天她就好了。

过了十几天，时局起了变化，国民革命军北伐逐步迫近南京。母亲关心我们，要我们暂且观望不要亟亟南下。父亲更关心我们，把我叫到书房私下对我说："你现在已经结了婚，赶快带着季淑走，机会放过，以后再想离开这个家庭就不容易了，不要糊涂，别误解我的意思。立刻动身，不可迟疑。如果遭遇困难，随时可以回来。我观察这几天，季淑很贤惠而能干。她必定会成为你的贤内助，你运气好，能娶到这样的一个女子。男儿志在四方，你去吧！"父亲说到这里，眼圈红了。

我商之于季淑，她遇大事永远有决断，立刻起程。父亲嘱咐，兵荒马乱的时候，季淑必须卸下她的鲜艳服装，越朴素越好。她改着黑哔叽裙黑皮鞋，上身驼绒袄之外罩上一件粗布褂。我记得清清楚楚，布褂左下角有很大的一个缝在外面的衣袋，好别致。我们搭的是津浦路二等卧车（头等车被军阀们包用了），二等车男女分座，一个车厢里分上下铺，容四个人，季淑分得一个上铺。车行两天一夜，白天我们就在饭车上和过路的地方一起谈天，观看窗外的景致，入夜则分别就寝。

车上睡不稳，一停就醒，醒来我就过去看看她。她的下铺是一位中年妇女，事后知道她是中国银行司库吴某的太太，她第二天和季淑攀谈：

"你们是新结婚的吧？"

"是的，你怎么知道？"

"看你那位先生，一夜的工夫他跑过来看你有十多趟。"这位吴太太心肠好，我们渡江到下关，她知道我们没有人接，便自动表示她有马车送我们进城。我们搭了她的车直抵蓁巷。

这时候南京市面已经有些不稳，散兵游勇满街跑，遇到马车就征用。我们在蓁巷一共住了五天，躲在屋里，什么地方也没去。事实上我们也不想出去。渐渐地听到遥远的炮声。我的朋友李辉光、罗清生来，他们都是单身汉，劝我偕眷到上海暂避。罗清生和一家马车行的老板有旧，特意为我雇来马车，我们便邀同新婚的余上沅夫妇一同出走。可怜我煞费苦心经营的新居从此离去，当时天真的想法是政治不会过分影响到学校，不久还可以回来，所以行李等物就承洪范五先生的帮忙寄存在图书馆地下室。马车走了不远就有两名大兵持枪吓阻，要搭车到下关，他们不由分说跳上了车旁的踏脚板，一边一个像是我们的卫兵，一路无阻直达江滨。到上海的火车已断，我们搭上了太古的轮船，奇怪的是头等客房只有我们两对，优哉游哉倒真像是蜜月中的旅行。

八

我们在上海三年的生活是艰苦的，情形当然是相当狼狈。有人批评孔子为"累累若丧家之狗"，孔子欣然笑曰："形状，末也，而谓似丧家之狗，然哉！然哉！"

季淑的大姑住在上海（大姑父汪运斋先生），她的二女婿程培轩一家返徽省亲，空出的海防路住所借给我们暂住了半个月。这是我们婚后初次尝到安定畅快的生活。随后我们就租了爱文义路众福里的一栋房子，那是典型的上海式标准的一楼一底的房，比贫民窟要算是差胜一筹，因为有电灯自来水的设备而且门窗户壁俱全。关于这样的房子我写过一篇小文《住一楼一底房者的悲哀》，其中有这样几段：

一楼一底的房没有孤零零的一所矗立着的，差不多都像鸽子窝似的一大排，一所一所构造的式样大小，完全一律，就好像从一个模型里铸出来的一般。我顶佩服的就是当初打图样的土著工程师，真能相度地势，节工省料，譬如，五分厚的一垛山墙就好两家合用。王公馆的右面一垛山墙，同时就是李公馆的左面的山墙，并且王公馆若是爱好美术，在右面山墙上钉一个铁钉子，挂一张美女月份牌，那么李公馆在挂月份牌的时候就不必再钉钉子，因为这边钉一个钉子，那边就自然而然地会钻出一个钉头儿。

房子虽然以一楼一底为限，而两扇大门却是方方正正的，冠冕堂皇，望上去总不像是我所能租赁得起的房子的大门。门上两个铁环是少不得的，并且还是小不得的。……门环敲得啪啪响的时候，声浪在周围一二十丈以内的范围都可以很清晰播送得到。一家敲门，至少有三家应声："啥人？"至少有两家拔闩启锁，至少有五家人从楼窗中探出头来。

"君子远庖厨"，住一楼一底的人，简直没有方法可以上跻于君子之伦。厨房里杀鸡，我无论躲在哪一个墙角，都可以听得见鸡叫（当然这是极不常有的事），厨房里烹鱼，我可以嗅到鱼腥，厨房里生火，我可以看见一朵一朵乌云似的柴烟在我眼前飞过。自家的庖厨既没法可以远，而隔着半垛墙的人家的庖厨，离我还是差不多的近。人家今天炒什么菜，我先嗅着油味，人家今天淘米，我先听见水声。厨房之上，楼房之后，有所谓亭子间者，住在里面，真可说是冬暖夏热，厨房烧柴的时候，一缕一缕的青烟从地板缝中冉冉上升。亭子间上面又有所谓晒台者，名义上是作为晾晒衣服之用，但是实际上是人们乘凉的地方，打牌的地方，开演留声机的地方，还有另搭一间做堆杂物的地方。别看一楼一底，这其间还有不少的曲折。

这一段话虽然不免揶揄，但是我们并无埋怨之意。我们虽然僻居穷巷，住在里面却是很幸福的。季淑和我同意，世界上没有一个地方比自己的家更舒适，无论那个家是多么简陋、多么寒碜。这个时候我在《时事新报》编一个副刊《青光》，这是由于张禹九的推荐临时的职业，每天夜晚上班发稿。事毕立刻回家，从后门进来匆匆登楼，季淑总是靠在床上看书等着我。

"你上楼的时候，是不是一步跨上两级楼梯？"她有一次问我。

"是的，你怎么知道？"

"我听着你的橐橐响的脚步声，我数着那响声的次数，和楼梯的级数不相符。"

我的确是恨不得一步就跨进我的房屋。我根本不想离开我的房屋。吾爱吾庐。

我们在爱文义路住定之后，暑期中，我的妹妹亚紫和她的好友龚业雅女士于女师大毕业后到上海来，就下榻于我们的寓处。下榻是夸张语，根本无榻可下，我便和季淑睡在床上，亚紫、业雅睡在床前地板上。四个年轻人无拘无束地狂欢了好多天，季淑曲尽主妇之道。由于业雅的堂兄业光的引介，我和亚紫、业雅都进了国立暨南大学服务。亚紫和业雅不久搬到学校的宿舍。随后我母亲返回杭州娘家去小住，路过上海也在我们寓所盘桓了几天。头一天季淑自己下厨房，她以前从没有过烹饪的经验，我有一点经验但亦不高明，我们两人商量着弄出来四个菜，但是季淑煮米放多了水变成粥，急得哭了一场。母亲大笑说："喝粥也很好。"这一次失败给季淑的刺激很大。她说："这是我受窘的一次，毕生不能忘。"以后她对烹饪就很悉心研究。

怀孕期间各人的反应不同。季淑于婚后三四个月即开始感觉恶心呕吐，想吃酸东西，这样一直闹到分娩那一天才止。一九二七年十二月一日（阴历十一月初八）我们的大女儿文茜生。预先约好的产科张湘纹临时迟迟不来，只遣护士照料，以致未能善尽保护孕妇的责任，使得季淑产后将近三个月才完全复原。她本想能找得一份工作，但是孩子的来临粉碎了一切计划，她热爱孩子，无法分身去谋职业，亦无法分神去寻娱乐。四年之间四次生产，她把全部时间与精力奉献给了孩子。

第二年我们迁居到赫德路安庆坊，是二楼二底房，宽绰了一倍，但是临街往来的电车之稀里哗啦叮叮当当从黎明开始一直到深夜。地都被震动，床也被震动。可是久之也习惯了。我的内弟道宽这一年去世，弟妇士馨也相继而殁，我和季淑商量把我的岳母接到上海来奉养。于是我们搭船回到北京回家小住，然后接了我的岳母南下。在这房子里季淑生下第二个女儿（三岁时夭折，瘗于青岛公墓）。季淑的身体本弱，据我的岳母告诉我，庚子之乱，她们一家逃避下乡，生活艰苦，季淑生于辛丑年二月，先天不足，所以自小羸弱。季淑连生两胎，体力消耗太大，对于孕妇保健的知识我们几等于零，所以她就吃亏太多，我事后悔恨无及。幸亏有她的母亲和她相伴，她在精神上得到平安，因为她不再挂念她的老母。我看见季淑心情宁静，我亦得到无上的安慰。

这一年我父亲游杭州，路过上海也来住了几天。季淑知道我父亲的日常生活习惯和饮食偏好，侍候唯恐不周。他洗脸要用大盆，直径要在二尺以上，季淑就真物色到那样大的洋瓷盆。他喝茶要用盖碗，水要滚，茶叶要好，泡的时间要不长不短，要守候着在正合宜的时候捧献上去，这一点季淑也做到了，我父亲说除了我的母亲之外只有季淑泡的茶可以喝。父亲喜欢冷饮，季淑自己制作各种各样的饮料，她认为酸梅汤只有北京信远斋的出品才够标准。早点巷口的生煎包子就可以了，她有时还要到五芳斋去买汤包。每餐菜肴，她尽其所能去调配，自更不在话下。亚紫、业雅也常在一起陪伴，是我们家里最热闹的一段时期。父亲临走，对季淑着实夸奖了一番，说她带着两个孩子操持家务确是不易。

第三年我们搬到爱多亚路一〇一四弄，是一栋三楼的房子，虽然也是弄堂房子，但有了阳台、壁炉、浴室、卫生设备等。一九三〇年四月十六日（阴历三月十八），在这里季淑生下第三胎，我们唯一的儿子文骐。照顾三个孩子，很不简单，单是孩子的服装就大费周章。季淑买了一架胜家缝纫机，自己做缝纫，连孩子的大衣也是自己做。她在百忙中没有忘记修饰她自己。她把头发剪了，不再有梳头的麻烦，额前留着刘海，所谓boyish bob是当时最流行的发式。旗袍短到膝盖，高领短袖。她自己的衣服也是大部分自己做，找裁缝匠反倒不如意。我喜欢看她剪裁，有时候比较质地好的材料铺在桌上，左量右量，画线再画线，拿着剪刀迟迟不敢下手，我就在一旁拍着巴掌唱起儿歌："功夫用得深，铁杵磨成针，功夫用得浅，薄布不能剪！"她把我推开："去你的！"然后她就咔吱咔吱地剪起来了，她很快地把衣服做好，穿起来给我看，要我批评，除了由衷的赞美之外还能说什么？

我在光华、中国公学两处兼课，真茹、徐家汇、吴淞是一个大三角，每天要坐电车、野鸡汽车、四等火车赶到三处地方，整天奔波，所以每天黎明即起，厨工马兴义给我预备极丰盛的一顿早点，季淑不放心，她起来监督，陪我坐着用点，要我吃得饱饱的，然后伴我走到巷口看我搭上电车才肯回去。这一年我母亲带着五弟到杭州去，路过上海在我们家住了些日子。

我们右邻是罗努生、张舜琴夫妇，左邻是一本地商人，再过去是我的妹妹亚紫和妹夫时昭涵，再过去是同学孟宪民一家，前弄有时昭静和夏彦儒夫妇，丁西林独居一栋。所以巷里熟人不少。努生一家最不安宁，夫妻勃谿，时常动武，午夜爆发，张舜琴屡次哭哭啼啼跑到我家诉苦，家务事外人无从置喙，结果是季淑送她回去，我们当时不懂，既成夫妻何以会反目，何以会争吵，何以会仳离。季淑常天真地问我："他们为什么要离婚？"

有一天中秋前后徐志摩匆匆地跑来，对我附耳说："胡大哥请吃花酒，要我邀你去捧捧场。你能不能去，先去和尊夫人商量一下，若不准你去就算了。"我问要不要去约努生，他说："我可不敢，河东狮子吼，要天翻地覆，惹不起。"我上楼去告诉季淑，她笑嘻嘻地一口答应："你去嘛，见识见识，喂，什么时候回来？""当然是吃完饭就回来。"胡先生平素应酬未能免俗，也偶尔叫条子侑酒，照例到了节期要去请一桌酒席。那位姑娘的名字是"抱月"，志摩说大概我们胡大哥喜欢那个月字是古月之月，否则想不出为什么相与了这位姑娘。我记得同席的还有唐腴庐和陆仲安，都是个中老手。入席之后照例每人要写条子召自己平素相好的姑娘来陪酒。我大窘，胡先生说："由主人代约一位吧。"约来了一位坐在我身后，什么模样，什么名字，一点也记不得了。饭后还有牌局，我就赶快告辞。季淑问我感想如何，我告诉她：买笑是痛苦的经验，因为侮辱女性，亦即是侮辱人性，亦即是侮辱自己。男女之事若没有真的情感在内，是丑恶的。这是我在上海三年唯一的一次经验，以后再也没有过。

九

由于杨今甫的邀请，我到青岛去教书。这是一九三〇年夏天的事。我们乘船直赴青岛，先去参观环境，闻一多偕行。我们下榻于中国旅行社，雇了两辆马车环游市内一周，对于青岛的印象非常良好，季淑尤其爱这地方的清洁与气候的适宜，与上海相比不啻霄壤。我们随即乘火车返回北平度过一个暑假；我的岳母回到程家。

在青岛鱼山路四号我们租到一栋房子，楼上四间楼下四间。这地点距离汇泉海滩很近，十几分钟就可以走到。季淑兴致很高，她穿上了泳装，和我偕孩子下水。孩子用小铲在沙滩上掘沙土，她和我就躺在沙滩上晒太阳，玩到夕阳下山还舍不得回家。有时候我们坐车到栈桥，走上伸到海中的长长栈道，到尽端的亭子里乘凉。海滨公园也是我们爱去的地方，因为可以在乱石的缝里寻到很多的小蟹和水母，同时这里还有一个水族馆。第一公园有老虎和其他的兽栏，到了春季樱花盛开可真是蔚为大观，季淑叹为奇景，一去辄流连不忍走。后来她说美国西雅图或美京华盛顿的樱花品种不同，虽然也颇可观，但究比青岛逊色。我有同感。

我为学校图书馆购书赴沪一行，顺便给季淑买了一件黑绒镶红边的背心，可以穿在旗袍外面，她很喜欢，尤其是因为可以和她的一双黑漆皮镶红边的高跟鞋相配合。季淑在这时候较前丰腴，容颜焕发，洋溢着母性的光辉。我的朋友们很少在青岛有眷属，杨今甫、赵太侔、黄任初等都有家室，但都不知住在什么地方。闻一多一度带家眷到青岛，随即送还家乡。今甫屡次善意劝我，不要永远守在家里，暑期不妨一个人到外面海阔天空地跑跑，换换空气。我没有接受他的好意。和谐的家室，空气不需要换。如果需要的话，镇日价育儿持家的妻子比我更有需要。

父亲慕青岛名胜，来看我们住了十二天。我们天天出去游玩。有一天季淑到大雅沟的菜市买来一条长二尺以上的鲥鱼，父亲大为击赏。肥城桃、莱阳梨、烟台的葡萄与苹果，都可以说是天下第一，我们放量大嚼，而德人开的弗劳塞饭店的牛排与生啤酒尤为令人满意。张道藩从贵州带来的茅台酒，也成了我们孝敬父亲的无上佳品。有一晚父亲和我关起门来私谈，他把我们家的历史从我祖父起原原本本地讲述给我听，都是我从前没有听到过的，他说："有些事不足为外人道，不必对任何人提起，但不妨告诉季淑知道。"最后他提出两点叮嘱，他说他垂垂老矣，迫切期望我们能有机会在北平做事，大家住在一起，再就是关于他将来的身后之事。我当天夜晚把这些话告诉了季淑，她说："父亲开口要我们回去，我们还能有什么话说。"

第二年，我们搬到鱼山路七号居住。是新造的楼房，四上四下，还有地下室，前院亦尚宽敞。房东王德博先生，本地人，具有山东特有的忠厚朴实的性格，房东房客之间相处甚得。我们要求他在院里栽几棵树，他唯唯诺诺，没想到第二天他就率领着他的儿子押送两大车的树秧来了。六棵樱花，四棵苹果，两棵西府海棠，把小院种得满满的。树秧很人，第二年即开始着花，樱花都是双瓣的，满院子的蜜蜂嗡嗡声。苹果第二年也结实不少，可惜等不到成熟就被邻居的恶童偷尽。西府海棠是季淑特别欣赏的，胭脂色的花苞，粉红的花瓣，衬上翠绿的嫩叶，真是娇艳欲滴。

我们住定之后就设法接我的岳母来住，结果由季淑的一位表弟刘春霖护送到青岛。这样我们才安心。季淑身体素弱，第四度怀孕使她狼狈不堪，于一九三三年二月二十五日（阴历二月二日）生文蔷，由她的女高师同学王绪贞接生，得到特别小心照护，我们终身感激她。分娩之后不久，四个孩子同时感染猩红热，第二女不幸夭折。做母亲的尤为伤心。入葬的那一天，她尚不能出门，于冰霰霏霏之中，我看着把一具小棺埋在第一公墓。

青岛四年之中我们的家庭是很快乐的。我的莎士比亚翻译在这时候开始，若不是季淑的决断与支持，我是不敢轻易接受这一份工作的。她怕我过劳，一年只许我译两本，我们的如意算盘是一年两本，二十年即可完成，事实上用了我三十多年的工夫！我除了译莎氏之外，还抽空译了《织工马南传》《西塞罗文录》，并且主编天津《益世报》的一个文艺周刊。季淑主持家务，辛苦而愉快，从来没有过一句怨言。我们的家座上客常满，常来的客如傅肖鸿、赵少侯、唐郁南都常在我们家便饭，学生们常来的有丁金相、张淑齐、蔡文显、韩朋等。张罗茶饭招待客人都是季淑的事。我从北平定制了一个烤肉的铁炙子，在青岛恐怕是独一的设备，在山坡上拾捡松枝松塔，冬日烤肉待客皆大欢喜。我的母亲带着四弟治明也来过一次，治明特别欣赏季淑烹制的红烧牛尾。后来他生了一场匍行疹，病中得到季淑的悉心调护，痊愈始去。

胡适之先生早就有意约我到北京大学去教书，几经磋商，遂于一九三四年七月结束了我们的四年青岛之旅。临去时房屋租约未满，尚有三个月的期间，季淑认为应该如约照付这三个月的租金，房东王先生坚不肯收，争执甚久，我在旁哈哈大笑："此君子国也！"房东拗不过去，勉强收下，买了一份重礼亲到车站送行。季淑在离去之前，把房屋打扫整洁一尘不染，这以后成了我们的惯例，无论走到哪里，临去必定大事扫除。

十

我们决定回北平，父母亲很欢喜，开始准备迁居，由大取灯胡同一号迁到内务部街二十号。内务部街的房子本是我们的老家，我就是生在那个老家的西厢房，原是祖父留下的一所房子，在我十五岁的时候才从那里迁到大取灯胡同一号的新房。老家出租多年，现在收回自用。这所老房子比较大，约有房四十间，旧式的上支下摘，还有砖炕，院落较多，宜于大家庭居住。父母兴奋得不得了，把旧房整缮一新，把外院和西院划给我，并添造一间浴室。我母亲是年六十，她说："好了，现在我把家事交给季淑，我可以清闲几年了。"事实上我们还是无法使母亲完全不操心。

回到北平先在大取灯胡同落脚，然后开始迁居。"破家值万贯"，而且我们家的传统是"室无弃物"，所以百八十年下来的这一个家是无数破烂东西的总汇，搬动一下要兴师动众，要雇用大车小车以及北平所特有的"窝脖儿"的，陆陆续续地搬了一个星期才大体就绪，指挥奔走的重任落在季淑的身上，她真是黎明即起，整天前庭后院地奔走，她的眼窝下面不时地挂着大颗的汗珠，我就掏出手绢给她揩揩。

垂花门外有一棵梨树，是房客栽的，多年生长已经扑到房檐上面，把整个院子遮盖了一半，结实累累，蔚为壮观。不知道母亲听了什么人饶舌，说梨与离同音，不祥，于是下令砍伐。季淑不敢抗，眼睁睁地看着工人把树砍倒，心中为之不怿者累日。后来我劝她在原处改植别的不犯忌讳的花木，亦可略补遗憾。她立即到隆福寺街花厂选购了四棵西府海棠，因为她在青岛就有此偏爱。这四株娇艳的花木果然如所预期很快地长大成形，翌年即繁花如簇，如火如荼，春光满院，生气盎然。同时她又买了四棵紫丁香，种在西院我的书房与卧室之间，紫丁香长得更猛，一两年间妨碍人行，非修剪不可，丁香开时香气四溢，招引蜂蝶终日攘攘不休。前院檐下原有两畦芍药奄奄一息，季淑为之翻土施肥，冬日覆以积雪，来春新芽苗发。我的书房檐下多阴，她种了一池玉簪，抽蕊无数。

我们一家三代，大小十几口，再加上男女佣工六七人，是相当大的一个家庭。晨昏定省是不可少的礼节。每天早晨听到里院有了响动，我便拉着文蔷到里院去，到上房和东厢房分别向父母问安。文蔷是我们最小的孩子，不拉着她便根本迈不过垂花门的一尺高的门槛。文茜、文骐都跟在我的身后。文蔷还另有任务，每天把报纸送给她的祖父，祖父接过报纸总是喊她两声："小肥猪！小肥猪！"因为她小时候很胖。季淑每天早晨要负责沏盖碗茶，其间的难处是把握住时间，太早太晚都不成。每天晚上季淑还要伺候父亲一顿消夜，有时候要拖到很晚，我便躺在床上看书等她。每日两餐是大家共用的，虽有厨工专理其事，调配设计仍需季淑负责，亦大费周章。家庭琐事永远没完没结，所谓家庭生活是永无休止的修缮补直。缝缝连连的事，会使用缝纫机的人就责无旁贷。对外的采办或交涉，当然也是能者多劳。最难堪的是于辛劳之余还不能全免于怨怼，有一回已经日上三竿，季淑督促工人捡煤球，扰及贪睡者的清眠，招致很大的不快。有人愤愤难平，季淑反倒夷然处之，她爱说的一句话是："唐张公艺九世同居，得力于百忍，我们只有三世，何事不可忍？"

家事全由季淑处理，上下翕然，我遂安心做我的工作，教书之余就是翻译写稿。我在西院南房，每到午后四时，季淑必定给我送茶一盏，我有时停下笔来拉她小坐，她总是把我推开，说："别闹，别闹，喝完茶赶快继续工作。"然后她就抽身跑了。我隔着窗子看她的背影。我的翻译工作进行顺利，晚上她常问我这一天写了多少字，我若是告诉她写了三千多字，她就一声不响地跷起她的大拇指。我译的稿子她不要看，但是她愿意知道我译的是些什么东西。所以莎士比亚的几部名剧里的故事，她都相当熟悉。有几部莎士比亚的电影片上演，我很希望她陪我去看，但是她分不开身，她总是遗憾地教我独自去看。

季淑有一个见解，她以为要小孩子走上喜爱读书的路，最好是尽早给孩子每人置备一个书桌。所以孩子开始认字，就给他设备一份桌椅。木器店里没有给小孩用的书桌，除非定制，她就买普通尺寸的成品，每人一份，放在寝室里挤得满满的。这一项开支绝不可省。她告诉孩子哪一个抽屉放书哪一个抽屉放纸笔。有了适当的环境之后，不久孩子养成了习惯，而且到了念书的时候自然地各就各位。孩子们由小学至大学，从来没有任何挫折，主要的是小时候养成良好习惯。季淑做了好几年的小学教师，她的教学经验在家里发生宏大的影响。可见小学教师应是最可敬的职业之一。

我们的男孩子仅有一个，季淑嫌单薄一些，最好有两男两女，一九三五年冬，她怀有五个月的孕，一日扭身开灯，受伤流产。送往妇婴医院，她为节省住进二等病房，夜间失血过多，而护士置若罔闻，我晨间赶去探视，已奄奄一息，医生开始惊慌，急救输血，改进头等病房并请特别护士。白天由我的岳母照料，夜晚由我陪伴，按照医院规定男客是不准在病房夜晚逗留的。一个星期之后才脱险。临去时那一些不负责任的护士还奚落她说："我们没有见过像你这样的娇太太！"从此我们就实行生育节制。

我对政治并无野心，但是对于国事不能不问。所以我办了一个周刊，以鼓吹爱国提倡民主为原则，朋友们如谢冰心、李长之等都常写稿给我，周作人也写过稿子。因此我对于各方面的人物常有广泛的接触。季淑看见来访的客人鱼龙混杂就为我担心。她偶尔隔着窗子窥探出入的来客，事后问我："那个獐头鼠目的是谁？那个垂首蛇行的又是谁？他们找你做什么？"这使我提高了警觉。果然，就有某些方面的人来做说客，"愿以若干金为先生寿"，人们有一种错觉，以为凡属舆论，都是一些待价而沽的东西。我当即予以拒绝，季淑知道此事之后完全支持我的决定，她说："我愿省吃俭用和你过一生宁静的日子，我不羡慕那些有办法的人之昂首上骧。"我隐隐然看到她的祖父之高风亮节在她身上再度发扬。

日寇侵略日益加紧，一九三七年六月二十三日蒋介石与汪兆铭联名召开庐山会议，我应邀参加，事实上没有什么商议，只是宣告国家的政策。我没有等会议结束即兼程北返，七月七日芦沟桥事变爆发，二十八日北平陷落。我和季淑商议，时势如此，决定我先只身逃离北平。我当即写下遗嘱。戎火连天，割离父母妻子远走高飞，前途渺渺，后顾茫茫。这时候我联想到"出家"真非易事，确是将相所不能为。然而我毕竟这样做了。等到天津火车一通，我立即登上第一班车，短短一段路由清早走暮夜才到达天津。临别时季淑没有一点儿女态，她很勇敢地送我到家门口，互道珍重，相对黯然。"与子之别，思心徘徊！"

十一

和我约好在车上相见的是叶公超，相约不交一语。后来发现在车上的学界朋友有十余人之多，抵津后都住进了法租界帝国饭店。我旋即搬到罗努生、王右家的寓中，日夜收听广播的战事消息，我们利用大头针制作许多面红白小旗，墙上悬大地图，红旗代表我军，白旗代表敌军，逐日移动地插在图上。看看红旗有退无进，相与扼腕。《益世报》的经理生宝堂先生在赴意租界途中被敌兵捕去枪杀，我们知道天津不可再留，我与努生遂相偕乘船到青岛，经济南转赴南京。在济南车站遇到数以千计由烟台徒步而来的年轻学生，我的学生丁金相在车站迎晤她的逃亡朋友，无意中在三等车厢里遇见我，相见大惊，她问我："老师到哪里去？"

"到南京去。"

"去做什么？"

"赴国难，投效政府，能做什么就做什么。"

"师母呢？"

"我顾不得她，留在北平家里。"

她跑出站买了一瓶白兰地、一罐饼干送给我，汽笛一声，挥手而别，我们都滴下了泪。

南京在敌机空袭之下，人心浮动。我和努生都有报国有心投效无门之感。我奔跑了一天，结果是教育部发给我二百元生活费和岳阳丸头等船票一张，要我立即前往长沙候命。我没有选择，便和努生匆匆分手，登上了我们扣捕的日本商船岳阳丸。叶公超、杨今甫、俞珊、张彭春都在船上相遇。伤兵难民挤得船上甲板水泄不通，我的精神陷入极度苦痛。到长沙后我和公超住在青年会，后移入韭菜园的一栋房子，是樊逵羽先生租下的北大办事处。我们三个人是北平的大学教授南下的第一批。随后张子缨也赶来。长沙勾留了近月，无事可做，心情苦闷，大家集议醵资推我北上接取数家的眷属。我衔着使命，间道抵达青岛，搭顺天轮赴津，不幸到烟台时船上发现霍乱，船泊大沽口外，日军不许进口，每日检疫一次，海上拘禁二十余日，食少衣单，狼狈不堪。登岸后投宿皇宫饭店，立即通电话给季淑，翌日她携带一包袷冬衣到津与我相会。乱离重逢，相拥而泣。翌日季淑返回北平。因樊逵羽先生正在赶来天津，我遂在津又有数日勾留。后我返平省亲，在平滞留三数月，欲举家南下，而情况不许，尤其是我的岳母年事已高不堪跋涉。季淑与其老母相依为命，不可能弃置不顾，侍养之日诚恐不久，而我们夫妻好合则来日方长，于是我们决定仍是由我只身返后方。会徐州陷落，敌伪强迫悬旗志贺，我忍无可忍，遂即日动身。适国民参政会成立，我膺选为参政员，乃专程赴香港转去汉口，从此进入四川，与季淑长期别离六年之久。

在这六年之中，我固颠沛流离贫病交加，季淑在家侍奉公婆老母，养育孩提，主持家事，其艰苦之状乃更有甚于我者。自我离家，大姐、二姐相继去世，二姐遇人不淑身染肺癌，乏人照料，季淑尽力相助，弥留之际仅有季淑与二姐之幼女在身边陪伴。我们的三个孩子在同仁医院播种牛痘，不幸疫苗不合规格，注射后引起天花，势甚严重，几濒于殆，尤其是文茜面部结痂作痒，季淑为防其抓破成麻，握着她的双手数夜未眠，由是体力耗损，渐感不支。维时敌伪物资渐缺，粮食供应困难，白米白面成为珍品，居恒以糠麸花生皮屑羼入杂粮混合而成之物充饥，美其名曰文化面。儿辈羸瘦，呼母索食。季淑无以为应，肝肠为之寸断。她自己刻苦，但常给孩子鸡蛋佐餐，孩子久而厌之。有时蒸制丝糕（小米粉略加白面白糖蒸成之糕饼）作为充饥之物，亦难得引起大家的食欲。此际季淑年在四十以上，可能是由于忧郁，更年期提早到来，百病丛生，以至于精神崩溃。

不同情的人在一旁讪笑："我看她没有病，是爱花钱买药吃。""我看她也没有病，我看见她每饭照吃。""我看她也没有病，丝糕一吃就是两大块。"她不顾一切，乞灵于协和医院，医嘱住院，于是在院静养两星期，病势略转，此后风湿关节炎时发时愈，足不良行。孩子们长大，进入中学，学业不成问题，均尚自知奋勉不落人后，但是交友万一不慎后果堪虞，季淑为了此事最为烦忧。抗战期间前方后方邮递无阻，我们的书信往来不断，只是互报平安，季淑在家种种苦难并不透露多少，大部分都是日后讲给我听。

我的岳母虽然年迈，健康大致尚佳。她曾表示愿意看看自己的寿材，所以我在离平之前和季淑到了桅厂订购了上好的材木一副，她自己也看了满意。一九四三年春偶然不适，好像有所预感，坚持回到程家休憩，不数日即突然病革，季淑带着孩子前去探视，知将不起，尚殷殷以我为念。她最喜爱文蔷，临终时呼至榻前，执其手而告之："文蔷，你乖乖的，听你妈妈的话。"言讫，溘然而逝。所有丧葬之事均由季淑力疾主持。她有信给我详述经过，哀毁逾恒，其中有一句话是："华，我现在已成为无母之人矣……"季淑孝顺她的母亲不是普通的孝顺，她是真实地做到了"菽水承欢"。

季淑没有和我一起到后方去，主要的是为了母亲。如今母亲既已见背，我们没有理由维持两地相思的局面。我们十年来的一点积蓄除了投资损失之外陆续贴补家用，六年来亦已告罄，所以我就写信要她准备来川。她唯一的顾虑是她的风湿病，不知两腿是否禁得起长途跋涉。说也奇怪，她心情一旦开朗，脚步突然转健，若有神助。由北平起旱到四川不是一件容易事。季淑有一位堂弟道良，前两年经由叔辈决定过继给我的岳母做继子，他们的想法是：季淑究竟是一个女儿，嫁出的女儿泼出的水，不能成为嗣祧。道良为人极好，事季淑如胞姐，他自告奋勇，送她一半程。一九四四年夏，季淑带着三个孩子十一件行李，病病歪歪的，由道良搀扶着，从北平乘车南下。由徐州转陇海路到商丘，由商丘起旱到亳州，这是前后方交界之处，道良送她到此为止，以后的漫漫长途就靠她自己独闯了。所幸她的腿疾日有进步，到这时候已可勉强行走无须扶持。从亳州到漯河，由漯河到叶县，这一段的交通工具只能利用人力推车，北方话称之为"小车子"，车仅一轮，由车夫一人双手把持，肩上横披一带系于车把之上，轮的两边则一边坐人，一边放行李，车夫一面前进一面摆动其躯体以维持均衡。土路崎岖，坑洼不平，轮轴吱吱作响，不但进展迟缓，且随时有翻倒之虞。车夫一面挥汗一面高唱俚歌，什么"常山赵子龙，燕人张翼德""有山就有水，有水就有鱼"……一路上前呼后应，在黄土飞扬之中打滚。到站打尖，日暮投宿。季淑就这样的带着三个孩子十一件行李一天又一天地在永无止境的土路上缓缓前进。怕的是青纱帐起，呼吁无门，但邀天之幸一路安宁，终于到达叶县。对于劳苦诚实的车夫们，季淑衷心感激，乃厚酬之。

由叶县到洛阳有公路可循，可以搭乘公共汽车，汽车是使用柴油的，走起来突突冒烟，随时随地抛锚。乘客拥挤抢座，幸赖有些流亡学生见义勇为，帮助季淑及二女争取座位，文骥不在妇孺之列只能爬上车顶在行李堆中觅一席地。季淑怕他滚落，苦苦哀求其他车顶上的同伴赐以援手，幸而一路无事。黄土平原久旱无雨，汽车过处黄尘蔽天。到站休息时人人毛发尽黄，纷纷索水洗面。季淑在道旁小店就食，点菠菜猪肝一盘，孩子大悦，她不忍下筷唯食余沥而已。同行的流亡学生有贫苦以至枵腹者，季淑解囊相助，事实她自己的盘川亦所余无几了。

季淑一行到洛阳后稍事休息，搭上火车，精神为之一振，虽是没有窗户的铁闷车，然亦稳速畅快。唯夜间闯过潼关时熄灯疾驶，犹不免遭受敌军炮轰，幸而无恙，饱受虚惊。到达西安，在菊花园日厚德福饭庄饱餐一顿并略得接济，然后搭车赴宝鸡，这是陇海路最后一站。从此便又改乘公共汽车，开始长征入川。汽车随走随停，至剑阁附近而严重抛锚，等待运送零件方能就地修复，季淑托便车带信给我，我乃奔走公路局权要之门请求救济，我生平不欲求人，至是不能不向人低首！在此期间，季淑等人食宿均成问题，赖有同行难友代为远道觅食，夜晚即露宿道旁。一夕，睡眠中忽闻哞声走于身畔，隐约见一庞形巨物，季淑大惊而呼，群起察视，原来是一只水牛。越数日汽车修复，开始蠕动，终于缓缓地爬到了青木关，再换车而抵达北碚，与我相会。

六年瞬别，相见之下惊喜不可名状。长途跋涉之后，季淑稍现清癯。然而我们究竟团圆了。"今夕何夕，见此粲者！"凭了这六年的苦难，我们得到了一个结论：在丧乱之时，如果情况许可，夫妻儿女要守在一起，千万不可分离。我们受了千辛万苦，不愿别人再尝这个苦果。日后遇有机会我们常以此义劝告我们的朋友。

我在四川一直支领参政会一份公费，虽然在国立编译馆全天工作，并不受薪。人笑我迂，我行我素。现在五口之家，子女就学，即感拮据。季淑征尘甫卸，为补充家用，接受社会部北碚儿童福利实验区之聘，任该区福利所干事。区主任为章柳泉先生。季淑的职务是办理消费合作社的事务。和她最契的同事是童启华女士（朱锦江夫人），据季淑告诉我，童先生平素不议人短长，不搬弄是非，而且公私分明，一丝不苟，掌管公物储藏，虽一纸一笔之微，核发之际亦必详究用途不稍浮滥，时常开罪于人。季淑说像这样奉公守法的人是极少见的，季淑和她交谊最洽，可惜胜利后即失去联络，但季淑时常想念到她。

第二年，即一九四五年，季淑转入迁来北碚的国立戏剧专科学校为教具组服装管理员，校长为余上沅。上沅夫妇是我们的熟人，但季淑并不因人事关系而懈怠其职务，她准时上班下班，忠于其职守。她给全校师生留下了良好的印象。

季淑于生活艰难之中在四川苦度了两年。事实上在抗战期间无论是在陷区或后方，没有人不受到折磨的。只有少数有办法的人能够浑水摸鱼。我有一位同学，历据要津，宦囊甚富，战时寓居香港，曾扬言于众："你们在后方受难，何苦来哉？一旦胜利来临，奉命接收失土坐享其成的是我们，不是你们。"我们听了不寒而栗。这位先生于日军攻占香港时遇害，但是后来接收大员"五子登科"的怪剧确是上演了。

一九四五年八月十日季淑晚间下班时带回了一张报纸的号外：

嘉陵江日报号外

日本接受无条件投降

　　旧金山八月十日广播日本政府本日四时接受四国公告无条件投降其唯一要求是保留天皇今日吾人已获胜利已获和平

我们听到了遥远的爆竹声，鼎沸的欢呼声。

还乡的交通工具不敷，自然应该让特权阶级豪门巨贾去优先使用，像我们所服务的闲散机构如国民参政会、国立编译馆之类当然应该听候分配。等候了一年光景，一九四六年秋国民参政会通知有专轮直驶南京，我们这才怀着一种复杂的心情告别四川鼓轮而下。我说心情复杂，因为抗战结束可以了却八年流亡之苦，可以回乡省视年老的爹娘，可以重新安心做自己的工作，但是家园已经破碎，待要从头整理，而国事蜩螗，不堪想象。

十二

我们在南京下榻于国立编译馆的一间办公室内，包饭搭伙，孩子们睡地板。也有人想留我在南京工作，我看气氛不对，和季淑商量还是以回到北平继续教书为宜，便借口离开南京遄赴上海搭飞机返平。阔别八年的我，在飞机上看到了颐和园的排云殿，心都要从口里跳出来。

回到家里看见我父母都瘦了很多，一阵心酸，泣不可抑。当时三弟、五弟都在家，大姐一家也住在东院，后来五妹和妹婿一家也来了，家里显得很热闹。我们看到垂花门前的野草高与人齐，季淑便令孩子们拔草，整理庭院焕然一新。我的父亲是年七十，步履维艰，每晨自己提篮外出买烧饼油条相当吃力，我便请准由我每日负责准备早餐。当我提了那只篮子去买烧饼的时候，肆人惊问我为何人，因为他们认识那个篮子。也许这两桩事我们做得不对，因为我们忘了《世说新语》赵母嫁女的故事："赵母嫁女，女临去，敕之曰：'慎勿为好！'女曰：'不为好，可为恶邪？'母曰：'好尚不可为，其况恶乎。'"我们率直而为之，不是有意为好。家里人口众多，遂四处分爨。

父亲关心我的工作，有一天拄着拐杖到我书室，问我翻译莎士比亚进展如何，这使我非常惭愧，因为抗战八年中我只译了一部。父亲说："无论如何，要译完它。"我就是为了他这一句话，下了决心必不负他的期望。想不到的是，于补祝他的七十整寿在承华园举行全家盛筵之后不久，有一晚我们已就寝，他突患冠状脉阻塞症，急救无效，竟于翌日晚间溘然长逝！我从四川归来，相聚才只一个月，即遭此大故！装殓时季淑出力最多，随后丧葬之事，她不做主张，只知尽力。

另一不幸事故，季淑的弟弟道良在东北军事倥偬之际受任辽宁大石桥车站站长，因坚守岗位不肯逃避以致殉职，遗下孤儿寡妇，惨绝人寰。灵柩运回北平，我陪季淑到东便门车站迎接，送往绩溪义园厝葬，我顺便向我的岳母的坟墓敬礼，凄怆之至。

这时候通货膨胀，生活困苦，我除在师大授课之外利用寒假远到沈阳去兼课；季淑善于理家，在短绌的情形之下仍能稍有盈余。她的理论是："储蓄之法不是在开销之外把余羡收存起来，而是预先扣除应储之数然后再做支出。"我们不时地到东单或东四的菜市，遇有鱼鲜辄购一尾，由季淑精心烹制献给母亲佐餐，因为这是我母亲喜食之物。我曾劝她买鱼两尾，一半自己享用，因为我知道她亦正有同嗜，而她坚持不可。她说："我们的享受，当俟来日。"她有一次在摊上看到煮熟的大块瘦肉，价格极廉，便买一小块携回，食之而甘，事后才知道那是驴肉或骡肉。我们日常用的水果是萝卜与柿子，孩子们时常望而生畏。

因苦中也要作乐。我们一家陪同赵清阁游景山，在亭子里闲坐啜茗，事后我写了一首五律送她。又有一次我们一家和孙小孟一家游颐和园，爬上众香国，几个大人都气力不济，孩子们争先恐后地跑上了排云殿，我笑谓季淑曰："你还有上鬼见愁的勇气没有？"又指着玉泉山上的玉峰塔说，"你还记得那个地方吗？"她笑而不答。风景依然，而心情不同了。到了冬天，孩子们去北海滑冰，我们便没有去观赏的兴致。想不到故都名胜，我们就这样的长久暌别，而季淑下世，重温旧梦亦永不可得！

一九四八年冬，战事不利，北平风声日紧。有一天何思源来看我，我问他有何观感，他说："毫无办法。"一个有办法的人都说没有办法。不数日炸弹丢在锡拉胡同他的住宅，炸死了他的一个女儿。学校的同事们有人得风声之先，只身前往门头沟，大多数人皇皇然。这时候我的朋友陈可忠任广州中山大学校长，约我去教书，我便于十二月十三日带着孩子先行赴津洽购船票南下。季淑因为代我三妹出售房产手续未毕，约好翌日赴津相会。那时候卖房极为费事，房客刁钻，勒索搬家费高至房款三分之一，而且需以黄金支付，否则拒不搬出，及交付黄金，则对于黄金成色又多方挑剔。季淑奔走折冲，心力俱瘁。翌日手续办好，而平津交通中断。我在天津车站空接一场，急通电话到家，季淑毅然决然告我："急速南下，不要管我。"我遂于十二月十六日登上"湖北轮"凄然离津，途经塘沽遭岸上士兵枪射，蜷卧统舱凡十四日始达香港。自我走后，季淑与文茜夫妇同居数日，但她立刻展开活动，决计觅求职业自立谋生，她说："沮丧没有用，要面对现实积极地活下去。"她首先去访问她的朋友范雪茵（黄国璋夫人），他们很热心，在她最困难的时候伸出了援手。他们立刻把消息传到师大，校长袁敦礼先生及其他同事都表示同情，答应设法给她觅取一份工作。三数日内消息传来，说政府派有两架飞机北来迎取一些学界人士南下，其时城外机场已陷，城内炮声隆隆，临时在城内东长安街建造机场。季淑接到紧急电话通告，谓名单中有我的名字，她可以占用我的座位，须立刻到北京饭店报到，一小时内起飞云云。她没有准备，仓卒中提起一个小包袱衣物就上了飞机。出乎意料的，机上的人很少，空位很多。绝大多数的学界人士昧于当前的局势，以及政局变化不会影响到教育，并且抗战八年的流离之苦谁也不想重演，所以有此奇异现象。有少数与学界无关的人却因人事关系混上了飞机。在南京主持派机的人是陈雪屏先生，他到机场亲自照料，凡无处可投的人被安置在一个女子学校礼堂里，季淑当晚就在那空洞洞的大房里睡了一宿。第二天她得到编译馆的王向辰先生的照料，在姚舞雁女士的床上又睡了一晚，第三天向辰送她上了火车赴沪。我的三妹四弟都在上海，她先投奔厚德福饭店，由饭店介绍一家旅馆住下，随后她就搬到三妹家，立即买舟票赴港。我在海洋漂泊的时候她早已抵沪，而我不知道。我于十二月卅一日到香港，翌日元旦遄赴广州，正在石牌校区彷徨问路，突遇旧日北碚熟人谓我有信件存在收发室。取阅则赫然季淑由沪寄来之航信。我大喜过望，按照信中指示前往黄埔，登船阒无一人，原来船提前到达，我迟了一步，她已搭小轮驶广州。我俟回到广州，季淑也很快地找到了我的住处——文明路的平山堂。我以为我们此后难以再见，居然又庆团圆。

十三

我于（一九四八年）十二月三十一日到香港，翌日元旦遄赴广州。在广州这半年，我们开始有身世飘零之感。平山堂是怎样的一个地方，我曾有一小文《平山堂记》纯是纪实。我们住在这里，季淑要上街买菜，室中升火，提水上楼，楼下洗浣，常常累得红头涨脸。我们在穷困中兴复不浅，曾到六榕寺去玩，对于苏东坡题壁和六祖慧能的塑像印象甚深，但是那座花塔颜色俗丽而游人如织，则我们只好远远地避开。海角红楼也去饮茶过一次。住处实在没有设备，同仁康清桂先生为我们定制了一张小木桌。一切简陋，而我们还请梅贻琦、陈雪屏先生来吃过一顿便饭，季淑以她的拿手馅饼飨客，时昭瀛送来一瓶白兰地，梅先生独饮半瓶而玉山颓矣。

广州中山大学外文系主任林文铮先生，好佛，他的单人宿舍是一间卧室一间佛堂，常于晚间做法会，室为之满。林先生和我一见如故，谓有夙缘，从此我得有机会观经看教，但是后来要为我"开顶"，则敬谢不敏。季淑也在此时开始对于佛教发生兴趣，她只求摄心，并不佞佛。林先生深于密宗，我贪禅悦，季淑则近净土。这时候法舫和尚在广州，有一天有朋友引他来看我，他是太虚的弟子，我游缙云山时他正是缙云寺的知客，曾有过一面之缘，他居然还没忘记。他送来一部他所著的《金刚经讲话·附心经讲话》，颇有深入浅出之妙，季淑捧读多遍，若有所契，后来持诵《心经》成为她的日课。人到颠沛流离的时候，很容易沉思冥想，拨开尘劳世网而触及此一大事因缘。因为季淑于佛教只得到一些精神上的寄托，无形中也影响到我，我于观经之余常有疑义和她互相剖析商讨，惜无金篦刮目，我们终未能深入。我写有《了生死》一篇小文，便是我们的一点共同的肤浅之见，有些眼界高的人讥我谓为小乘之见，然哉，然哉！

我们每到一地，季淑对于当地的花木辄甚关心。平山堂附近的大礼堂后身有木棉十数本，高可七八丈，红花盛开，遥望如霞如锦，蔚为壮观。花败落地，訇然有声，据云落头上可以伤人。她从地上拾起一朵，瓣厚数分，蕊如编绽，赏玩久之。

此时军事情势逆转，长江天堑而竟一苇而渡！广州震动，人心皇皇，学校里的气氛更为不稳，学生们日事叫嚣，唯恐天下不乱，少数教授别有用心。我们几个朋友经常商讨何去何从。有一位朋友谈论他在四川万县有房有地，吃着无虞，欢迎我们一家前去同住。有一位朋友说他决计远走高飞到甘肃兰州，以为那是边陲、世外桃源。有一位朋友忽然闷声不响，原来他是打算去香港暂时观望徐图靠拢。这时候教育部长杭立武先生，次长吴俊升、翟桓先生，他们就在中大的大礼堂楼上办公，通知我教育部要在台湾台北设法恢复国立编译馆的机构，其现实的目的是暂时收罗一些逃亡的学界人士。我接受了这个邀请，由台湾的教育厅长陈雪屏先生为我办了入境证，便于一九四九年六月底搭乘华联轮，直驶台湾，季淑晕船，一路很苦。

十四

台湾"二二八"的影子还有时在心中呈现。我临行前写信给我的朋友徐宗涑先生："请为我预订旅舍，否则只好在尊寓屋檐下暂避风雨。"他派人把我们从基隆接到台北他家里歇宿了三天，承他的夫人史永贞大夫盛情款待，季淑与我终身感激。第四天搬进德惠街一号，那是林挺生先生的一栋日式房屋，承他的厚谊使我们有了栖身之处，而且一住就是三年，这一份隆情我们只好永铭心版了。季淑曾对我说："朋友们的恩惠在我们的心上是永不泯灭的，以后纵然有机会能够报答一二，也不能磨灭我们心上的刻痕。"她说得对。

德惠街当时是相当荒僻的地方，街中心是一条死水沟，野草高与人齐，偶有汽车经过，尘土飞扬入室扑面。在榻榻米上睡觉是我们的破题儿第一遭，躺下去之后觉得天花板好高好高，季淑起身时特别感觉吃力。过了两三个月，我买来三张木床，一个圆桌，八个圆凳，前此屋内只有季淑买来的一个藤桌四把藤椅。这是我们的全部家具，一直用了二十多年直到离开台湾始行舍去。有一天齐如山老先生来看我，进门一眼看到室内有床，惊呼曰："吓！混上床了！"这个"混"字（去声）来得妙，混是混事之谓，北方土语谓在社会上闯荡赚钱谋生为"混"。有季淑陪我，我当然能混得下去！徐太太送给我们一块木板、一根擀面杖和几个瓶子，我们便请了宗涑和他的夫人来吃饺子，我擀皮，季淑包，虽然不成敬意，大家都很高兴。

附近有一家冰果店，店名曰"春风"，我们有时踱到那里吃点东西，季淑总是买冰棒一根，取其价廉。我们每去一次，我名之为"春风一度"。

有人送一只特大的来亨鸡，性极凶猛，赤冠金距，遍体洁白，我们名之为"大公"。怕它寂寞，季淑给它买来一只黑毛大母鸡，名"缩脖坛子"，为大公所不喜，后又买来一只小巧的黄花杂毛母鸡，深得大公欢心，我们名之为"小花"。小花生蛋，大公亦有时代孵。大公得食，留给小花，没有缩脖坛子的份儿。卵多被大公踏破，季淑乃取卵纳入纸匣，装以灯泡，不数日而壳破雏出，有时壳坚不得出，她就小心地代为剖剥，黄茸茸的小雏鸡托在掌上，讨人欢喜。雏鸡长大者不过三数只，混种特别矫健，兼有大公之白与小花之俏，我们分别名之为老大、老二、老三。饲鸡是一件趣事，最受欢迎的是沙丁鱼汁拌饭，再不就是残肴剩菜拌饭，而炸酱面尤妙，会像"长虫吃扁担"似的一根根地直吞下去，季淑顾而乐之。养鸡约有两年，后因迁居不便携带乃分送友朋，大公抑郁病死，小花被贼偷走不知所终。

我们本来不拟雇用女仆，季淑愿意操劳家事，她说她亲手制作饭食给我和孩子享用，是她的一大快乐，而且劳动筋骨对她自己也有益处。编译馆事务方面的人坚持要送一位女仆来理炊事，固辞不获，于是我们家里就添了一位年方十九籍隶新竹的丫小姐。是一位天真未凿的乡下姑娘，本地的风俗是乡下人家常把他们的女儿送到城里来做事，并不一定是为糊口，常是为了想在一个良好家庭中学习一些礼仪知识以为异日主持家务之准备。季淑对于佣工，从来没有过摩擦，凡是到我家里来工作的人都是善来善去。这位丫小姐年纪轻轻，而且我们也努力了解本地的风俗习惯，待之以礼，所以和我们相处很好。不知怎的，她一天天地消瘦下来，不思饮食，继而不时长吁短叹，终乃天天以泪洗面。季淑不能不问，她初不肯言，终于廉得其情，其中一部分仍是谎饰，但是我们大体明了她的艰难处境。她急需要钱。季淑基于同情，把她手中剩存三十美元全部送给了她，解救她的困厄。于羞惭称谢声中，她离我们而去。

编译馆原是由杭立武部长自兼馆长，馆址由洛阳街迁到浦城街，人员增多，业务渐繁，杭先生不暇兼顾，要我代理，于是馆长一职我代理了九个多月。文书觳掌，非我素习，而人事应付尤为困扰。接事之后，大大小小的机关首长纷纷折简邀宴，饮食征逐，虚糜公帑。有一次在宴会里，一位多年老友拍肩笑着说道："你现在是杭立武的人了！"我生平独来独往不向任何人低头，所以栖栖遑遑以至于斯，如今无端受人讥评，真乃奇耻大辱。归而向季淑怨诉，她很了解我，她说："你忘记在四川时你的一位朋友蒋子奇给你相面，说你'一身傲骨，断难仕进'？"她劝我赶快辞职。她想起她祖父的经验，为宦而廉介自持则两袖清风，为宦而贪赃枉法则所不屑为，而且仕途险恶，不如早退。她对我说："假设有一天，朋比为奸坐地分赃的机会到了，你大概可以分到大股，你接受不？受则不但自己良心所不许，而且授人以柄，以后永远被制于人。不受则同僚猜忌，唯恐被你检举，因不敢放手胡为而心生怨望，必将从此千方百计陷你于不义而后快。"她这一番话坚定了我求去的心。此时政府改组，杭先生去职，我正好让贤，于是从此脱离了编译馆，专任师大教职。我任事之初，从不往来的人也登门存问，而且其尊夫人也来和季淑周旋，我卸职之后则门可罗雀，其怪遂绝。芝麻大的职位也能反映出一点点的人性。

因为台大聘我去任教并且拨了一栋相当宽敞的宿舍给我，师大要挽留我也拨出一栋宿舍给我，我听从季淑的主张决定留在师大，于是在一九五二年夏搬进了云和街十一号。这也是日式房屋，不过榻榻米改换为地板，有几块地方走上去像是踏在地毯上一般软乎乎的。房子油刷一新，碧绿的两扇大门还相当耀眼，一位早已分配到宿舍而尚无这样大门的朋友顾而叹曰："是乃豪门！"地皮不大方正，前面宽，后面窄，在堪舆家看来是犯大忌的，我们不相信这一套。前院有一棵半枯的松树，一棵头重脚轻的曼陀罗（俗名鸡蛋花），还有一棵很大很大的面包树。这一棵面包树遮盖了大半个院子，叶如巨灵之掌，可当一把蒲扇用，果实烂熟坠地，据云可磨粉做成面包。季淑喜欢这棵树，喜欢它的硕大茂盛。后院里我们种了一棵黄营、一棵九重葛，都很快地长大。为了响应当时的号召，还在后院建设了一个简陋的防空洞，其作用是积存雨水繁殖蚊虫。

面包树的阴凉，在夏天给我们招来了好几位朋友。孟瑶住在我们街口的一个"危楼"里，陈之藩、王节如也住在不远的地方，走过来不需要五分钟，每当晚饭后薄暮时分这三位是我们的常客。我们没有椅子可以让客人坐，只能搬出洗衣服时用的小竹凳子和我们饭桌旁的三条腿的小圆木凳，比"班荆道故"的情形略胜一筹。来客在树下怡然就座，不嫌简慢。我们海阔天空，无所不谈。我记得孟瑶讲起她票戏的经验眉飞色舞，节如对于北平的掌故比我知道的还多，之藩说起他小时候写春联的故事最是精彩动人。三位都是戏迷，逼我和季淑到永乐戏院去听戏，之后谈起顾正秋女士谈三天也谈不完。季淑每晚给我们张罗饮料，通常是香片茶，永远是又酽又烫。有时候是冷饮，如果是酸梅汤，就会勾起节如对于北平信远斋的回忆，季淑北平住家就在信远斋附近，她便补充一些有关这一家名店的故事。坐久了，季淑捧出一盘盘的糯米藕，有关糯米藕的故事我可以讲一小时，之藩听得皱眉叹气不已，季淑指着我说："为了这几片藕，几乎把他馋死！"有时候她以冰凉的李子汤给我们解渴，抱憾地说："可惜这里没有老虎眼大酸枣，否则还要可口些。"到了夜深往往大家不肯散，她就为我们准备消夜，有时候是新出屉的大馒头，佐以残羹剩肴。之藩怕鬼，所以临去之前我一定要讲鬼故事，不待讲完他就堵起耳朵。他不一定是真怕鬼，可能是故作怕鬼状，以便引我说鬼，我知道他不怕鬼，他也知道我知道他不怕鬼，彼此心照不宣，每晚闲聊常以鬼故事终场。事后季淑总是怪我："人家怕鬼，你为什么总是说鬼？"

季淑怕狗，比我还要怕。狗没有咬过她，可是她听说有人被疯狗咬过死时的惨状，她就不寒而栗。她出去买菜，若是遇见有狗在巷口徘徊，她就多走一段路绕道而行，有时绕几段还是有狗，她就索性提着篮子回家，明天再买。有一次在店铺购物，从柜台后面走出一条小狗，她大惊失色，店主人说："怕什么，它还没有生牙呢。"因为狗的缘故，她就很少时候独去买菜，总是由女工陪着她去。"狗是人类最好的朋友"，可是说来惭愧，我们根本不想和狗攀交。

我们的女工都是在婚嫁的时候才离开我们。其中有一位C小姐，在婚期之前季淑就给她张罗购买了一份日用品，包括梳洗和厨房用具，等到吉日便由我家出发，爆竹声中登上彩车而去，门口挤满了看热闹的人，有一位邻人还笑嘻嘻地对季淑说："恭喜，恭喜，令爱今天打扮得好漂亮！"事后季淑还应邀到她的新房去探视过一次，回来告诉我说，她生活清苦，斗室一间，只有一个二尺见方的木板窗。

季淑酷嗜山水，虽然步履不健，尚余勇可嘉。几次约集朋友们远足，她都兴致勃勃，八卦山、观音山、金瓜石、狮头山等处都有我们的游踪。看到林木、山石、海水，她都欢喜赞叹，不过因为心脏较弱，已不善登涉。在这个时候，我发现我染有糖尿症，她则为风湿关节炎所苦，老态渐臻，无可如何。

云和街的房子有一重大缺点，地板底下每雨则经常积水，无法清除，所以总觉得室内潮气袭人，秋后尤甚，季淑称之为水牢。这对于她的风湿当然不利。一九五八年夏，文蔷赴美游学，家里顿形凄凉，我们有意改换环境。适有朋友进言，居住公家的日式房屋既不称意，何不买地自建房屋？我们心动。于是季淑天天奔走，到处看房看地，我们终于决定买下了安东街三〇九巷的一块地皮。于一九五九年一月迁入新居。

十五

我岂不知"求田问舍，怕应羞见，刘郎才气"？只因季淑病躯需要调养，故乃罄其所有，营此小筑。地皮不大，仅一百三十余坪。倩同学友人陆云龙先生鸠工兴建，图样是我们自己打的。我们打图的计划是，房求其小，院求其大，因为两个人不需要大房，而季淑要种花木故院需宽敞。室内设计则务求适合我们的需要。她不喜欢我独自幽闭在一间书斋之内，她不愿扰我工作，但亦不愿与我终日隔离，她要随时能看见我。于是我们有一奇怪的设计，一联三间房，一间寝室，一间书房，中间一间起居室，拉门两套虽设而常开。我在书房工作，抬头即可看见季淑在起居室内闲坐，有时我晚间工作亦可看见她在床上躺着。这一设计满足了我们的相互愿望。季淑坐在中间的起居室，我曾笑她像是蜘蛛网上的一只雌蜘蛛；盘踞网的中央，窥察四方的一切动静，照顾全家所有的需要，不愧为名副其实的一家之主。

不出半年，新屋落成。金圣叹"三十三不亦快哉"，其中之一是："本不欲造屋，偶得闲钱，试造一屋，自此日为始，需木，需石，需瓦，需砖，需灰，需钉，无晨无夕，不来聒于两耳。乃至罗雀掘鼠，无非为屋校计，而又都不得屋住，既已安之如命矣。忽然一日屋竟落成，刷墙扫地，糊窗挂画；一切匠作出门毕去，同仁乃来分榻列坐，不亦快哉！"我们之快哉则有甚于此者。一切委托工程师，无应付工人之烦，一切早有预算，无临时罗掘之必要。唯一遗憾的是房屋造得太结实，比主人的身体要结实得多，十三年来没漏过雨水，地板没塌陷过一块，后来拆除的时候很费手脚。落成之后，好心朋友代我们做了庭园的布置，草皮花木应有尽有。季淑携来一粒面包树的种子，栽在前院角上，居然苗长甚速，虽经台风几番摧毁，由于照管得法，长成大树，因为是她所手植，我特别喜爱它。

云和街的房子空出来之后，候补迁入的人很多，季淑坚决主张不可私相授受，历年修缮增建所耗亦无须计较索偿，所以我无任何条件于搬出之日将钥匙送归学校，手续清楚。季淑则着手打扫清洁，不使继居者感到不便。我们临去时对那棵大面包树频频回顾，不胜依依。后来路经附近一带，我们也常特为绕道来此看看这棵树的雄姿是否无恙。

住到新房里不久，季淑患蔔行疹（俗名转腰龙），腰上生一连串的小疱，是神经末梢的发炎，原因不明，不外是过滤性病毒所致，西医没有方法治疗，只能镇定剧痛的感觉。除了照料她的饮食之外，我爱莫能助。有一位朋友来探病，把我拉到一边告诉我说："此病不可轻视，等到腰上的一条龙合围一周，人就不行了。"又有一位朋友笑嘻嘻地四下打量着说："有这样的房子住，就是生病也是幸福。"这病拖延十日左右，最后有朋友介绍南昌街一位中医华佗氏，用他密制的药粉和以捣碎的瓮菜泥敷在患处，果然见效，一天天地好起来了。介绍华佗氏的这位朋友也为我的糖尿症推荐一个偏方：用玉蜀黍的须子熬水大量饮用。我试了好多天，无法证明其为有效。

说起糖尿症，我连累季淑不少。饮食无度，运动太少，为致病之由。她引咎自责，认为她所调配的食物不当，于是她就悉心改变我的饮食，其实医云这是老年性的糖尿症，并不严重。文蔷寄来一册《糖尿症手册》，深入浅出，十分有用，我细看不止一遍，还借给别人参阅。糖是不给我吃了，碳水化合物也减少到最低限度，本来炸酱面至少要吃两大碗，如今改为一大碗，而其中三分之二是黄瓜丝绿豆芽，面条只有十根八根埋在下面。一顿饭以两片面包为限，要我大量地吃黄瓜拌粉。动物性脂肪几乎绝迹，改用红花子油。她常感慨地说："有一些所谓'职业妇女'者，常讥笑家庭主妇的职业是在厨房里，其实我在厨房里的工作也还没有做好。"事实上，她做得太好了。自来台以后，我不太喜欢酒食应酬，有时避免开罪于人非敬陪末座不可，季淑就为我特制三文治一个，放在衣袋里，等别人"式燕以敖"的时候我就取出三文治，道一声"告罪"，徐徐嚼而食之。这虽令人败兴，但久之朋友们也就很少约我赴宴。在这样的饮食控制之下我的糖尿症没有恶化，直到如今我遵照季淑给我配制的食谱，维持我的体重。

我们不喜欢赌，赌具却有一副，那是我在北平买的一副旧的麻将牌。季淑家居烦闷，三五友好就常聚在一起消磨时间，赌注小到不能再小，八圈散场，卫生之至。夫妻同时上桌乃赌家大忌，所以我只扮演"牌童"一旁伺候，时而茶水，时而点心，忙得团团转。赌，不开始则已，一开始赌注必定越来越大，圈数必定越来越多，牌友必定越来越杂。同时这种游戏对于关节炎患者并不适宜。有一天季淑突然对我宣告："我从今天戒赌。"真的，从那一天起，真个不再打牌，以后连赌具也送人了，一张特制的桌面可以折角的牌桌也送人了，关于麻将之事从此提都不提，我说不妨偶一为之，她也不肯。

对于花木，她的兴趣不浅。后院墙角搭起一个八尺见方的竹棚（警察认为是违章建筑，但结果未被拆除），里面养了几十盆洋兰和素心兰。她最爱的是素心兰，严格讲应该是蕙，姿态可以入画，一缕幽香不时地袭人，花开时搬到室内，满室郁然。友人从山中送来一株灵芝，插入盆内，成为高雅的清供。竹棚上的玻璃被邻街的恶童一块块地击毁，不复能蔽风雨，她索性把兰花一盆盆地吊在前院一棵巨大的夹竹桃下，勉强有点阴凉，只是遇到连绵的雨水或酷寒的天气便需一盆盆地搬进室内，有时半夜起来抢救，实在辛劳。玫瑰也是她所欣喜的，我们也有一些友人赠送的比较贵重的品种，遇有大风雨，她便用塑料袋把花苞一个个地包起来，使不受损，终以阳光太烈土壤不肥，虽施专门的花肥，仍不能培护得宜。她常说："我们的兰花，不能和胡伟克先生家的相比，我们的玫瑰，不能和张棋祥先生的相比，但是我亲手培养的就格外亲切可爱。"可惜她力不从心，不大能弯腰，亦不便蹲下，园艺之事不能尽兴。院里有含笑一株，英文叫banana-shrub，因花香略带甜味近似香蕉，是我国南方有名的花木。有一天，师大送公教配给的工友来了，他在门外就闻到了含笑的香气，他乞求摘下几朵，问他作何用途，他惨然说："我的母亲最爱此花，最近她逝世了，我想讨几朵献在她的灵前。"季淑大受感动，为之涕下，以后他每次来，不等他开口，只要枝上有花，必定摘下一盘给他。

季淑爱花草，不分贵贱，一视同仁。有一次在阳明山上的石隙中间看见一株小草，叶子像是竹叶，但不是竹，葱绿而挺俏，她试一抽取，连根拔出，遂小心翼翼地裹以手帕带回家里，栽在盆中灌水施肥，居然成一盆景。我做出要给她拔掉之状，她就大叫。

　　房檐下遮窗的雨棚，有几个铁钩子，是工程师好意安装的，季淑说："这是天造地设，应该挂几个鸟笼。"于是我们买了三四个鸟笼，先是养起两只金丝雀。喂小米，喂菜心，喂红萝卜，鸟儿就是不大肯唱。后来请教高人，才知道一雌一雄不该放在一起，要隔离之后雄的才肯引吭高歌（不独鸟类如此，人亦何尝不然？能接吻的嘴是不想歌唱的）。我们试验之后，果然，但是总觉得这样摆布未免残忍。后来又养一种小鹦鹉，又名爱鸟，宽大的喙，整天咕咕地亲嘴。听说这种鹦鹉容易传染一种热病。我们开笼放生，不久又都飞回来，因为笼里有食物，宁可回到笼里来。之后，又养了一只画眉，这是一种雄壮的野鸟，怕光怕人，需要被人提着笼摇摇晃晃地早晨出去溜达。叫的声音可真好听，高亢而清脆，声达一二十丈以外。我们没有工夫遛它，有一天它以头撞笼流血而死。从此我们也就不再养鸟。在大自然的环境中，每见小鸟在枝头跳跃，季淑就驻足而观，喜不自禁。她喜爱鸟的轻盈体态。

　　一九六〇年七月，我参加"中美文化关系讨论会"赴美国西雅图，顺便到伊利诺伊州看新婚后的文蔷，这是我来台后第一次和季淑做短期的别离，约二十日。我的心情就和三十多年前在美国做学生的时代一样，总是记挂着她。事毕我匆匆回来，她盛装到机场接我，"铅华不可弃，莫是藁砧归？"她穿的是自己缝制的一件西装，鞋子也是新的。她已许久不穿旗袍，因为腰窄领硬很不舒服，西装比较洒脱，领胸可以开得低低的。她计算着我的归期，花两天的时间就缝好了一件新衣，花样式样我认为都无懈可击。我在汽车里就告诉她："我喜欢你的装束。"小别重逢，"其新孔嘉，其旧如之何？"

　　一九六三年十二月十八日，有独行盗侵入寒家，持枪勒索，时季淑正在厨房预备午膳。文蔷甫自美国返来省亲，季淑特赴市场购得黄鳝数尾，拟做生炒鳝丝，方下油锅翻炒，闻警急奔入室，见盗正在以枪对我做欲射状。她从容不迫，告之曰："你有何要求，尽管直说，我们会答应你的。"盗色稍霁。这时候门铃声大作，盗惶恐以为缇骑到门，扬言杀人同归于尽。季淑徐谓之曰："你们二位坐下谈谈；我去应门，无论是谁吾不准其入门。"盗果就座，取钱之后犹嫌不足，夺我手表，复迫季淑交出首饰，她有首饰盒二，其一尽系廉价赝品，立取以应，盗匆匆抓取一把珠项链等物而去。当天夜晚，盗即就逮，于一月三日伏法。此次事件端赖季淑临危不乱，镇定应付，使我得以幸免于祸灾。未定谳前，季淑复力求警宪从轻发落，声泪俱下。碍于国法，终处极刑，我们为之痛心者累日。季淑镇定的性格，得自母氏，我的岳母之沉着稳重有非常人所能及者。

那盘生炒鳝丝，我们无心享受。事实上若非文蔷远路归宁，季淑亦决不烹此异味，因为宰割鳝鱼厥状至惨，她雅不欲亲见杀生以恣口腹之欲。我们两人在外就膳，最喜"素菜之家"，清心寡欲，心安理得，她常说："自奉欲俭，待人不可不丰。"我有时邀约友好到家小聚，季淑总是欣然筹划，亲自下厨，她说她喜欢为人服务。最熟的三五朋友偶然来家午膳，季淑常以馅饼飨客，包制馅饼之法她得到母亲的真传，皮薄而匀，不干不破，客人无不击赏，他们因自号为"馅饼小姐"。有一回一位朋友食季淑亲制之葱油饼，松软而酥脆，不禁跷起拇指，赞曰："江南第一！"

季淑以主持中馈为荣，我亦以陪她商略膳食为乐。买菜之事很少委之用人，尤其是我退休以后空闲较多，她每隔两日提篮上市，我必与俱。她提竹篮，我携皮包，缓步而行，绕市一匝，满载而归。市廛摊贩几乎无人不识这一对蹒跚老者，因为我们举目四望很难发现再有这样一对。回到家里，倾筐倒箧，堆满桌上，然后我们就对面而坐，剥豌豆，掐豆芽，劈菜心……差不多一小时，一面手不停挥，一面闲话家常。随后我就去做我的工作，等到一声"吃饭"我便坐享其成。十二时午饭，六时晚饭，准时用餐，往往是分秒不爽，多少年来总是如此。

帮我们做工的Ｗ小姐，做了五年之后于归，我们舍不得她去，季淑为她置备一些用品，又送她一架缝纫机，由我们家里登上彩车而去。以后她还常来探视我们。

我的生日在腊八那一天，所以不容易忘过。天还未明，我的耳边就有她的声音："腊七腊八儿，冻死寒鸦儿，我的寒鸦儿冻死了没有？"我要她多睡一会儿，她不肯，匆匆爬起来就往厨房跑，去熬一大锅腊八粥。等我起身，热乎乎的一碗粥已经端到我的跟前。这一锅粥，她事前要准备好几天，跑几趟街才能勉强办齐基本的几样粥果，核桃要剥皮，瓜子也要去皮，红枣要刷洗，白果要去壳——好费手脚。我劝她免去这个旧俗，她说："不，一年只此一遭，我要给你做。"她年年不忘，直到来了美国最后两年，格于环境，她才抱憾地罢手。头一年腊八，她在我的纪念册上画了一幅兰花，第二年腊八，将近甲寅，她为我写了一个"一笔虎"，缀以这样的几个字：

华：

　　明年是你的本命年，

　　我写一笔虎，

　　祝你寿绵绵，

　　我不要你风生虎啸，

　　我愿你老来无事饱加餐。

季淑

"无事""加餐"，谈何容易！我但愿能不辜负她的愿望。

有一天我们闲步，巷口邻家的一个小女孩立在门口，用她的小指头指着季淑说："你老啦，你的头发都白啦。"童言无忌，相与一笑。回家之后季淑就说："我想去染头发。"我说："千万不要。我爱你的本色。头白不白，没有关系，不过我们是已经到了偕老的阶段。"从这天起，我开始考虑退休的问题。我需要更多的时间享受我的家庭生活，也需要更多的时间译完我久已应该完成的《莎士比亚全集》，在季淑充分谅解与支持之下我于一九六六年夏奉准退休，结束了我在教育界四十年的服务。

八月十四日师大英语系及英语研究所同仁邀宴我们夫妇于欣欣餐厅，出席者六十人，我们很兴奋也很感慨。我们于二十四日设宴于北投金门饭店答谢同仁，并游野柳。退休之后，我们无忧无虑到处闲游了几天。最近的地方是阳明山，我们寻幽探胜专找那些没有游人肯去的地方。我有午睡习惯，饭后至旅舍辟室休息，携手走出的时候旅舍主人往往投以奇异的眼光，好像是不大明白这样一对老人到这里来是搞什么勾当。有一天季淑说："青草湖好不好？"我说："管他好不好！去！"一所破庙，一塘泥水，但是也有一点野趣，我们的兴致很高。更有时季淑备了卤菜，我们到荣星花园去野餐，也能度过一个愉快的半天。

我没有忘记翻译莎氏戏剧，我伏在案头辄不知时刻，季淑不时地喊我："起来！起来！陪我到院里走走。"她是要我休息，于是相偕出门赏玩她手栽的一草一木。我翻译莎氏，没有什么报酬可言，穷年累月，兀兀不休，其间也很少得到鼓励，漫漫长途中陪伴我体贴我的只有季淑一人。最后三十七种剧本译完，由远东图书公司出版，一九六七年八月六日承朋友们的厚爱，以"中国文艺协会""中国青年写作协会""台湾省妇女写作协会""中国语文学会"的名义发起在台北举行庆祝会，到会者约三百人，主其事者是刘白如、赵友培、王蓝等几位先生。有两位女士代表献花给我们夫妇，我对季淑说："好像我们又在结婚似的。"是日《中华日报》有一段报道，说我是"三喜临门"："一喜，三十七本莎翁戏剧出版了，这是台湾省的第一部由一个人译成的全集；二喜，梁实秋和他的老伴结婚四十周年；三喜，他的爱女梁文蔷带着丈夫邱士耀和两个宝宝由美国回来看公公。"三喜临门固然使我高兴，最能使我感动的另有两件事：一是谢冰莹先生在庆祝会中致辞，大声疾呼："莎氏全集的翻译完成，应该一半归功于梁夫人！"一是世界画刊的社长张自英先生在我书房壁上看见季淑的照片，便要求取去制版刊在他的第三百二十三期画报上，并加注明："这是梁夫人程季淑女士——在四十二年前——年轻时的玉照，大家认为梁先生的成就，一半应该归功于他的夫人。"他们二位异口同声说出了一个妻子对于她的丈夫之重要。她容忍我这么多年做这样没有急功近利可图的工作，而且给我制造身心愉快的环境，使我能安心地专于其事。

文蔷、士耀和两个孩子在台住了一年零九个月，给了我们很大的安慰，可是他们终于去了，又使我们惘然。我用了一年的工夫译了莎士比亚的三部诗，全集四十册算是名副其实地完成了，从此与莎士比亚暂时告别。一九六八年春天，我重读近人一篇短篇小说，题名是《迟些聊胜于无》（*Better Late Than Never*），描述一个老人退休后领了一笔钱带着他的老妻补做蜜月旅行，甚为动人，我曾把它收入我编的高中英语教科书，如今想想这也正是我现在应该做的事。我向季淑提议到美国去游历一番，探视文蔷一家，顺便补偿我们当初结婚后没有能享受的蜜月旅行，她起初不肯，我就引述那篇小说里的一句话："什么，一个新娘子拒绝和她的丈夫做蜜月旅行！"她这才没有话说。我们于一九七〇年四月二十一日飞往美国，度我们的蜜月，不是一个月，是约四个月，于八月十九日返回台北，这是我们的一个豪华的扩大的迟来的蜜月旅行，途中经过俱见我所写的一个小册《西雅图杂记》。

十六

我们匆匆回到台北，因为帮我们做家务的C小姐即将结婚，她在我们家里工作已经七年，平素忠于职守，约定等我们回来她再成婚，所以我们的蜜月不能耽误人家的好事。季淑从美国给她带来一件大衣，她出嫁时赠送她一台电视机及家中一些旧的家具之类。我们去吃了喜酒。她的父母对我们说了一些话，我一句也听不懂，季淑听懂了其中一部分：都是乡村人所能说出的简单而诚挚的话。我已多年不赴喜宴，最多是观礼申贺，但是这一次是例外，直到筵散才去。我们两年后离开台北，登车而去的时候，她赶来送行，我看见她站在我们家门口落下了泪。

我有凌晨外出散步的习惯，季淑怕我受寒，尤其是隆冬的时候，她给我缝制一条丝绵裤，裤脚处钉一副飘带，绑扎起来密不透风，又轻又暖。像这样的裤子，我想在台湾恐怕只此一条。她又给我做了一件丝绵长袍，在冬装中这是最舒适的衣服，第一件穿脏了不便拆洗，她索性再做一件。做丝绵袍不是简单的事，台湾的裁缝匠已经很少人会做。季淑做起来也很费事，买衣料和丝绵，一张张地翻丝绵，做丝绵套，剪裁衣料，绷线，抹糨糊，撩边，钉纽扣，这一连串工作不用一个月也要用二十天才能竣事，而且家里没有宽大的台面，只能拉开餐桌的桌面凑合着用，伛着腰，再加上她的老花眼，实在是过于辛苦。我说我愿放弃这一奢侈享受，她说："你忘记了？你的狐皮袄我都给你做了，丝绵袍算得了什么？"新做的一件，只在阴历年穿一两天，至今留在身边没舍得穿。

说到阴历年，在台湾可真是热闹，也许是大家心情苦闷怀念旧俗吧，不知为什么有那么多的人竞相拜年。季淑是永远不肯慢待嘉宾的，起先是大清早就备好的莲子汤、茶叶蛋以及糖果之类，后来看到来宾最欣赏的是舶来品，她就索性全以舶来品待客。客人可以成群结队地来，走时往往是单人独个地走，我们双双地恭送到大门口，一天下来筋疲力尽。但是她没有怨言，她感谢客人的光临。我的老家，自一九一二年起，就取消了"过年"的一切仪式。到台湾后季淑就说："别的不提，祖先是不能不祭的。"我觉得她说得对。一个人怎能不慎终追远呢？每逢过年，她必定置办酒肴，燃烛焚香，祭奠我的列祖列宗。她因为腿脚关节不灵，跪拜下去就站不起来，我在旁拉扯她一把。我建议给我的岳母也立一个灵位，我愿一同拜祭略尽一点孝意，她说不可，另外焚一些冥镪便是。我陪同她折锡箔，我给她写纸包袱，由她去焚送。她知道这一切都是无裨实际的形式，但是她说："除此以外，我们对于已经弃养的父母还能做些什么呢？"

一般人主持家计，应该是量入为出，季淑说："到了衣食无缺的地步之后，便不该是'量入为出'，应该是'量入为储'，因为你不知道什么时候你将有不时之需。"有人批评我们说："你们府上每月收入多少，与你们的生活水准似乎无关。"是的，季淑根本不热心于提高日常的生活水准。东西不破，不换新的。一根绳，一张纸，不轻抛弃。院里树木砍下的枝叶，晒干了之后留在冬季烧壁炉。鼓励消费之说与分期付款的制度，她是听不入耳的。可是在另一方面，她很豪爽，她常说"贫家富路"，外出旅行的时候绝不吝啬；过年送出去的红包，从不缺少；亲戚子弟读书而膏火不继，朋友出国而资斧不足，她都欣然接济。我告诉她我有一位朋友遭遇不幸急需巨款，她没有犹豫就主张把我们几年的储蓄举以相赠，而且事后她没有向任何人提起。

俗语说：女主内，男主外。我的家则无论内外一向由季淑兼顾。后来我觉察她的体力渐不如往昔的健旺，我便尽力减少在家里宴客的次数，我不要她在厨房里劳累，同时她外出办事我也尽可能地和她偕行。果然，有一天，在南昌街合会她从沙发上起立突然倒在地上，到沈彦大夫诊所查验，血压高至二百四十几度，立即在该诊所楼上病房卧下，住了十天才回家。病房的伙食只是大碗面大碗饭，并不考虑病人的需要，我每天上午去看她，送一瓶鲜橘汁，这是多少年来我每天为她预备的早餐的一部分，再送一些她所喜欢的食物，到下午我就回家，这十天我很寂寞，但是她在病房里更惦记我。高血压是要长期服药休养的，我买了一个血压计，我耳聋听不到声音，她自己试量。悉心调养之下她的情况渐趋好转，但是任何激烈的动作均行避免。

自从季淑患高血压，文蔷就企盼我们能到美国去居住，她就近可以照料。一九七二年国际情势急剧变化，她便更为着急。我们终于下了决心，卖掉房子，结束这个经营了多年的破家，迁移到美国去。但是卖房子结束破家，这一连串的行动牵涉很广，要奔走，要费唇舌，要与市侩为伍，要走官厅门路，这一份苦难我们两个互相扶持地承受了下来。于五月二十六日我们到了美国。

十七

美国不是一个适于老年人居住的地方。一棵大树，从土里挖出来，移植到另外一个地方去，都不容易活，何况人？人在本乡本土的文化里根深蒂固，一挖起来总要伤根，到了异乡异地水土不服自是意料中事。季淑肯到美国来，还不是为了我？

西雅图地方好，旧地重游，当然兴奋。季淑看到了她两年前买的一棵山杜鹃已长大了不少，心里很欢喜。有人怨此地气候潮湿，我们从台湾来的人只觉得其空气异常干燥舒适。她来此后风湿性关节炎没有严重地复发过，我们私心窃喜。每逢周末，士耀驾车，全家出外郊游，她的兴致总是很高，咸水公园捞海带，植物园池塘饲鸭，摩基提欧轮渡码头喂海鸥，奥林匹亚啤酒厂参观酿造，斯诺夸密观瀑，义勇军公园温室赏花，布欧尔农庄摘豆，她常常乐而忘疲。从前去过加拿大维多利亚拔卓特花园，那里的球茎秋海棠如云似锦，她常念念不忘。但是她仍不能不怀念安东街寓所她手植的那棵面包树，那棵树依然无恙，我在一九七三年一月十一日（壬子腊八）戏填一首俚词给她看：

> 恼煞无端天末去。几度风狂，不道岁云暮。莫叹旧居无觅处，犹存
> 墙角面包树。
>
> 目断长空迷津渡。泪眼倚楼，楼外青无数。往事如烟如柳絮，相思
> 便是春常驻。

事实上她从来不对任何人有任何怨诉，只是有的时候对我掩不住她的一缕乡愁。

在百无聊赖的时候季淑就织毛线。她的视神经萎缩，不能多阅读，织毛线可以不太耗目力。在织了好多件成品之后她要给我织一件毛衣，我怕她太劳累，宁愿继续穿那一件旧的深红色的毛衣，那也是她给我织的，不过是四十几年前的事了。我开始穿那红毛衣的时候，杨今甫还笑我是"暗藏春色"。如今这红毛衣已经磨得光平，没有一点毛。有一天她得便买了毛线回来，天蓝色的，十分美观，没有用多少工夫就织成了，上身一试，服服帖帖。她说："我给你织这一件，要你再穿四十年。"

岁月不饶人，我们两个都垂垂老矣，有一天，她抚摩着我的头发，说："你的头发现在又细又软，你可记得从前有一阵你不愿进理发馆，我给你理发，你的头发又多又粗。硬得像是板刷，一剪子下去，头发楂迸得满处都是。"她这几句话引我想起英国诗人彭斯（Robert Burns）的一首小诗：

John Anderson My Jo

John Anderson my jo, John,

When we were first acquaint,

Your locks were like the raven,

Your bonny brow was brent;

But now your brow is bald, John,

Your locks are like the snow,

But blessings on your frosty pow,

John Anderson my jo!

John Anderson my jo，John,

We climb the hill together,

And mony a canty day, John,

We've had with one another:

Now we maun totter down，John,

And hand in hand we'll go,

And sleep together at the foot,

John Anderson my jo!

约翰安德森我的心肝

约翰安德森我的心肝，约翰，

想当初我们俩刚刚相识的时候，

你的头发黑得像是乌鸦一般，

你的美丽的前额光光溜溜；

但是如今你的头秃了，约翰，

你的头发白得像雪一般，

但愿上天降福在你的白头上面，

约翰安德森我的心肝！

约翰安德森我的心肝，约翰，

我们俩一同爬上山去，

很多快乐的日子，约翰，

我们是在一起过的：

如今我们必须蹒跚地下去，约翰，

我们要手拉着手地走下山去，

在山脚下长眠在一起，

约翰安德森我的心肝！

我们两个很爱这首诗，因为我们深深理会其中深挚的情感与哀伤的意味。我们就是正在"手拉着手地走下山"。我们在一起低吟这首诗不知有多少遍！

季淑怵上楼梯，但是餐后回到室内须要登楼，她就四肢着地地爬上去。她常穿一件黑毛绒线的上衣，宽宽大大的，毛毛茸茸的，在爬楼的时候我常戏言："黑熊，爬上去！"她不以为忤，掉转头来对我吼一声，做咬人状。可是进入室内，她就倒在我的怀内，我感觉到她的心脏扑通扑通地跳。

我们不讳言死，相反地，还常谈论到这件事。季淑说："我们已经偕老，没有遗憾，但愿有一天我们能够口里喊着'一、二、三'，然后同时死去。"这是太大的奢望，恐怕总要有个先后。先死者幸福，后死者苦痛。她说她愿先死，我说我愿先死。可是略加思索，我就改变主张，我说："那后死者的苦痛还是让我来承当吧！"她谆谆地叮嘱我说，万一她先我而死，我须要怎样地照顾我自己，诸如，工作的时间不要太长，补充的药物不要间断，散步必须持之以恒，甜食不可贪恋——没有一项琐节她不曾想到。

我想手拉着手地走下山也许尚有一段路程。申请长久居留的手续已经办了一年多，总有一天会得到结果，我们将双双地回到本国的土地上去走一遭。再过两年多，便是我们结婚五十周年，在可能范围内要庆祝一番，我们私下里不知商量出多少个计划。谁知道这两个期望都落了空！

四月三十日那个不祥的日子！命运突然攫去了她的生命！上午十点半我们手拉着手到附近市场去买一些午餐的食物，市场门前一个梯子忽然倒下，正好击中了她。送医院急救，手术后未能醒来，遂与世长辞。在进入手术室之前的最后一刻，她重复地对我说："华，你不要着急！华，你不要着急！"这是她最后对我说的一句话，她直到最后还是不放心我，她没有顾虑到她自己的安危。到了手术室门口，医师要我告诉她，请她不要紧张，最好是笑一下，医师也就可以轻松地执行他的手术。她真的笑了，这是我在她生时最后看到的她的笑容！她在极痛苦的时候，还是应人之请做出了一个笑容！她一生茹苦含辛，不愿使任何别人难过。

我说这是命运，因为我想不出别的任何理由可以解释。我问天，天不语。哈代（Thomas Hardy）有一首诗《二者的辐合》（*The Convergence of the Twain*），写一九一二年四月十五日豪华邮轮"泰坦尼克号"在大西洋上做处女航，和一座海上漂流的大冰山相撞，死亡在一千五百人以上。在时间上空间上配合得那样巧，以至造成那样的大悲剧。季淑遭遇的意外，亦正与此仿佛，不是命运是什么？人世间时常没有公道，没有报应，只是命运，盲目的命运！我像一棵树，突然一声霹雳，电火殛毁了半劈的树干，还剩下半株，有枝有叶，还活着，但是生意尽矣。两个人手拉着手地走下山，一个突然倒下去，另一个只好踉踉跄跄地独自继续他的旅程！

本文曾引录潘岳的悼亡诗，其中有一句："上惭东门吴。"东门吴是人名，复姓东门，春秋魏人。《列子·力命》："魏人有东门吴者，其子死而不忧，其相室曰：'公之爱子，天下无有，今子死，不忧何也？'东门吴曰：'吾常无子，无子之时不忧；今子死，乃与向无子同，臣奚忧焉？'"这个说法是很勉强的。我现在茕然一鳏，其心情并不同于当初独身未娶时。多少朋友劝我节哀顺变，变故之来，无可奈何，只能顺承，而哀从中来，如何能节？我希望人死之后尚有鬼魂，夜眠闻声惊醒，以为亡魂归来，而竟无灵异。白昼萦想，不能去怀，希望梦寐之中或可相觏，而竟不来入梦！环顾室中，其物犹故，其人不存。元微之悼亡诗有句："唯将终夜常开眼，报答平生未展眉！"我固不仅是终夜常开眼也。

季淑逝后之翌日，得此间移民局通知前去检验体格然后领取证书。又逾数十日得大陆子女消息。我只能到她的坟墓去涕泣以告。六月三日师大英语系同仁在台北善导寺设奠追悼，吊者二百余人，我不能亲去一恸，乃请陈秀英女士代我答礼，又信笔写一对联寄去，文曰："形影不离，五十年来成梦幻；音容宛在，八千里外吊亡魂。"是日我亦持诵《金刚经》一遍，口诵"一切有为法，如梦、幻、泡、影，如露亦如电，应作如是观"，而我心有驻，不能免于实执。五十余年来，季淑以其全部精力情感奉献给我，我能何以为报？秦嘉《赠妇诗》：

> 诗人感木瓜，乃欲答瑶琼。
> 愧彼赠我厚，惭此往物轻。
> 虽知未足报，贵用叙我情。

缅怀既往，聊当一哭！衷心伤悲，掷笔三叹！